内藤千珠子
NAITO Chizuko

帝国と暗殺

Empires and Assassinations

ジェンダーからみる近代日本のメディア編成

新曜社

帝国と暗殺——ジェンダーからみる近代日本のメディア編成＊目次

凡例

・本文中の年次の記載は、年代が明治期にあたる場合は原則として元号を採用し、（　）内に西暦を記した。明治の時代構造を描き出すことを企図しているためである。なお、とくに朝鮮王朝と大日本帝国との関わりについて、歴史的な経緯をめぐって叙述した部分に関しては、朝鮮（大韓帝国）における年号表記を併記した。
・資料の引用に際しては、書名・作品名、新聞・雑誌名は『　』に、新聞・雑誌記事のタイトルは「　」に統一した。
・引用文中の旧漢字は適宜新漢字に改めた。また、ルビ・圏点・返り点などは必要に応じて省略した。
・文中に註を補う場合は〔　〕で括って示した。
・ルビを補った場合は、〔　〕で括り、原文中のルビと区別した。
・資料中の片仮名表記は、すべて平仮名表記に置き換えた。
・対象年代に頻出する語を用いる場合は「　」を使用し、その語を当時の文脈にあるものとして引用したことを示した。
・福沢諭吉の論文・新聞記事などの引用は、慶應義塾編の岩波再版全集（岩波書店、一九六九―七一年）によっている。引用の際は、全集の巻数と頁数のみを略記した。
・管野須賀子のテクストは、清水卯之助編『管野須賀子全集』（弘隆社、一九八四年）により、引用の際は、全集の巻数と頁数のみを略記した。
・幸徳秋水のテクストは、幸徳秋水全集編集委員会編『幸徳秋水全集』（日本図書センター、一九九四年、復刻版）により、引用の際は、全集の巻数と頁数のみを略記した。

装幀——難波園子

はじめに

物語は、あらゆるところにゆきわたっている。とくに文学的に書かれたものに限られず、言葉の連なりのなかにはつねに物語が宿っているとさえ言えるだろう。たとえば、ある種の事件を伝えようとする報道メディアの言語のなかでは、読者の側の知りたいという欲望をそそりたてようとするかのように、物語性が強調されることになる。

> 東京・渋谷区のアパートの一室で遺体で発見された東京電力ＯＬ・□□□□さん[1](39)殺害事件は、慶応義塾大学卒のエリートという経歴と、彼女が「夜の街の女」だったという現実とのギャップが話題を集めた。彼女を夜のラブホテル街に徘徊させたのはいったい何が原因だったのか。
>
> （『週刊ポスト』一九九七・四・四）

> この事件は、発生当初、慶応大学卒で東京電力という一流企業のエリートＯＬだった彼女が、夜の街で売春をしていたことが話題を呼び、本誌をはじめ各メディアは彼女のナゾの私生活を詳しく報道した。
>
> （『週刊現代』一九九七・八・九）

引用したのは、一九九七年に起きた、いわゆる「東電ＯＬ事件」をめぐる週刊誌報道の一部である。被害者が女性であり、その女性に「一流企業のエリートＯＬ」という昼間の公けの立場とは全く別の「夜」の顔があったということが、メディアのなかで「話題」として注視され続けることとなる。なぜなら、この事件には、物語として語られるにふさわしいいくつかの特徴が含まれていたからである。(2)

まず第一に、女という記号は、送り手も受け手も男性であることが無意識的に前提とされるような男性化されたメディア社会のなかで、標準的ではない異質な記号であり、それだけで情報としての価値をもつ。標準的なものや平均的なものから隔たっていた方が、好奇心を刺激する濃度が高くなるのだから、物語にとっては、主人公は異質なもの、傷、負性があった方が好ましい。第二に、彼女のもつ昼と夜の極端な「ギャップ」は、物語のなかに大きな幅をもたせてくれ、物語の魅力的な奥行きを約束する。読者の好奇心は、果てしなく拡がるであろう物語の起伏への期待によって引っぱられることになる。第三に、「ナゾの私生活」は性的な意味に彩られている。「ナゾ」だから知りたい、という欲望に、セクシュアルな要素が付け加えられて、欲望は二重化し、物語を動かす力となる。このような文脈にあって、物語はその登場人物に対して限りなく差別的に働くだろう。

この東電ＯＬ事件は、しばしば「発情するメディア」という批判がなされるほど、報道がエスカレートしたことで知られている。被害者であるのにもかかわらず、その私生活を暴露する方向は過熱し、標準的、日常的行為からの逸脱を思わせるエピソードが次々と紹介され、果ては彼女が

「客」に撮らせたというプライヴェートなヌード写真を掲載する週刊誌が現われるなど、「彼女のナゾ」をめぐる物語はどこまでも肥大し続けたのだった。[3]「彼女」は、物語に仕立てるのに好ましい要件をふんだんに備えていたのである。

さて、このように、メディアにおいては、事件を物語の定型に乗せて語り意味づけようとする装置が作動しており、他方では読者も、物語が流通するときには、新しい情報を既知のパターンによって把握し、認識していることになる。それゆえ、流通の過程では、個々の出来事の細部は消費され、いつしかみなに忘れ去られるのに対し、物語の型の方は残されて、また新しい事件が起こると応用され、反復されてゆくことになる。物語というシステムには、そのような暴力がはらまれているのである。

さらにいえば、メディアはたえず、物語のなかに女という記号を欲望している。報道メディアに限らず、男性中心のホモソーシャルな構造のなかでは、[4]女性はつねに男性間の連帯からは排除され、他者化され、欲望の対象とならざるをえないからである。女という記号は、ときにはっきりと、またときには目には見えないレベルで、物語を豊かに機能させているのだ。

本書の関心は、言葉一般のなかに潜む、システムとしての物語がもつ、いくつかの両義性に向けられている。ここでは、物語という語を広義に解釈し、始まりと終わりによって区切られ、ひとまとまりの筋をもつものととらえているが、物語はその前提条件によって、おもしろさの魅力と、差別や抑圧を生む毒とを同時に生むのだと言えよう。

そのはじまりにおいては、与えられた設定や条件がその後どうなるのか、といった聞き手や読み手の好奇心を刺激することが要請されるし、いったん語り始められたなら、受容者の興味を持続させうる展開が必要となる。それゆえに、物語は、舞台設定も登場人物も、平均的なものや標準的なレベルからできるかぎり遠ざけようとするだろう。誰もが一般的に体験しうる日常生活や、平均的な人物について語られる内容は、多くの人々の好奇心や欲望に訴える力をもたないからである。平均的なものから隔たろうとする物語は、必然的に、差別と親和する。物語の魅力は差別に裏打ちされた両義的なものだと言ってよい(5)。

他方で、物語はその細部の描き方、描かれ方によって、場合によっては、主要な筋の論理を破綻させたり、あるいは書き手の意図を裏切ったりして、対象化された他者の声を響かせたり、抑圧された側の論理を生じさせることになる。つまり、定型的パターンが抑圧そのものとして働くことがある一方で、逆に抑圧されたものの声を受容者に聞き取らせることもあるという両義性を、物語は携えているのである。

このように、物語に含まれた両義性は、言葉の上に思いがけない可能性を開いてくれるのだ。

本書では、とりわけ、新聞を中心とした報道メディアの言語を主な素材として、物語の両義性について検討する。というのも、すぐれた文学的なテクストが物語の機能に対してしばしば敏感かつ高度なふるまいを見せるのに対して、報道メディアの場合、情報としての文字をスムーズに読者に伝えようとするために、あるいは読者の欲望を見越して文字情報の価値をつりあげるために、無自覚に、かつ無遠慮に、物語の型を利用しがちだからである。

対象としたのは、活字メディアが人々の生活のなかに定着してゆこうとする時期、すなわち明治という時代である。近代のはじまりにあって、日本語の活字メディアのなかでは、どのような物語が必要とされ、編成されたのだろうか。そして物語を乗せて語るために、どのような事件や出来事が選ばれたのだろうか。このような問いを念頭に、報道メディアの言説の布置を分析し、検証していきたい。

ただし、メディアの言葉は、複数の言語様式を溶かし合わせながら情報を交通させている。そのため、学問的言語、医学や衛生学に関する言語、法的言語、外交文書、文学的言語、思想の言語、広告の言語など、さまざまな領域にある言語資料を引用しつつ、当時の文脈や時代背景を復元し、析出する作業も同時に行なう必要があるだろう。したがって、各章のなかでは、必要に応じて報道メディア以外の言説も取り上げている。

明治期は、国民国家としての大日本帝国が、帝国の論理を創出し、定着させてゆこうとする時期に相当する。すでに、国民国家をめぐる諸研究や、カルチュラル・スタディーズ、ポストコロニアル批評の成果によって、帝国主義や植民地主義、ナショナリズムと相俟って形成された、国民化の物語のもつ論理構造は明らかにされていると言えるだろう。本書では、適宜そうした先行研究を参照しながら、むしろ、物語が語られる際に生まれる矛盾点や破綻に注目することで、日本語のなかに宿る物語の構造それ自体を異化してゆくことを企図している。なぜなら、近代初期の活字メディアのなかで形成された物語の様式は、現在に至るまで、意匠を変えつつ残存していると考えられるからである。

本書全体は、二部構成をとっている。第一部では、帝国の論理を支えた物語が生まれ、矛盾を自らの内に練り込みながら定型と化してゆく過程を分析する。当時の言説資料のなかに頻出する表象としての血、血液の比喩の意味を問いながら、病や女性身体、植民地や民族を扱ったテクスト群を対象にして物語の力学について論じてみたい。

第一章で論じるのは、病、とりわけ伝染病に関する記述である。病の比喩は、現実世界で差別化されている複数の対象を、溶解する境界のイメージや、血の表象によって関連づけている。たとえば、日本という記号から外れる対象、「アイヌ」「琉球人」あるいは「支那人」が、病の比喩というレベルで、標準的な階級から外れる被差別部落民、すなわち「新平民」という記号と重ねられるといったように。このような病をめぐる物語は、差別的な紋切り型を生成しているが、同時に、それを破綻させずにはおかない両義性をあらわにしてしまうだろう。こうした紋切り型がつくりだす物語の定型は、大日本帝国における国民国家論や植民地主義的な論理の延長上に形成されてゆくが、ここでは、定型のほころびの方に注目して、病の物語を分析する。

その病の両義性は、第二章で扱うとおり、当時、治らない病としての「血の道」を病んでいると認識されていた女性身体にも附着している。女性身体にかぶさる病の言説について検証するのと同時に、性差や性をめぐるさまざまな論理もまた、境界と血をめぐる比喩の体系とともにあったことを確認していきたい。病の物語も女の物語も、背理《パラドックス》とも呼ぶべき矛盾を押し包んでいるのだ。

第三章では、病や女性身体の記述が流れ込むようにして叙述される「北海道」、そして「アイヌ」

という記号が、比喩の力を借りながら、いかなる読みかえもきかぬような定型構造を顕わしてしまうことを論じてゆく。ここでは、「北海道」や「アイヌ」の固有性が、同時代の読者にとっては見慣れた物語の類型によって置き換えられる言語構造が問題となるだろう。

そして第二部では、第一部で明らかにした物語の力学が、閔妃《びんひ》暗殺、伊藤博文暗殺、明治天皇暗殺計画としての大逆事件といった歴史的事象とどのように結びあうのかを議論する。

第四章では、閔妃殺害事件をめぐる報道を中心にしつつ、朝鮮王妃がその当時、どういった物語に装飾されていたのかに焦点を当てる。朝鮮王妃をめぐる言説構成は、メディアの欲望によって下支えされているが、暗殺事件を報道するメディアには、明かな殺意が発動している。その一方では、情報のすきまから生じる想像力によって物語が矛盾に軋む事態が引き起こされてもいる。こうした言説状況から、両義性に満ちた物語の背理について考えてみたい。

第五章では、朝鮮王妃暗殺事件の記憶が呼び起こされながら、「閔妃」の記号が「厳妃《げんひ》」や「韓《かん》太子《たいし》」など、別の固有名によって置きかえられ、忘れ去られてゆく過程を記述する。死者の表象において閔妃は幾度も回帰するが、それを物語というシステムに含まれる忘却装置の問題ととらえて考察してゆく。

第六章では、朝鮮王妃の物語と、天皇の暗殺を計画した罪が問われた大逆事件で死刑を宣告されることになる唯一の女性、管野須賀子《かんのすがこ》の物語との重なりを検討する。暗殺された王妃と、天皇暗殺を企てた女。両者は対極にあるが、スキャンダラスな物語の女性主人公として同じように脚光を浴び、貶められ、似たような像を結ばされる。類似する物語の、異なる細部の考察を通して、二つの物語の固有性を浮上させた上で、女をめぐる物語定型から別の姿を読み取りたいと思う。大韓帝国併合と大逆事件には、そのほかにも、いくつかの興味深い共通点が存在しており、明治天皇睦仁《むつひと》の死はその構造をひきずっている。暗殺を介して連接する物語には、近代の背理そのものが刻みつけられていると言えるだろう。

暗殺をめぐる物語は、メディアの濃くて深い欲望と媾《まじ》わりながら、価値のあるスキャンダルとして増殖し続けた。活字としての日本語には厚い記憶が埋め込まれているが、逆説的なことに、ほかならぬ言葉の記憶が、現在における細部の忘却を促している。

メディア上に氾濫していたそのような物語は、登場人物としての女、女のイメージ、記号としての女、女の比喩を幾重にも連鎖させ、魅惑と嫌悪の対象に仕立てあげた上で、女を傷つけ、殺し、葬ろうとする。こうした女なるものへの殺意や悪意は、「東電ＯＬ事件」報道で、被害者の女性に向けられたメディアの欲望と同じパターンを描いていると言えるだろう。そこには、物語の定型が刻印されているのだ。

物語の定型を抽出し、再現するのではなく、物語が定型と化してゆく過程で生じた、いまでは忘れ去られてしまった意味の軌跡をたどること。それは、歴史が現在の現実に切り結んでいると知ることでもあるだろう。

物語の紋切り型の論理によって浸蝕されることなく、細部に反響する声を拾うことは、物語を批判しながらその可能性を言葉の上に読み取る営みへとつながってゆく。

そのためにいま、物語を暗殺しなければならない。

第一部　物語のほころび

第一章　病と血

病は、他人のものとして語られる。できるかぎり他人事として遠ざけておきたいというメンタリティが伴われるため、病はその必然として、他者を差別する論理と結びつくことになるのだと言えよう。

第一章では、伝染する病をめぐる物語のつくられ方と、その物語に附随する血のイメージに焦点をあてて議論してみたい。

近代の国民国家にとって、衛生政策の整備は文明化を表わす重大な指標である。そのため、国民国家の物語のなかでは、病はつねに「日本国民」としての「われわれ」の標準的イメージから切り離され、民族、人種、国家、ジェンダー、セクシュアリティにおいて有標化された、「われわれ」ではない他者の表象と結びつけられることになる。(1)病はいつでも、「他人のもの」にほかならないのだ。

したがって、病の表象は、基本的パターンとして、周縁化された他者を差別する物語と結びつく。そしてそのとき、血のイメージが重要な効果を発揮する。

病の物語は、国民国家の物語を強化するが、同時に、詳細に語られれば語られるほど、物語の細部には書き手がコントロールすることが不可能な要素が呼び込まれてしまうことになる。国民国家の物語には綻びが生じるのだ。

国民国家の物語がときに破綻に陥るような磁場を検討するにあたって、まずは、病の比喩や物語の定型が確定されてゆく時期である日清戦争前後のメディア言語を対象に[2]、病をめぐる紋切り型の姿を確認しておくことにしたい。メディアには、「国語」としての日本語(イ[1996])を共有する読者を、想像された国民の共同体(Anderson[1983=1987])として創出してゆく過程が刻みつけられ、国民国家の物語は、読者共同体の「われわれ」の同一性を強化することになる。そうした過程について検証した上で、紋切り型の物語がどのようにほころび、ゆらいでしまうのかについて具体的に考察してゆく。

1　紋切り型

明治二九(一八九六)年に日本国内で回帰熱が流行した際、『万朝報』紙上では、ドイツ留学の前後に「本邦地方に医院長の実歴」があり、「異疫検疫の公務」で要地を視察した経験を持つという明治病院長・鳥居春洋《とりいしゅんよう》の談話「回帰熱に就て」(明治二九・六・六)が紹介されている。

看《み》よ欧米の文明国は過去三四十年前に一旦猖獗《しやうけつ》を逞《たくまし》うしたる悪疫の撲滅駆逐の注意経営に周

密なる結果は今日又一患を其国に出さゞるを見る悪疫は文明に敵する能《あた》はず去《きつ》て衛生不完の未開野蛮国を襲ふ然り悪疫某国に猖獗なりとは正《まさ》に某国は未開蛮夷の国たりといふと曾《かつ》て異《ことな》るなし〔…〕

開明人移住して野蛮人跡を滅し北海道開けてアイヌ亡ぶるは人類学上生存競争優勝劣敗は去ることながら今百坪の蛮地に百分の病毒存すと仮定して其五十坪に蛮夷の退き避くると共に彼の蛮夷の病毒は開明の衛生周到なるに逢ふて悉く去て五十坪の蛮地にのみ屯在せん看よ百坪に百分平均の病毒は今や五十坪に同じく百分の割合に変じて蛮俗も増量の病毒に打たれて斃《たふ》る開明の前に野蛮の斃るゝ此消息に依ると思ふなり〔…〕

欧米文明国に跡を絶ちし悪疫は日本に逃げ来《きた》り日本をして世界のアイヌたらしめ台湾遼東蛮俗と斃死を同じくし全滅を開明の前に期するかと杞憂し来れば誠に浩歎《こうたん》に堪へざるなり

この談話では、伝染病流行の原因が衛生対策の不徹底にあるとして「文明」の有無が問題とされ、「欧米の文明国」と「日本」とが「文明」という尺度で比較されている。「文明国」ならば「悪疫の撲滅駆逐」が可能であるという認識を基本に、「悪疫」は衛生政策の欠如した「未開野蛮国」にのみ「襲ふ」のだという論理が展開されているのが読まれよう。

そうした論理の上で、「病毒」と「衛生」との関わりを具体的に説明するために、唐突にもちだされるのが「アイヌ」の語であり、それによって、「開明人」と「野蛮人」が対照されることになる。注目しておきたいのは、「欧米の文明国」と「日本」の比較の基準は国家における文明の強度や衛生政策の程度であるのに対し、「開明人」と「アイヌ」が比べられる際には、「生存競争優勝劣敗」の法則が話題にされ[3]、「人類学上」の特質、つまり人種の差異が比較の基準とされていることである。

「日本をして世界のアイヌたらしめ」てはならないという点に集約される主張を、国民国家の論理の創出というレベルで検討するなら、「欧米の文明国」「日本」「アイヌ」という三者関係を、あえて「世界」「日本」「アイヌ」と言い換えることにより、「欧米の文明国」と「日本」の間にある優劣関係が消去されていると言えるだろう。

「世界のアイヌ」という物言いは、文明と野蛮という二分法の上で、「世界」に対する「アイヌ」に「野蛮」の位置を代表させるので、欧米に対する野蛮としての日本は消滅する。さらに、この談話のなかでは、「日本」を過去と未来に分断する操作が見受けられる。「欧米文明国」に対して劣位にあった「日本」は過去のものとして封印され、「アイヌ」に対して優位にある現在の「日本」は、未来に必ず「欧米の文明国」と同等になりうるという可能性において、「世界」に同一化されるのだ[4]。

「アイヌ」という他者を表象する行為を通して、「日本」という記号の意味を生成するという構造は、明らかに、サイードのいうオリエンタリズム（Said［1978＝1993］）を想起させるもので、ステファン・タナカや姜尚中の示した日本的なオリエンタリズム[5]を介して解釈すべき事態であるし、あるいは小森陽一が指摘する、開国前後から欧米列強に半ば強制された論理を「自己植民地化」してきた実践が忘却された後に構造化された「植民地的無意識」の現われであると見ることもできよう

（小森［2001：6–9］）。「病毒」は、「文明」と「野蛮」といった二元構造のなかでつねに「野蛮」の側に位置づけられている。そして、衛生政策によって「病毒」を防げる「文明国」は、文明という境界線によって守られ、文明化された身体も、同じように明瞭な境界によって病毒の侵入を防ぐことができる。そのことはすでに、「欧米の文明国」の「過去三四十年前」から「今日」までの体験によって示されるとおりであって、「欧米文明国」から「逃げ」てきた「悪疫」に襲われた「日本」は、「欧米」の過去を追体験している過程にあるのだ、さらにそれは永久に文明化できない「アイヌ」の存在によって保証されている、というわけである。

ただし、論旨明快にみえるこの記事は、ある一点から目を背けている。というのも、「日本」にはこのとき、「悪疫」が流行しているからである。視線は他者の病に向けられて、現在の日本に病が流行しているという事実は、目に見えないものにされている。

未来と過去に「日本」を分断することによって、現在は不可視の領域に押しやられる。この談話がもともと、国内に回帰熱が流行したことを受けて発表されたものである以上、「アイヌ」との間に引かれた境界は幻想に過ぎない。だとすれば、記事の論理それ自体が、語ることによって現実を覆い隠すシステムと化していると見ることができるだろう。

そもそも、この記事のなかにある「人類学上」の「生存競争優勝劣敗」は、「野蛮」を説明づける際に頻繁に使用された用語であった。「アイヌ」についていえば、北海道在住の医学士、関場不二彦によって発刊された『あいぬ医事談』（東西書屋蔵版、明治二九年）を紋切り型の好例として挙げることができる。

『あいぬ医事談』は、病を「『アイヌ』種族」の特質と結びつけようとする論理に貫かれている。病と病に罹《かか》り易い性質が「種族」の「滅亡」の最も大きな要因として指摘され、[6]「『アイヌ』種族」の身体に現われ出た病の具体的記述は、「アイヌ」と病との近しさを読者に想像させずにはおかない。「アイヌ」は「身体の組織一般に抵抗力を喪失し、以て亡滅《ぼうめつ》せんとする如き種族」なので、梅毒が蔓延し、また肺結核の死亡者も多く「人種滅亡上頗る憂ふべき」「憐む」べき事態が起きている、とする医学的叙述は、[7]アイヌを本質的に病んだ人種であると決めつけている。つまり、その性質こそが「人種滅亡」の原因なのだと語って、因果関係を捏造しているのだ。「『アイヌ』種族の減少と之が保護の道」と題して「私考」されるくだりでは、「優勝劣敗」と「衛生問題」が、病の意味を装飾している。

> 一に曰く優勝劣敗
> 凡て野蛮なる人種には彼の所謂《いわゆ》る文明開化なる者は一の毒物ありて人体に動作する者の如く、同しく影響するものなり而して此毒物は実に我邦人なりき、数十年来邦人の進入、開墾拓殖、山林の占領、鹿猟の制禁漁場の壟断等は生存競争上、日に益々彼を究迫し来れり、彼は為に往年の自由と快楽とを喪ひ殖産の道に勉るの勇なく、年々益々其魯鈍を極め、貧瘻の境遇に陥ゐれり、縦令《たと》ひ彼の体格は強壮にして彼の資産充実能《よ》く生存競争の難衝に当りて傲然たるもの其中に存せざる者なきに非ざるも其大体は已に文明開化の毒物に眩瞑せられ、今や其優勝劣敗の理をして眼前に現出せしめたり

二に曰く衛生上の欠点
斯の野蛮なる種族に於て素より衛生の如何を望むべからずと雖ども此関係に於ける欠点は其人種の減少に莫大の影響を有するは論を俟たす殊《ず》に伝染病の如きは此種族を直接に滅亡せり、蓋《けだ》し野蛮人種は伝染病に対し甚だ感染し易きの性を有せり、故に之を旧記に徴するに此種族は文禄元年以降数十回疫病、痘瘡、麻疹等の流行を受け毎回必す多数の死亡を致せしなり、人はいふ優勝劣敗は滅亡の最大原因なりと余は方《ま》さに伝染病の流行と衛生上の欠点を以て之が最大原因なりと道《い》はんとす〔…〕　（河野［1980a：212-215］）

「優勝劣敗」に関しては、「野蛮なる人種」は必然的に「文明開化」に内包された「毒物」が影響する、という前提から論が起こされ、「毒物」にたとえられた「我邦人」が「アイヌ」を「究迫」したことが示される。だが、日本人によるアイヌへの「究迫」は、「文明開化」と「優勝劣敗」の用語を通して語られているために、文明化できた優者が勝ち、野蛮な劣者は滅びざるをえないと見る枠組みがつくられ、後景へと塗り込められる。結局のところ、「『アイヌ』種族の減少」は不可避の事態と捉えられることになるのだ。

さらに、「衛生上の欠点」については、「野蛮人種は伝染病に対し甚だ感染し易きの性を有せり」という解釈が「衛生上の欠点」へと直結させられている。進化論的原因を「文明」の問題として位置づけ、医学者の立場からさらなる「最大原因」として「伝染病の流行と衛生の欠点」を付け加える手続きによって、「野蛮なる人種」と病の結びつきには医学的根拠が与えられている。

衛生上の「誤」りを『アイヌ』人種」の身体によって説明することで、「『アイヌ』人種」の身体は滅亡の原因そのものになるのだ。

当時のメディアにはこうした論理が深く浸透し、「アイヌ衰亡の原因の一は慥《たし》かに衛生問題なるは毫も疑ふべき」ことではない、「彼等」は「一般伝染病に侵され易」い、といった叙述は、枚挙にいとまがない（『国民新聞』明治二九・二・九）。

「アイヌ」と病とが結びつけられた地点から透けて見えるのは、以下の三点である。第一に、衛生政策が病を凌駕するという認識の延長で、「文明」と対置された「野蛮」の側において病が記述されるとき、国民国家をめぐる枠組みが産出されていること。第二には、病や衛生論には優勝劣敗、自然淘汰といった進化論が附随しており、それが「野蛮」な身体の性質として語られることは、植民地主義的認識の正当化に貢献するということ。そして第三には、第一、第二の論理には、他者化された記号の対極にある「日本人」や国家としての「日本」が病を得ることの可能性を隠蔽する力がぴたりと附着していることである。

そして、論理が現実を見えなくするように機能するこうした言説の仕組みこそが、病の物語をつくり上げてゆくことになる。言いかえるなら、それは、他者を病気にする物語だということになるだろう。

むろん、こういった状況は、「アイヌ」のみならず、「日本人」以外の人種や民族の叙述に共通している。「韓人」「支那人」「生蕃」（漢民族に同化しなかった台湾の先住民に与えられた呼称）など、大日本帝国内の「日本人」「大和民族」から外れる対象を病によって意味づけるという記述方法は常套化していた。

例えば、「朝鮮」をめぐる報道のなかには、「未開国民の情として家族を避病院《ひびやうゐん》に送られ或は衣食什具に消毒法を施さるゝを忌むより従つて患者を隠蔽するの弊あるが故に患者統計に於ては未だ充分確真を保《ほ》すべからず」（「朝鮮のコレラ」『万朝報』明治二八・八・一五）、「韓人は伝染病の恐るべきを解せざれば其流行とか伝播とか予防とか全く解せざるの蕃族」（『日本』明治二八・七・二〇）といった記載がある。これらの記事のなかには、衛生学的知識がないために「未開国民」である「韓人」は伝染病の罹病を招く、「予防」できないからこそ「恐るべき」伝染病の「流行」や「伝播」を生じさせてしまう、といった論理が確認できよう。

同様に、日清戦争の結果獲得された「新領地」、台湾・澎湖島をめぐる報道のなかでも、発見された「不潔」は病へとつながっている。「家畜は敢て家人と異ならずして日常台所等を徘徊して」いるため、家屋は「不潔汚穢一種不可思議の悪臭を放」ち（「台湾の風俗一班」『万朝報』明治二八・六・二三）、「飲用水」は「汚濁」し、「流行病を醸成」（『万朝報』明治二八・八・一一）しており、黴毒が流行し「土着の淫売婦等より内地人に伝染するもの漸次に多き有様」で「一般の衛生を害する」（『万朝報』明治二九・一・一一）、といった具合に、「不潔」だから「流行病」が蔓延するのだという情報が連日のように伝えられてゆく。

とはいえ、台湾・澎湖島があくまでも「新領地」である以上、「台湾は夷蛮《いばん》の巣窟なりと雖も今や王土王臣《わうどわうしん》たり局に当る者速かに其〔台湾に発生した黒死病の〕撲滅策を講じ彼をして均しく王化に霑《うるほ》はしむべきなり」（『万朝報』明治二九・五・一〇）という記事に示される通り、そこは拡張された日本の境界内に位置し、発見された「不潔」や病は、「王土」の内にあるとみなさざるをえない。

つまり、言説の枠組みのなかで「野蛮」の側に押しやられた病は、植民地主義の実践により、国境の内側に取り込まれることになり、伝染病の発生や流行の可能性がことあるごとに思い起こされてしまうのだ。その意味において、病が植民地主義の実践においてもたらす混乱は、物語の上に不都合を波及させていたのであった。

こうした事態を、階級の位相から捉えるならば、「貧民」や「新平民」[8]と病の比喩が結びつけられてゆくことは想像にかたくあるまい。

「貧民」に関するルポルタージュ風の記事は、「異世界」を探検、観察するという視点から「不潔」や「貧しさ」を発見し、報告するものであった。[9]このような「実録」に共鳴するように、伝染病を報道する記事の上で、貧しさは病の「発生」と関連づけられてゆく。たとえば、「不潔より生ずる」黒死病が広東で「初めて発生」したのは「貧区に限」り（『万朝報』明治二七・五・二七）、宇品のコレラの発生地に「住居する者は多く水夫又は人足等の下等人種」（『万朝報』明治二八・四・四）であり、「門司の虎列拉《コレラ》病患者」は「重《お》もに下等労働社会のみなれば不潔と不養生とは直接に感染の原因たること明」らかなのである（『日本』明治二八・六・一四）。これらの記事の論理の根には、「下等社会」に住む「下等人種」は「不潔」で、だから「感染」するのは当然なのだという連想があり、「病」「不潔」「下等人種」の間には隣接関係がつくりだされている。

親は無勘弁《むかんべん》に子を生み、子は無勘弁に成長し、成長したる小児は亦親となつて無勘弁の子孫を作る、此の如くして世々代々無勘弁の党類《たうるい》を作り、社会の下層に無勘弁者を繁殖せしめ、〔…〕不健康の分子は大抵この一区内に竄入《ざんにふ》して一大佇溜《はきだめ》を形造り、宛《あた》かも病毒の源泉の如く都門に流布する渾《すべ》ての悪習悪俗を化醸し〔…〕

（「貧童の堕落」『国民新聞』明治二九・五・一七）

「貧民」は日本社会に悪徳を伝播する病源そのものとして見出され、「病毒」の隠喩になる。さらに、「不健康」「無勘弁」が親から子へ、そして成長した子供からさらにその子へ、「世々代々」、「子孫」へと伝えられることが示され、病は遺伝の問題と重ねられてゆく。

同じく『国民新聞』に連載された「最暗黒の大阪」では、「彼等」貧民の道徳的「悪感化力」を脅威として位置づけ、「彼等は自己の社会以外のものを吸収する力非常に強くして種々の方面に向て手を延《のば》し堕落の道を多く設備せる」、「彼等の社会は益々増加」といった状況を「不正の殖民地」と表現する（明治二八・八・一）。伝染、遺伝における「うつす」という作用に焦点が当てられることによって、「不健康の分子」である「貧民」は、病の換喩になるのだ。

遺伝をめぐる発想は、明治二九（一八九六）年に国内に流行した再帰熱（回帰熱）の取調結果にみられる、「新平民」に関する記述にも共通している。ただし、明治初年期の「賤民解放令」（明治四年）によって新たに創出された「新平民」は、同時に斃牛馬に関する法令によって、職能であり、特権であった斃牛馬処理の独占を奪われ、その上で触穢思想にとりかこまれるという状況があった

（ひろた［1990：68］）。「新平民」は、「貧民」と類似した比喩の構造を吸い寄せつつ、さらに穢れのイメージによって、読者共同体の「われわれ」から隔離されている。

新平民と再帰熱　爰《ここ》に注目すべき一事は以上諸村〔香川の村々〕と雖も何《いづ》れの士民をも侵すに非ずして殆んど全く新平民の部落に限られたる事なり、抑《そもそ》も該県下は最も新平民に富める地にして善く各部に卜居《ぼっきょ》せり、而して此一族は今も尚一部落を作りて通常士民に蔑視され殆ど其交通を絶《たた》れ居れば其一族間の交通は自ら親密にして婚嫁皆同族内にあげられ悉く是れ親戚の関係あるなり、故に病毒の一度此内に侵入するや忽ち其一族に蔓延するも自然隔離せる通常士民には伝播すること少なし、是れ上述の奇観を呈する所以なり、如《このごとく》斯本県下の再帰熱は最初此新平民間に其力を逞うしたりと雖も其後本年三四月頃よりは諸所の貧民及漁家を犯し来り終《つい》に琴平、多度津等にては尚中等以上の人民をも襲ふに至れり

（「再帰熱取調の結果」『日本』明治二九・六・九）

「士民」は「病毒」に「侵」されず、「病毒」が「新平民」から「貧民」、「中等以上の人民」という経緯で「伝播」するという記述を導くように、回帰熱が「新平民の部落」に流行したという出来事が利用されているのが読まれよう。「士族」と「新平民」が「隔離」された状況は、衛生政策が完遂されるという、実際上はありえない、いわば病を利用した差別化の論理にとって理想的な事態を、読み手に想像させる。

そして、「新平民の部落」の「婚家皆同族内」という「親密」な「親族の関係」、「交通」のあり方は、「新平民」の血が「自然隔離」されているという幻想を誘引するだろう。だからこそ、「侵入」した「病毒」は、これまでもこの先も、「一族に蔓延」するばかりで、「通常士民には伝播すること」は「少な」い、と記すことができるのだ。

江戸期に醸成された穢れに関する観念がそのまま「解放令」以降の「新平民」に重ねづけられ、再生産されていること、公衆衛生観念には宗教的な汚穢概念が含みもたれていることについてはすでに指摘があるが（ひろた［2001：93］）[10]、引用記事にも明らかにそうした認識が含まれていると言ってよい。汚穢や遺伝を連想する叙述がなされることで、現実の階級秩序を病が乱さずたどってゆくという言説の論理が補強されて、病は他者を有標化する記号として作動してゆく[11]。

ここまで確認してきたように、病や血は身体の表象と関わっているので、病が記述される際、国家を身体化する語りや、規範としての国民的身体の叙述が呼び寄せられずにはいない。一般に、国民国家の物語は、「われわれ」国民と、「かれら」として見出されるさまざまな他者を切り分け、他者の側を差別化することによって成立している。それゆえに、病や血は、国民国家の論理に接続すると、「われわれ」の国家や、「われわれ」国民以外の「かれら」、すなわち他者を説明づける記号となり、大日本帝国の物語を補強することになったのだった。

「かれら」としての「アイヌ」「韓人」「支那人」「新領地」「新平民」「貧民」「女」といった記号はいずれも、病によって語られるが、病の語りのなかで国民国家の物語の向こう側へ追いやられようとするこれらの記号は、切断された上で結合を体験していると言ってよい。つまり、他者を意味する記号群は、国民の物語の外側へと切り離され、排除された場所で、連鎖して病の物語をつくりだすのだ。病の比喩によってつながったものは類縁化され、本来まったく無関係なはずの対象どうしが似たような意味のもとに一緒くたにされてしまうわけである。

しかしながら、そうして言説上に想像された境界は、それ自体が両義性を帯びている。境界は、内と外とを切り分けるものであるとともに両者を触れあわせ、あるいは引かれるのと同時に侵犯の条件を生むという両義性を併せ持っているからである[12]。加えて、病も血も、つねに境界を溶かし崩す働きをもっている。「われわれ」の境界は、描かれたその瞬間には侵犯の可能性にさらされざるをえない。すなわち、病と血のイメージは、国民国家をめぐる物語を強く吸引し、それに寄り添おうとしつつも逆に、その物語を軋ませる要素と成り果ててしまうのである。記事のなかに、ときに論理の矛盾や現実を不可視にするシステムが呼び込まれてしまうのは、そのためでもあるだろう。

次節以降では、境界の両義性から生まれるパラドックスについて確認してみたい。

2　衛生論と福沢諭吉

病の記述において、血と境界は、身体をどのように描出していたのだろうか。

とりわけ、明治中期には、世界的活躍により医学界のみならず広く一般に注目を集めた北里柴三郎と、それを経済的に支えた福沢諭吉の手によるテクスト[13]が、共鳴しあいながら強い影響力をもってメディアの言語と呼応していた。それらのテクストのなかで病は、血の表象に中心化されている。この時期に焦点をあて、福沢と北里のテクストを順に検討してみたい。

明治一〇年代後半から二〇年代にかけて、コレラの流行しやすい夏季の新聞紙上には、官報を情報源とする「地方虎列剌《コレラ》」が連日載せられており、日本の内部に巣くった病の配置が描き出されていた。地方の病の状況が細やかに展開されることによって、大日本帝国の身体が想定され、逆説的に、その確固たる国境が欲望されるというわけである。

そのような時期に、福沢諭吉は「衛生」をめぐる同時代的認識を写生するかのように、『時事新報』紙上に「衛生論」（「漫言」欄、明治二〇・八・五）を著わしている。

> 日本の文明開化駸々《〔しんしん〕》乎《〔こ〕》として進歩する其中に就て、医学の進み方は最も著しき又その中にも、近来は別して衛生論が喧しくなりて、衛生学者の注意尽力、中々以て容易ならず、或は之を筆にし或は之を口にして至り尽さゞるはなし。堕胎の悪弊を歎息するは勿論、種痘を勧め伝染病を避けしめ、梅雨前に流しの下や溝の掃除せよとは自からコレラの用心ならん、芝居の見物にも長居無用とは空気流通の一件ならん、此他食物に就ては河豚《ふぐ》食ふ可らず矢橋《やばせ》渡るよりも危し、赤い菓子をメッタに子供に与ふ可らず絵の具に毒あり、銅の鍋で物を煮る勿れ酸化銅恐る可し、水道の水とて無暗に飲む可らず雪隠《せついん》に隣して戻り水するものは臭し、米の飯とて浮《うか》と喰ふ可らず一昨《おとゝひ》炊て腐ッたものは害ありなど云ふ、其深切の濃《〔こまやか〕》にして道理の尤もなるは、吾々が日本人民として自から之を悦ぶのみならず、外国人どもに対しても聊《〔いささ〕》か鼻を高ふするほどの次第なる

に、然るに爰に各地方の田舎に行て其様子を見れば、誠に不埒千万なる哉、衛生を軽んずる一種族あり。名づけて貧民と云ふ。此者等の不養生なること、第一人生の体温を保つに必要なる衣服を薄ふし、寒天にも僅かに一枚を覆ふか覆はざるかの様にして、然かも其品は穢れ腐りて鼻持もならず、衣服にして斯くの如くなれば其膚《はだへ》の穢れたるも固より論を俟たず、気孔の蒸発を妨るのみか、日々夜々腐敗気の中に湮没《［いんぼつ］》するものと云ふも可なり。尚ほこれよりも甚だしきは人の生命《いのち》の根本たる食物の事を何とも思はず、三度の食事の不規則にして食ふたり食はなかッたりするのみならず、其食料の品柄を尋れば滋養第一の肉類魚類を遠ざけて之を食はず、下て植物の品類中にても米麦は甚だ軽量に用ひるか若くは絶て之を用ひずして多くは稗子《ひえ》などを食ひ、尚ほ此外普通の食物には橡子《どんぐり》蕨等、種々様々の木の実、木の皮、草の葉、草の根を求めて腹に充る其趣は、恰《［あたか］》も神農の末孫にして漢方医の薬を常食にするものに異ならず。不養生も甚だしき者と云ふ可し。此輩がたま〳〵病気など申し病院に来ることありて医師の診断療法を承はれば、中々以て薬剤どころではない、何は扨《［さて］》置き先づ衣服を着せ腹一杯お粥でもすゝらせて、然る後に治療の考案もある可し。病の原因は衣食欠乏の不養生に在り。畢竟衛生の何者たるぞ知らざるの罪なりと云ふ。

（全集［11：329–332］）

冒頭では、衛生の普及してきた現実が、「日本人民」の「文明」程度として、「外国人」のまなざしの前に評価されている。要点をまとめるなら、「空気」「水」「食物」の出入りに心を配ることが、身体の境界を自己管理する意志として称賛を受けているわけだが、その叙述からは逆に、境界の不安定性があらわになっている。というのも、空気、水、食物は、呼吸、消化、排泄を通じて身体の内外を出入りする以上、いやおうなしに境界線を通過するわけであり、身体の運動それ自体によって、身体の境界は、つねに溶解せざるをえないからである。

その「衛生論」の本題は、「衛生を軽んずる一種族」としての「貧民」を問題化することにある。[14]「不養生」な「貧民」とは、「畢竟衛生の何者たるぞ知らざるの罪」を犯す存在なのだという非難が展開されている。

衛生の本質は病の予防という一点に凝縮されているが、ちょうど「『予防』という概念が単なる理念ではなく、実践的な法体系として大日本帝国臣民の日常生活の隅々にいたるまで、新しい差別の線引きを行い、それが行政警察によって強制されるシステムが出来上る」（小森［2002］）過程にあるこの時期、「衛生論」のなかでは、「衣食欠乏の不養生」から「病の原因」を自らつくる「貧民」の生活が、「罪」として意味づけられているわけである。

ここに読まれるのは、確信犯的な転倒にほかならない。「衛生を軽んずる一種族」と名指すことによって、階級を示すはずの枠組みが血による遺伝的連続性を思わせる血縁共同体へと置換されて、「地方の田舎」をめぐる社会問題は、血の問題に差し換えられてしまう。[15]

記事のなかで詰《なじ》られている二点、衣服と食物については、引用部に続いて、「凡そ日本国内都鄙の老若男女は、必ず其身に衣服を覆ふて、寒むからず又暑からざるやう心掛け、品物は粗末にても時々洗濯致すべし」、「必ず日に三度づゝ食事可致、その食料は決して贅沢に及ばず、麦飯に味噌汁にても腹に一杯食ひ」、「如何なる事情あるも病気の外は食料を少なくす可からず」といった具合に呈示される。

しかしながら、同じ「漫言」欄でのちに、福沢と思しき書き手が「妻利溺内（つまりできない）」の筆名を用い、他者からの批評というかたちで明らかにするとおり、「貧乏人」には、「貧乏」であるがゆえに、「衛生論」のいう「食事」を実践することはできない（「衛生論の秘伝漫言子に告ぐ」『時事新報』「漫言」欄、明治二〇・八・一六、全集［11：340–341］）。「貧民」は「不養生」であり続けざるをえないのである。

克服すべきものとして提示されながらも、実のところ逆に、「貧民」の身体は本質的に病と近しいものだと位置づけられている。福沢諭吉的な衛生論にあっては、「貧民」の正しく管理できない身体境界、すなわち「滋養」を取り込めず「体温」を一定に保てず、「穢れ」て「腐」った境界が、他者の身体の上に消せない痕跡として刻みつけられているということになる。

このような語り口は、血を媒介に、病を他者に備わった生まれつきの属性として本質化する物語の力学となり、北里の叙述する血のイメージと結びつくことになるだろう。

一方で、報道メディアにおいては、発症の原因として「食物」が注視され、病者が発症の直前に摂取した「食物」が事細かに伝えられている。

其〔発病の〕前夜ナマリ節を喰したるが頓《ぬかずい》て一回下痢したり其折《そのおり》腹が透き体に力が無くなりたれば其を癒す心にて生玉子に穴を明け幾つか吸ひたるが其中一個は稍《やや》腐敗の臭気を帯び居たりと云へりされば此男〔避病院の入院患者〕の発病はナマリ節に非ずして腐敗の生玉子なること

明かなり

（『東京日日新聞』明治二〇・七・一五）

「不潔」「腐敗」が、「発病」の原因に直結されるとき、言説の上には病者の責任がもちあがり、それは病者の犯した罪として意味づけられることになる。福沢の衛生論が明示する通り、それは予防を怠った罪である。つまり、衛生意識の欠如が問題とされ、批判されるのだ。

また、明治一〇年代にはすでに、「病体」「死体」と並んで、病者の「吐瀉《としゃ》」や「下痢」などの「排泄物」が、病毒伝播の要因だと考えられていた。

隔離法大意　伝染病毒は啻《ただ》に地中若《もし》くは水中に舎《やど》りて伝播するのみならず、患者の排泄物・呼気・蒸発気等より直に感染することあり。故に病体、死体、其排泄物等は速《すみやか》に之を隔離して触接の憂なからしむべし。

（「伝染病予防法心得書」『朝野新聞』明治一三・九・二二）[16]

病者の身体の境界は、口に入れ、摂取するものから、吐き出され、排泄されるものにまで延長され、膨張している。その身体は、境界それ自体が腐敗し、穢れたものとして記述されるのだ。

だが、すべての身体が「空気」「水」「食物」に対してほとんど無防備に開かれてある以上、誰にとっても身体の境界が受け身であることに変わりはない。福沢がはしなくも描き出してしまったように、「用心」する「日本人民」の身体も等しく、「空気」を吸い込み、「水」を飲み、「食物」を口にし、排泄する。「空気」「水」「食物」「患者の排泄物・呼気・蒸発気」「病体、死体、其排泄物」

との「触接」におびえつつも、病との接触は避けがたい可能性として言葉の表面にせり出しているのだ。

3　細菌と北里柴三郎

ところで、福沢の衛生論が書かれた明治二〇（一八八七）年前後のメディアでは、「コレラ病毒」は「腸胃および血中に混在する」と記されているのだが（『読売新聞』明治二〇・七・一三）、『時事新報』の「虎列刺病温浴療法」（明治二〇・七・一三）には、次のような一節がある。

該病の如きは主として暴吐暴瀉を来たし速かに血中の水分を減却し為に血液濃厚、血行は緩慢となり甚しきに至ては血行全く廃絶するに由る故に内服薬の如きは胃及腸に達するも消化力及び吸収力は非常に減却或は全く廃止するものなれば其効甚だ恃むに足らず又皮下注入法の如きは本病に於て近時専ら賞用する処の法なれども実撿《じつけん》によれば十分目的通りに薬液の吸収せらるゝは極めて稀れにして皮下の吸収機能も著しく減少するものたるを以て多くは薬液は局部に潴溜《ちよりゆう》して小隆起をなし消散し難し〔…〕

「暴吐暴瀉」を観察された病人の身体を通じて、体内の血液が問題化されている。コレラに感染し、血中から「水分」が失われて濃さを増した血。「血行は緩慢」となり、「病毒」が孕みもたれた血液。やがて訪れる「血行」の「廃絶」。つまり病んだ身体のなかでは、「血液」それ自体が変容する危機が発生しているのだと言ってよい。「消化」「吸収」といった身体機能は正常に作動せず、「吐瀉」という境界の溶融を防ぐための「皮下注入」は、「局部に瀦溜」してしまい、それはまさに血液の滞りを表象するのである[17]。

コッホと北里柴三郎（明治41年，厳島で）

このように、血は病の領域において可視化されているわけなのだが、こののち、日清戦争が開戦された明治二七（一八九四）年、北里柴三郎が香港でペスト菌を血液中に発見し、その報告書がほぼ新聞全紙に掲載された際に、病と血の表象は新たによりはっきりと、他者を差別する物語をつくりだすことになる。

東京医学校を卒業後、伝染病の管理中枢である内務省衛生局に就職したことをはじめとして、北里柴三郎の経歴[18]からは、当時の医学と衛生学の関係、病と警察権力との重なりがみえてくる[19]。十九世紀半ばには、フランスでパストゥールが、ドイツでコッホが微生物の観察に励み、医学は微生物研究へと開かれ、十九世紀末には「細菌学の黄金時代」が訪来している。こうした時代背景を受け、北里は細菌学とそれを応用した公衆衛生学を志したのであった。研究主体となったその最初から、衛生行政を担った内務省と密接な関わりを持ち、細菌学を研究対象とし、明治二五（一八九二）年にドイツ留学から帰国した後、伝染病研究を統括する大日本私立衛生会附属伝染病研究所所長となり、血清療法を他の伝染病にも応用しようとした北里は、伝染病を細菌による病として周知させることに貢献した。細菌学を中心とする知の認識を体現する彼の名のもとに、さまざまな伝染病がひとつの概念に統合されたと言うことができるだろう。[20]

明治二七（一八九四）年五月、政府の調査命令により、北里は流行中のペスト病を調査するため青山胤通[21]、石神亨[22]などの医学者たちと共に香港に派遣され、ペスト菌を発見する。[23]香港から日本に帰国した後の北里は熱狂的な歓迎を受け、その論文、演説、談話の多くが新聞各紙に引用、掲載されたのだった。ペスト菌の発見を報じる記事は、身体の内部を流れる「血」に侵入してきた「バチルス」を問題にするが、「北里博士」が「黒死病（ペスト）」という言葉を発するとき、読者は他の各種伝染病の存在を同時に連想することになる。

香港での北里のペスト菌に関する実験は、血液に重点を置いたものであったと言われ（小高[1992：82]）、実際、「ペスト病の原因取調に就て」と題した演説のなかで北里自身が「私が彼方に参りまして研究を初めますにも、一番に目的とした所は血液を検しますのを一番の目的とした」（『大日本私立衛生会雑誌』明治二七・八・二五[24]）と述べている。北里が内務大臣に提出した黒死病（ペスト）の「研究報告書」の全文は官報に掲載され、新聞各紙に採録された。[25]

右研究に著手の当日余等は「ペスト」患者の一屍体を得て之を剖見するの事機を得即《すなわち》青山教

授刀を取て之を行ひ余は其鼠蹊腺腫心臓内の血液肺脾肝の諸臓器を採て之を検したるに一種の細菌夥しく存在せるを認めたり〔…〕翌十五日余は先に諸臓器及患者の指頭より得たる血液を以て血清培養を試み置きたりしものを採り検視せしに又初め血液及腺腫中に認めたるものと鏡検上毫も其種を異にせざる細菌の茲に発育せるを見たり〔…〕香港に於ける「ペスト」患者は多くは支那人なり（若干他国人を除きて）而して太平山に於ける支那人の居住家屋（太平山は香港の一区にして支那人のみ之に住し今回「ペスト」の流行尤も猖獗を極めたる所なり）は或は十数年の久しき室内等を掃ふことなきか塵芥汚物堆積して尺余に及ぶものありと実に汚穢不潔を極めて到底普通人間の棲息すべき所にあらず一たび足を其室に容れし者誰か其「ペスト」の巣窟と為るの不得已《〔やむをえざる〕》を感ぜざるものあらんや

（『東京朝日新聞』明治二七・七・三一―八・三ほか）

解剖や検視において重視されているのは、患者の身体を流れる「血液」であり、北里は採取した血のなかに「細菌」を発見しようと努力を重ねている。そして「血液検査」は成功し、彼は「細菌」を、ペストに罹病した死体や身体から得られた血のなかに確認するのである。

一連の医学的手続きが示すのは、「ペスト」に侵入された、病んだ身体が、屍も生きた身体も等しく「細菌」によって蝕まれているということである。「血」が採取され、身体が境界侵犯されるとき、言説の上に描かれた「血」は「細菌」によって汚染されているのだ。

さて、そういった医学的検証に引き続いて、この報告書には、「香港に於ける『ペスト』患者は多くは支那人なり」の文字が現われている。「『ペスト』の流行最も猖獗を極」めた一区は「支那人のみ之に住し」ており、「実に汚穢不潔を極めて到底普通人間の棲息すべき所」ではなく、「ペストの巣窟」だというのである。同様の報告は先に触れた北里の演説「ペスト病の原因取調に就て」(『大日本私立衛生会雑誌』明治二七・八・二五)にも見受けられ、彼は「支那人はどう云う習慣か決して広い間に住んで居らぬ、そうして光線の這入る部屋には住まぬ。みんなそう云う箱のような処に這入り込んで居る」、「其不潔なることは、四十年以来一度も掃除をせぬと云うような家に這入って居るという。ペストはそう云う不潔な処、光線の這入りの悪るい処が殊に此ペストの黴菌が発育を逞うするようでございます」と述べ、また、「取調」に際して「死んだ患者」や「指の先から血液を取る」のに「支那人」の「患者」の身体を用いたと説明している。

実験に使用された現実の血液と表象上の支那人の血という、レベルを異にする言葉が同一化されていることに留意しておきたい。北里の「取調」のなかで、病んだ身体と実験された「支那人」の身体とが同一のものとしてイメージ化されていたという事態は、次第にメディアの言語をとおして、病んだ身体と「支那人」一般の身体とが等価関係にあるという意味に置き直されてゆくからである。

「支那人」の身体は、病毒に蝕まれた血によって叙述され続ける。「北里博士の研究報告書」[26](『日本』明治二七・七・二八ほか)は、「黒死病患者の血液を以て」行なわれた研究で、その血を注入されて死亡した小動物について「無数のバチルスを其血液中に発見した」と指摘し、「清国人の家々に於ける塵埃中に死せる鼠の血液」のなかには「皆なバチルス」があること、「香港地方の黒死病は多くは支那人に起りたる」ことを報告する。英国による植民地主義や階級の問題は論理から除外され、「血」を介して、「支那人（清国人）」と「バチルス（細菌）」の隣接性が想像される。

このような発言をとおして、血が「支那人種」という人種全体を流れるものとしてイメージされ、そしてその延長で、人種としての「支那人（清国人）」の血は容易に病源の侵入を許すという物語が流通してゆく。血の表象は、「支那人」の罹病を本質的な特徴として意味づけ、人種の身体を語る論理を編成しているのである。

北里の報告書が描き出すのは、病の分布によって逆説的に描出された大日本帝国の国土＝身体や、想像された「日本人」の身体の境界線にほかならない。それは「われわれ」の身体を感染の危機から遠ざける物語を派生させている。

こうした物語のなかでは、「日本人」の身体、「われわれ」の身体が罹病する可能性や恐怖を回避するために、伝染病と「支那人」との近しさが生成されてメタファーになり、伝染病は「人種」を語る磁場へと転化される。伝染病に対する恐怖と、敵国人である「支那人」を既知の枠組みのなかに位置づけたいという二つのメンタリティーが結び合い、伝染病は「かれら」の物語と化すのだ。すなわち、現実の血液を扱う科学的実験を仲立ちとして、「支那人」にまといつく血のメタファーが、その人種の血には病が潜む、その人種の身体は細菌によってつねに蝕まれている、という幻想めいた物語を成立させているのである。

こうしたなか、メディア上には、北里の発言を根拠に、病を人種論として処理した表現が数多く現われる。「北里博士」の名のもとで、「支那人種」は「不潔」や「黴菌」、そして病そのものへと結びつけられてゆく。

支那人種の特色一
北里博士に聞く、支那人種は、世界に比類なき不潔人種也。其の香港に於て黒死病を誘引するもの、職として之に由る。〔…〕故に香港政庁は、一切支那人種の家屋を焼き拂ひ、其の病源を退治する筈なりと。〔…〕

支那人種の特色二
北里博士に聞く、支那人種は、陽光を忌む人種なり。暗蔭より暗蔭へと、恒に頭面を向け行くなり。而して黒死病の要素たる、黴菌は、暗陰に生長して、陽光に死す。而して彼陽光を愛せずして、暗蔭を愛す。是れ支那人種が、黒死病の餌食となる所以なりと。
彼の支那人種が、陽光を忌んで、暗蔭を愛するもの、独り物質的のみにあらざる也。否《い》な精神的に於て、最も然《しか》る也。〔…〕
（『国民新聞』明治二七・八・一二）

記事は北里の「報告書」および「演説」の文言を根拠としつつ、「不潔」があたかも人種の特色であるかのように「支那人種」を説明している。血は人種と「ペスト患者」の身体とを同じ位相に並べ、「ペスト患者」の身体は「支那人種」へと置きかえられる。ペストは「支那人種」の「特色」であるという認識は、「支那人種」はその「不潔」さゆえに「黒死病」に感染しやすく、また逆に「黴菌」によって「餌食」に選ばれるのだ、という物語を生み出し、その物語は、「北里博士」の文字が引かれることで説得力を得てしまう。

さらに、「黒死病」をめぐる話題は、身体だけではなく、「人種」の「精神」にまで及んでいる。つまり、「支那人」が病を予防しうる「精神」をもたないという意味が読まれるのだ。

ここにおいて、病をめぐるもうひとつの紋切り型を支える「精神」という語の意味作用が明らかになる。たとえば「アイヌ」は、「独立するの精神」や「気力」がないために「滅亡」に向かわざるをえないのだとされている。

> 夫れ人種にして自ら独立するの精神なく自ら其固有の文化を形成して之を発揚するの気力なくんば唯々亡ぶるあるのみ而して今此の亡ひなんとするの種族に向ひ之が保庇を今日に企図せざるべからす若し漸滅して尽きんか、是れ国を治むる者の過ちなり
>
> （前掲、関場不二彦『あいぬ医事談』明治二九年、河野［1980a：212-213］より引用）

また、国家としての「朝鮮」は、「文弱の病」「貧弱の病原」といった語句に修飾されている。

> 朝鮮の病気は、軽快なりといふ可《べか》らざるも、未だ以て匙を投ぐ可きにあらざる也。国民の全精神、全勢力を以て、之を保護せば、快癒の望なきにあらざる也。
>
> （『国民新聞』明治二七・五・二九）

両者に共通するのは、病を救済するという態度において植民地主義的な欲望が明示されるという構造である。「精神」を持つ側である国や国民が、「精神」を持たない側に「保庇」「保護」「快癒」をもたらすべきであるという論理が構成されている。この時期に使用される「精神」の語は「国民精神」と結合した概念でもあり、天皇をその論理の拠り所としているのだが[27]、他方で、病が語られる場では、「精神」は衛生政策を実行し、病を予防しうる根拠にされている。この「精神」を持つことができるかどうかが「文明」と「未開」とを分け隔てる指標として機能しているのだ。そして「精神」を欠如させた身体が、病と血によって記述されてゆくわけである。

このような定型に医学者の発言が強く作用していることは、ペスト菌を発見して国民的英雄となった北里のテクストを参照することによって見えやすくなるだろう。北里の言葉は、メディアに人種論を浸透させているのだ。「支那人」に関する叙述は明らかに、「アイヌ」や「朝鮮人」など、他者を病によって語る文法に厚みをもたらしている。

もう一度「支那人」とペストをめぐる言説状況について確認するなら、香港の仮病院《かりびょういん》の様子を示したイラストには「図中の患者は皆な支那人なり」という但し書きが附されているし(『日本』明治二七・八・五)、シンガポールで流行したコレラの「患者は重《おも》に支那人」と報じる記事は「支那人の特性として該病患者となり入院し或は埋葬さるゝを嫌悪し種々の手段を廻《めぐら》し患者及び死者を隠蔽致候為め益々蔓延の度を強め」ていると伝える(『万朝報』明治二八・八・一四)。ここには、「支那人」の「特性」が病の蔓延を許しているという論理が見られ、患者と支那人とを等号で結ぶ図式によってわかりやすい物語が再生産されている。

「香港の黒死病」其一・其二（『日本』明治27年8月5日より）

「元来同病〔黒死病〕は支那人特発と云ふべき有様にて他邦人の感染したるものは甚だ稀有なる」（『東京日日新聞』明治二九・四・五）だとか、「我国」の黒死病の「起源」は横浜に入港した「支那人」であり、「かの支那人の如きは能く皹《あかぎれ》、皹裂《くんれつ》等の微細なる創面より病毒を吸収して発病するといふ」（『日本』明治二九・四・五）といった記事には、北里の演説中にあった「殊に支那人は、あのあたりは皆下等な支那人が多うござりますから、跣足《はだし》で歩き廻るから、自然創傷を受ける」、「どうも創傷からも必ずペストに感ずる」（前掲「ペスト病の原因取調に就て」『大日本私立衛生会雑誌』明治二七・八・二五）といった記載の影響が認められるわけなのだが、あたかも病源が「支那人」を選んで感染していくかのような物語が、医学的な論拠を背景に拡張しているのである。

こうした枠組みは、「彼等」「支那人」の「不潔」の対極に衛生的な「日本人」を想定しようとする、二元構造を強化する。「日本人は潔僻の人種にして、支那人は寧ろ不潔好きの人種、之を我邦に同化せしめんと欲せば、先づ道路を清潔にし、次き《ぎ》に家屋を清潔にし、次ぎに飲食を清潔にして、而る後自然に人心の清潔法を施こすべきなり」（『日本』明治二八・六・五）といった物言いは、「潔癖の人種」と「不潔好きの人種」の間に境界を引いてしまうことで、「清潔」を保って予防することの効果を絶対化する。他者を差別する病の物語を受容することで、「われわれ」の不安や危険は見えない場所にしまわれることとなるだろう。

ところで、病と日本とを分け隔てる物語の原点にいる「北里博士」は、万が一罹病してしまった場合の治療薬をもたらす存在でもあった。彼は、「免疫血精《ママ》療法」を「総ての伝染病に向て応用しようと試みているのである（「北里博士の虎列刺談」『日本』明治二八・六・二九）。「北里博士の黒死病演説」（『日本』明治二七・八・一二）によれば、「ペストの黴菌は腺中に発育早きも血液中に於て其発育最も鈍きものなれば血液中に其の黴菌を発見するときは既に其病毒の体内に充満するの兆証」だと言う。こうした記事からは、伝染病による身体の境界侵犯が血液の変質によって完了するのだという認識が読み取れる。彼の推進した血清療法は、「日本人」の「血」の清潔さを取り戻すというイメージで理解されもしただろう。

しかしながら、北里の説明によれば、この新療法は「動物の血液より血清と称する澄明液を析出して之を患者に注射して全治の効を奏せしむる」ものであって、「患者の体内」には「黴菌学的生産物」が注入されることになる（『読売新聞』明治二八・二・五）。すなわち、患者の身体の境界線は、外部からもたらされた異質な液体によって侵犯されるのである。

免疫血清療法が「バチルス」をいったん受け入れた上で、外部からの「バチルス」の侵入を防ごうとするものである以上、血は「バチルス」に穢され、境界は外からも内からも崩れてゆく。コレラ患者の「吐瀉」という行為に象徴されるように、病原菌は、「水」という液体、あるいは排泄物や汚れた空気に混じって身体の境界線を出入りし、身体境界を溶解させることになる。キース・ヴィンセントの言葉を援用するなら、「想像された身体の境界線は、内部からの物質の漏洩と、外部からの物体と物質の侵入の双方によって絶え間なく境界侵犯される」。そしてこの身体は「自己の密閉が欠如していると想定される身体が住まう、棄却された『外部』と、象徴的に連結されるのである（ヴィンセント［1996］）。

ふたたび紋切り型の構造に議論を差し戻すなら、病を他者化する紋切り型は、医学的言語によって編成され、その論理はメディアを通じて物語化されている。感染身体は、身体の境界それ自体に穢れを帯び、境界の腐敗したものとして表象され、さらに食事や排泄、呼吸によって、採取された血液によって、その境界は溶融する。抽出された血は細菌、バチルスによって汚染されており、血に棲む病毒のイメージは、病んだ他者たちを連鎖させてゆく。それは「日本人」以外の人種の血であり、「下等社会」や「貧民」、「新平民」の血であり、女の血である。なぜなら、「精神」をもち、予防意識を備えた者ならば、病毒と戦うことが可能であって、感染などしないはずだから。

このように、病が科学的に説明される場で、物理的な血の原理が解明されようとするとき、血の液体性や流動性は、さまざまなイメージをつくりだす。身体を流れる血は、切れば皮膚の上に漏れだす物質そのものとしてのレベルを超え、世代を経て遺伝するものとして、人種全体を流れその性質を形づくる素因として、階級を絶対化するもの、あるいは身体のジェンダーを決定するものとして、いくつもの観念を結実させては、物質としての血のイメージを複数の方向に膨らませる。[28] それゆえに、病をめぐって、血は層の厚い物語をうみだすのだ。そして同時に、血の液体性はいつでも、身体の境界が溶融することへの不安をかきたてずにはいない。

4　身体と境界

「隠喩としての病い」のなかでスーザン・ソンタグは、「医学の中で軍事的な比喩が広く使われ始めるのは、細菌が病因となりうることがつきとめられる一八八〇年代に入ってからのことである」(Sontag［1977, 1978＝1992：99］）と、病と軍事的比喩の関係について指摘しているが、実際の戦争期には、軍事的比喩の層はよりいっそう分厚くなる。というのも、かなりの数にのぼる病死兵をどう意味づけ、いかに報道するのかという問題が生じてしまうからなのであるが、日清戦争を報じる新聞記事のなかでは、医者、とりわけ「軍医」の身体が、軍人の身体と重ねられ、称揚されるという形式によって、病兵や病死兵を記述する困難が避けられようとしている。

戦地での病に関する情報は、「忠勇なる軍医諸君」は「正に毒病と奮戦しつゝあるなり」（『国民新聞』明治二八・五・七)、「敵人《てきじん》を倒すの一事は軍人個々自ら之を能《よ》くすべし、病軍に捷《か》つの一事に至りては必らずや軍医の力を待たざるを得ず」(『万朝報』明治二八・四・一〇)と伝えられる。こうした記事の上では、戦地にある「軍医」あるいは医師には、傷つき、病んだ身体に健康を回帰させる能力のみならず、言葉の上で隣接関係にある「軍人」同様、自己の身体を自律させうる資質が要請されていると言えるだろう。

つまり、日清戦争という出来事は、病に感染しやすい日本の兵士たちの姿を通して、「日本人」の「血」の脆弱さを露わにしてしまったのであり、メディアのなかには、いくら「支那人」との対比によって仮構しようと、もはや取り繕うことができないような、病の物語の破綻が生じたのだった。破綻を覆うために描出されたのが、「軍医」や「医師」の身体なのである。

ところで、北里とともに香港で黒死病の研究を行なった青山胤通や石神亨は、ペストに感染してしまい、体温、脈拍などを含めてその病状が「軍人戦に死す是れ尋常の事、今や青山氏等身を天涯万死の中に投じて学術の為めに一身を賭する」(『日本』明治二七・七・三)などと各紙に連日報道されたのだった。こうした記事は、もちろん医学者を称賛する意図で書かれているわけだが、病毒に感染してしまった青山、石神らの過失は、つねに病に接している医師の危険な立ち位置を際だたせ、そうした危険のただなかで、ペスト菌を発見するという功績をあげた「北里博士」の「身体」と「精神」を理想化せずにはおかないだろう。「学術」と結びついた「北里博士」の「精神」は、病が「身体」に侵入するのを許していないのだ。視点を変えるなら、日清戦争期の血と病の物語様式が、北里の固有名によってぎりぎりのところで保たれているのである。

このとき、当の北里自身は、彼らの罹病をこう説明している。

ペストは〔…〕虎列刺《コレラ》や何かと違って実に一個人――個人的に予防すると云うことは余程困難である。其困難の証拠は現に青山石神の両氏が之れに罹ったのである。吾々の一行は先ず今日の開けて居る丈の予防方法――個人的の予防法は決して他人から喙《くちばし》を容れられぬ丈に一行の者は行って居りましたが、それですら二人が罹るというを以て見ればどうしてもペストという病気は、呼吸器或は創傷というような処から感染するということは免かれぬ。呼吸器から伝染する病気に至っては、なかなか医者や看護婦の之を防ぐことは余程注意に注意を加えても先ず免かれぬと云っても宜しい。

（「ペスト病の原因取調に就て」『大日本私立衛生会雑誌』明治二七・八・二五）

いくら個人で「予防」したとしても防ぎ得ない「ペスト」への恐怖が「青山石神両氏」の感染を正当化し、そしてその上で、感染後、回復した「青山石神両氏」の身体の抵抗力が、称賛されるわけである。彼らの回復は、医学者の知識や精神力を実証する。

とはいえ、「防ぐことは余程注意に注意を加えても先ず免かれぬ」といった医者と病との危険な近接は、以前より「北里博士」の周囲に読みうるものであった。

疫病神の上陸許す可らず

北里博士は今度香港にて黒死病の病原を発見して近々帰朝するよし右発見に付ては彼の地滞在中忌《いや》な病人に接したるは無論、その血液を見たり膿汁《のうじふ》を分析したり、病毒を嘗めこそしなかろふが煮て見たり焼て見たり顕微鏡に照らして見たり培養液に育てゝ見たり朝から晩までいじくり廻はしたからには北里の身体の穢れたことは何とも蚊《か》とも名状す可らず一口に云へば同人は黒死病の親類同様恰《あたか》も一身同体の姿と為り北里即ち黒死病にして俗に申す疫病《やくびやう》の神とは此男のことなる可し昨年府下芝区の有志先生達は北里博士が肺病の黴菌をいじくるゆゑに区内にはみんな穢れた人は置かれぬとて大運動を催ほしたることあり

（「漫言」『時事新報』明治二七・六・二三）

福沢諭吉の手によるとおぼしきこの「漫言」は、この一年前の明治二六（一八九三）年に芝区で展開された伝染病研究所に対する反対運動を批判する内容となっている。だが、逆説的なことに、反対論者を揶揄するその戦略があらわにするのは、医師を代表し、身体の安全を保証してくれるはずの「北里」の「身体」が、究極的には理想化しえないという、病の物語の危機的な矛盾である。「病人に接」するだけではなく、「血液」「膿汁」「病毒」を「いじくり廻」す「北里の身体」は、「忌《いや》な病人」に接触して「穢れ」ている。「北里の身体」は「黒死病」と「一身同体」である。医師の「身体」は「穢れた人」と異ならないのだ。

しかしながら、他方では、「学識」を備えた医師としての「北里博士」の「精神」ならば病を防げる、あるいは「青山石神両氏」ならば感染しても快復する力を備えていた、といった枠組みが構

成されている。「北里の身体」は、「精神」によって描かれ、「血」によって「黒死病」そのものとなり、「穢れた」「身体」は、「病毒」と同一化する。「青山石神両氏」の身体は回復したが、「余程注意に注意を加えても先ず免かれぬ」可能性を証し立ててしまった。その意味で、「北里の身体」に代表される医師の身体は、病をめぐる境界の両義性を言葉の上に描き出す契機そのものにほかならない。

あるいは、北里柴三郎の位置づけをめぐる記述に焦点を当ててみるなら、「学識」を持った「北里博士」の強靭な「精神」とは、国境を移動する言葉でもあったと言えるだろう。すでに触れた通り、明治二五（一八九二）年に発足した伝染病研究所は、福沢諭吉の尽力により芝公園内に設立されたものであるが、敷地の狭さゆえに病室を設置することができず、そのため、芝区愛宕町の内務省用地を借用する計画がたてられ、明治二六年三月、内務省・東京府より了解を得て、国庫補助金がおりることも確定した。しかし、芝区民の間にはそれに対する激烈な反対運動が生起し、『時事新報』を中心として、賛同者・反対者双方の議論が闘わされることとなったのである。

この対立において、その理論的中核を担ったのが、おそらくは末松謙澄《すえまつけんちょう》と長谷川泰《たい》の発言[29]である。『東京日日新聞』には、末松による伝染病研究所設立反対の演説記事（明治二六・五・二一―四）が三日間にわたって掲載された。それに対する長谷川泰の大日本私立衛生会臨時常会での反論演説は、『時事新報』附録として同年六月四日、六日に掲載されている。

特に重要なのは、論争が「学識」において闘われていることと、「海外文明国」「欧米諸国」の現在が繰り返し理論的根拠として参照されているという二点であろう。長谷川は、末松が「芝区の迷論」を「学識」によって語ることで権威化していると批判する。末松が「欧州」に関する事例を「御承知がない」がゆえに、あるいは「衛生等の事は御承知がな」く、「医事に就ては学問はない」ゆえに、伝研（伝染病研究所）に反対しているのだという長谷川は、事細かに「海外文明国欧米諸国に於ける病院建設の始末」を紹介するが、それに対する末松の再反論もまた、「欧羅巴」を参照した議論となっている。

伝染病研究所と芝区民の対立を報じる報道メディアには、「日本医学」と「北里博士」の固有名を連結させる力が作用している。たとえば、『時事新報』は、「日本医学の栄誉」（明治二六・六・一三）と題して、「黴菌学の研究」は「独逸のコッホ病院と日本の北里研究所」の二カ所のみが患者への治療を「実地に施す」機関であり、そのためある米国人が、「ドクトル北里」の治療を受けるため日本に渡航することになったと報じているが、その状況を、「文明を西洋諸国に倣」ってきた「日本国」が、「師」に対して「恩」を「報ゆる」ことであり、「日本医術の進歩発達の事実を世界中に発揚するの好機会」が到来したのだと説明している。また、『読売新聞』は、北里が芝区民の反対運動に直面して、研究所設立のための国庫補助金を辞退した際、「内外に名誉を輝かしたる北里博士の大事業を芝区民の之れに反対して妨害するこそ悲しけれ」と報じ、さらには、コッホに師事したのち「遂に世界大の名誉を斎して帰朝した」北里の研究を妨げることは「海外」の「軽侮」を招くのではあるまいかとの危惧を表明する（明治二六・七・一八）。数日後、同紙は、北里が反対運動のために「外国に赴」く意志を洩らしたとする記事のなかで、「我国の名誉」、「世界」を前にした「国民」の「面目」について言及するのだ（明治二六・七・二二）。

すなわち、「北里博士」という固有名は、医学「博士」一般を代表し、病から「我国」の「国民」を保護する、「欧米」なみの技術を具現する記号になっていると言えるだろう。「北里博士」という固有名を介して、「日本」「医学」「世界」の文字は吸引し合っているのだ。進化論と結託して文明と野蛮の間に線を引き、病を野蛮の側に押しやる論理において、「日本」もまた、「北里博士」の名によってはっきりと、文明の側に位置をとる。

しかしながら、同時に「北里博士」は、病のおぞましさを語る言葉の発信者でもある。伝染病研究所設立反対を唱える末松謙澄は、『大日本私立衛生会雑誌』第一八号（明治二六・三）に掲載された北里の発言を、自論を補強するために引用する。

空気から伝染するものを防ぐは六ヶ《むずか》しい、なぜかなれば空気を消毒することは到底出来得べからざることです空気と云ふものは部屋の或る片一方の隅を開けてごらんなさい一秒時間の内に今迄のものは退て仕舞て新らしい空気が這入て来る

（『時事新報』明治二六・六・一一）

「伝染するものを防ぐは六ヶしい」ことを誰よりよく知るもの、それこそが「北里博士」にほかならない。「北里博士」による「身体」の記述は、「我国」の「国民」の身体がたえず「バチルス」にさらされていることを暴きだす。「北里博士」は、病に侵された香港と日本とを往来し、病毒を運び込む危機的可能性によって言説空間に引かれた大日本帝国の国土や日本という身体の境界を侵犯する。同時に、病に同一化する「北里の身体」は、境界それ自体を「汚れ」によって表象するの

だ。

ここまで分析してきたことから見えてくるのは、病をめぐる記述には、語り続けなければならない、書きやめてはならない、といった強迫観念が附着していることである。病は、語りやめられたならその地点で、国民国家の物語の境界が侵犯される可能性をあらわにし、ゆるぎないはずの意味内容を不安定にしてしまうからである。「北里博士」の固有名が、境界を画定するようにみえて、その実、想像された境界線を溶解させることは、そのような病と境界をめぐる両義性を代表していると言えるだろう。病の物語には、確定されると同時に侵犯され、切断すると同時に接続させるという境界の二重の両義性によって、つねにほころびが招き入れられている。そして、境界がゆらぐことへの怯えが、文字空間において病を繰り返し叙述し、病の意味を、似たような別の言葉によって語り続けることを要求するのだ。

5　未来の危険

明治二〇年代に準備された伝染病をめぐる言説構成は、明治三〇（一八九七）年に、伝染病予防法が公布された際、法的言語の力によって体系づけられることになる。伝染病予防法の第一条には「此の法律に於て伝染病と称するは虎列剌《コレラ》、赤痢、腸窒扶私《チフス》、疱瘡、発疹窒扶私、猩紅熱、実布垤《ジフテ》利亜《リア》（格露布《クルップ》を含む）及『ペスト』を謂ふ」とあり、これら八つの伝染病は、医師や警察官吏など、「当該吏員」の管理下に統括され、予防や感染身体の処置に関する義務に反した者には罰則が科された。続いて明治三七（一九〇四）年には肺結核予防規則が公布され[30]、伝染する病は内務省の管轄下で規制されることになる。病を患ったときの措置が、法的言語、あるいは医学的・衛生学的言語によって規定されているがゆえに、定められた規範を遵守しているかどうかは厳しく観察され、規範からの逸脱は罪の枠組みにおいて解釈されるほかはない。というよりも、身体への「病毒」の侵入それ自体がすでに罪以外ではありえないのである[31]。

日露戦争ののちには、「東京医師報国会解散式」において軍医総監から「日露戦役に於ける我が損失は、戦死傷等二十一万八千四百二十九人、病者二十二万千百三十六人にして、両者ややその数を同じうせるは、古来の戦史上、その例を見ざる処の良成績なり。これ全く医学的進歩の結果なること勿論なれども、なおその近因に就いてはもつぱら研究中」（『東京朝日新聞』明治三八・一一・二五）といった報告がなされる。日清戦争時における、病死兵や病兵の数の多さをめぐる記憶は日露戦期の数字によって上書きされてゆくのだ。

そうして明治三九（一九〇六）年、内務省令によって医師法、医師会規則が相次いで公布されることになるが、医師法第七条の医療広告をめぐる法的言語はやがて、売薬広告と医師による医療技術の対立構図を誘引するだろう。

医師法第七条に、「医師はその技能を誇称して虚偽の広告をなし、または秘薬療法を有する旨を広告することを得ず」との明文あり。以下少しくこれが解釈を試みんに、元来医師の学説には各種の疾病それぞれ統計によりて定めたる快期ありて、それより短期にては癒らざるものとなりゐるが、近頃新聞、雑誌の広告に散見する短期療法は、この法文に違反するものと認めらるゝなり。これが法文にいはゆる技能を誇称するものにして、次に秘密療法云々とは、自家に新発明薬ありとか、或ひは従来に例なき手術をするとか、一般医師の知らざる療法ありと広告するを禁じたるなり。〔…〕なほこれが取締りの必要より、警視庁は各新聞、雑誌掲載の医療広告を蒐集して、目下審査の最中なりと云ふ。
（『万朝報』明治三九・一〇・一七）

医師法制定以降、小平麻衣子が論じるように、医療が商売であることを隠蔽するようにして、医師の営業と売薬とが鋭い対立を形成する時代が訪れ、「中流以上の人士」が「医療のお得意さま」となり、身体は階層化される（小平［2002］）。第二章で詳述するとおり、そうした構造の上で女性身体は、下位に区分され、売薬広告の言説のなかで病の意味をかぶせられることになるだろう。いずれにせよ、正しいと認定された「学説」のみが「医師会」によって保全されるとともに、「内務大臣の免許を受くる」（医師法第一条）「医師」もまた、内務省に所属させられることになる。

明治という時代が進みゆき、言説の論理が熟し切った頃、あたかもこれまでつくりだされたすべてを総ざらいしてみせるかのような出来事が起こる。明治四四（一九一一）年一月、満州においてペストが発生し、「支那人」のペストと「北里博士」の文字とが並び合って新聞紙上に現われたのであった。

ペストの発生時、「当地支那人のペスト益《ます》〳〵猖獗毎日八十乃至《ないし》九十名の死亡あり」（『東京朝日新聞』明治四四・一・一〇）と報告された状況は、「支那人が同病に関する智識なく予防法の励行困難なり」（『東京朝日新聞』明治四四・一・一八）、「在留外人が支那人の衛生状態に顧み頗《すこぶ》る危惧の念を抱き」（『東京朝日新聞』明治四四・一・一九）と、「支那人」への批判を定型句のように伴っていた。一方で「北京日本人会」の「日本人相互の衛生事務を取扱ふことを決議せり」（『東京朝日新聞』明治四四・一・二五）といった態度や、「日本人間予防注射を始めたり」（『東京朝日新聞』明治四四・二・五）という日本人のふるまいが、「支那人」の対極にあるものとして伝えられる。満州に派遣される「北里博士」に関しては、「清国政府は直に錫総督に宛《あて》博士を十分優待しペスト撲滅に関し其指揮を受くべき旨電命せり」（『東京朝日新聞』明治四四・二・一二）といった情報が流され、「北里博士の黒死病《ペスト》報告」や「北里博士の黒死病講話」といった文字が紙面を飾る。

日清戦争期から編成されてきた紋切り型を反映するようにして、「支那人」「ペスト」「北里博士」の文字が組み合わさり、病の物語定型がなぞられて、最後に記事は「日本人」の病死者や死亡者の数の少なさを強調しながら、ペストの終熄を告げる。

ところが、ちょうどそのときに、病をめぐる物語を破綻させるような状況が生じてしまう。同年三月の末、葉山で避寒中の東宮妃が「軽微なる御風気《ごふうき》に渡らせられ」、「其後御熱降下せず惹いて腸胃に異状を呈し」、「具《つぶさ》に拝診の結果腸窒扶斯《チフス》と決定」したのである（『東京朝日新聞』明治四四・四・八）。病状は侍医の言葉として、次のように公表された。

葉山御用邸に御滞在中の皇太子妃殿下には三月廿三四日頃より悪寒、逆上の御感《ごかん》じあらせられしが二十七日には御体温三十九度に上り御頭痛及《および》御身体処ゝの御痛感あらせらるゝ外《ほか》御胸部御腹部等には何等の御異状も伺ひ奉らず爾来《じらい》引続き高度の御体温を持続して三十九度より四十度前後を往来し速かに御解熱の運びに向はず遂に腸窒扶斯の御病《おんやまひ》と診《しん》し奉るに至れるが今日迄の御経過は御順当にあらせらる

(『東京朝日新聞』明治四四・四・九)

「悪寒」「逆上」を体験する「妃殿下」の身体はあろうことか、「腸窒扶斯」に感染していた。「御経過は御順当」の語はこの日以降、繰り返し使用されるが、「高熱」を帯びた「東宮妃」の体温はなかなか下がらず病勢は一進一退で、「御熱三十七度七分より三十九度の間を上下し、御脈百乃至百十八を算し御脈状《おみやくじやう》悪しからず、御食量は牛乳、スープ、重湯の外肉汁《そつぷ》二百グラムを御増加、御便通一回あり、多少の御咳嗽《がいさう》は今尚ほ止ませられざるも何等の御変りもあらせられず」(「東宮妃御病状」『万朝報』明治四四・四・一八)と、「御体温」「御脈拍」「御食量」「御発汗」「御便通」などについて、日々報道される状況が続く。

「東宮妃殿下の御悩《おんなやみ》一たび世に知られてより、国民一般は日々の諸新聞にて引続き公となりつゝある御病状に目を注ぎ、御発熱の一上一下に一喜一憂せざるものあらず。御体質の平素御強健にわたらせらるればこそ、さばかりの高熱の永く減退せざりしにも堪へさせられたらん」と書きはじめられた記事には、「万安を保つ可き宮殿におはす未来の国母《こくぼ》の御身の上に、何如にして腸窒扶斯の伝染を来せるなど、外国の一婦人が訝かり語れるを本文の記者は耳にしたるあり」(『東京朝日新聞』明治四四・四・二九)と、不穏な言葉が記されている。「未来の国母」たる「東宮妃」が伝染病を病み、しかも、いつまでたっても快癒は報告されずにある。メディアには種々の憶測が行き交い、「医学博士」らの言葉が並べられた。

某医学博士曰く妃殿下の窒扶斯《ちぶす》に就て我々が彼是《かれこれ》申上るのは誠に畏れ多い事ではあるが、臣民として如何にも憂慮に堪へぬから少しく愚見を申述べる、是は唯宮内省当路の人々に御参考迄に申上るのだから能々《よく》誤解の無い様にして貰ひ度い

▲順当の御経過に非じ　御発表後からは未《まだ》二週間位にしかならぬけれど黒人《くろうと》の目から見れば余程前からお熱が在つた事と推察される、一体何日頃から何処で御感染になつたのか我々下々の者にはお伺ひする事も出来ぬし又想像にも及ばぬ事ではあるが、普通の窒扶斯なら四週間位で熱は下る筈である、尤も本年の窒扶斯は軽いのと、重いのと両極端のが流行して、中位《ちうぐらひ》のは極めて少い様であるが殿下の御経過も、普通の窒扶斯なら既《も》う熱も下つて、御恢復に向はせらる筈であるのに、一向未だ其如《そんな》御容子も見え無い、新聞に出てゐる様な種々《いろ》な御病状が事実とすれば或は順当な御経過をお取りになつて居ないのでは無いかと臣下として我々は憂へる

（「東宮妃殿下御病因に就て」『東京朝日新聞』明治四四・四・二九）

「某医学博士」は、「臣民」「臣下」としての「我々」が「妃殿下の窒扶斯に就て」言及するのは「誠に畏れ多い」と述べつつも、「妃殿下の窒扶斯」について語り、「御感染」の経路や「御病源」について推測する。その延長で問題になるのが、医者の身体である。

▲侍医の恐ろしき内職

夫れから尚《も》一つの伝染の径路として医者や看護婦が罪悪を作る事も確な事実として認められて居る、畢竟《つまり》腸窒扶斯患者に触《さは》つた衣類の儘で余所《よそ》へ行く窒扶斯患者を診察した同じ器械で、能く消毒もせずに他所《よそ》の病人を診察して遣る、私の友人に某医学士の子供は有《あ》らゆる伝染病に罹つて居る、是は学士が日々伝染病患者に接する機会を持つて居て、病菌を背負《しよ》つて来ては子供に移すからである、移し度くて移すのではないが然《さ》う云ふ事がある、日本の侍医局の医者等も俸給が足らぬから無理も無いが善く内職をする人がある様な噂を聞いて居る、然し外の方と異《ちが》つて高貴のお体に接する場合には十分斯《か》う云ふ事は謹んで伝染せぬ様に注意したら好からうと思ふ

（前掲「東宮妃殿下御病因に就て」『東京朝日新聞』明治四四・四・二九）

「東宮妃」自身にではなく「病菌を背負って」いる医師の身体に責任が課され、その不注意な「罪悪」が批判されているわけであるが、さらに記事には、東宮妃の身体を「余り医者が朝晩いぢるのは厳禁である、いぢり廻すのは診断に忠実だと云はれうが病気を癒すと云ふ上からは最も禁物だ医者が一人で功名しよう抔《など》と不量見を起すと却つて重傷にして了《しま》ふ」といった提言が連なってゆく。その一方で、病状については「平素の御健勝と確乎たる御精神と御食欲の減退せぬ事が何よりもありがたき事なり」と、「精神」の語が強調されている。東宮妃の身体は、病のさなかにあって、定型そのものを吸引しつつも、グロテスクな病者記述の直接引用は封じられるのだ。ここには、

「罪悪」としての病が医者の身体に移され、東宮妃の「精神」がことさらに前景化されるといった構造が読まれるだろう。

それでも、読み手の意識においては、汚れを刻印された病者の身体と東宮妃の身体が重ならざるをえない。しかも、「御本病の腸窒扶斯」の「御併発症」に関して、「膀胱加答兒《かたる》に伴ふ尿の色は多少混濁し」(『万朝報』明治四四・四・二九)、「腎盂炎《じんうえん》及び膀胱加答兒は別段御変化なきも、御排尿多量にして混濁も減少」(『万朝報』明治四四・五・四)と記されるなど、摂取された食物の叙述に加えて排泄物までが細やかに描写され、すなわち東宮妃の身体は、それを叙述する言葉によって境界侵犯され、言葉の上で「いぢり廻」されずにはおかないのだ。皇室表象と病の喩がふれあう瞬間、他者を差別する病の物語には亀裂が走り、物語はあらたな展開を迎えることになるだろう。

一体御病状にしても世人を偽り又は病状を秘《ひむ》る必要は少しも無い臣民として医者として我々は毎朝新聞を待兼ねて殿下の御病状を拝読してゐる素人には偽《いつはり》を言つても信用するかも知れぬが黒人《くろうと》には直《すぐ》に分るのではあるし挙国一致日夜御病状を御心配申上げて居るのだから有の儘包まず飾らず発表して欲しいと思ふ

(前掲「東宮妃殿下御病因に就て」『東京朝日新聞』明治四四・四・二九)

「東宮妃御不例」をめぐる報道にあっては、物語をめぐる新しい欲望が生まれている。それが明治四四(一九一一)年、無政府主義者が死刑判決を受けることによって開けた年であることを思えば、ここに感知されうる物語のほころびと膨脹は、本書の第二部で扱う、大逆や天皇の死をめぐる物語と知らず呼応しているといってよいだろう。「われわれ」の欲望は、高貴な身体の病を物語化しようとするのだ。

いずれにしても、病をめぐる不穏な膨脹は、物語のほころびとともに、明治が終わりを告げるそのときに、くっきりとした姿を現わすことになるだろう。

第二章　女たち

「女」という文字には生々しい身体が息づいており、活字の並びには皮膚の温度や血のぬくもりが連なっているかのようだ。それは身体性をともなった文字なのである。

明治期に限定するなら、女という文字の身体性を具体化するものとして、「皇后」「娼妓」「女学生」の記号があった。そうした記号は、身体性が強調されるがゆえに病の物語と交わり合って物語の定型をつくりだすことになる。メディア上で生み出される定型的物語のなかでは、女たちに殺意に近い悪意が向けられているわけなのだが、殺意の構図をたどってゆく前提として、本章では、明治期の女性表象をめぐる力学について確認しておきたい。

ジェンダーの非対称性といった観点から見るならば、男性を標準として、女性がそこから分割され、有標化される社会においては、つねに男と女を階層化する境界が区切るいびつな二元構造が立ち現われずにはいない（Delphy［1989＝1989］、上野［2002］）。ゆえに、女の表象を分析することは、印をつけられ、有標化されるジェンダーやセクシュアリティの制度を検証することにつながるだろう。「女」の文字が携える身体性には、性に関するあらゆる制度が含まれている。

さらに、二項対立化されたジェンダー構造には、精神と身体、健康と病、文化と自然、文明と野蛮といった、序列を含んだ優劣関係が反映されることになる。それゆえ、メディアを含むさまざまな言説領域においては、アンバランスな差別構造は、ジェンダー構造と複合して現われていると言えよう。

女性の国民化(1)が要請された明治期には、国民の母、軍人の母たりうるか否かという点において二元化を促す境界の力学が作動しているため、「皇后」「娼妓」「女学生」の周辺では、重層する二元構造が強調されている。

この章では、まずはそうしたさまざまな二項対立がうみだされる力学を、「皇后」「娼妓」「女学生」という記号に焦点をあてながら分析する。その際、二項対立を生成する境界線が問題となるだろう。病の物語と同じように、女の物語にも、境界の両義性が附着しているのである。(2)具体的に三つの記号を分析した後、女性表象一般をめぐる構造について考察してみたい。

1　皇后

明治維新ののち、天皇の正統性を広く知らしめることを目的に、各府藩県はこぞって「告諭」を出した。たとえば明治二（一八六九）年二月の京都府の人民告諭大意には「開闢《かいびゃく》以来動《ゆる》ぎなき皇統」の文字が見られ、「天子様」の世々代々にわたる連続性が強調されている。また「奥羽人民告諭」には、「天子様は、天照皇大神宮様の御子孫様にて、此世の始より日本の主にましまし」、「日本国の父母にましませば」とあり（遠山［1988：24–28］）、同様の記述は鶴舞県人民教諭書のなかにも見られる。

一、天子様と申上奉るは、天照皇大神宮様の御子孫にましまして、此世の始りより日の本の御主にて、誠に尊き事譬《たとえ》候にもの無く、敬ふ可き事なり。又一尺の地も一人の民も、皆天子様の御宝《たか》らにて、多くの人の父母に立せ賜ひ、日の本に生れし人々は、ひとしく皆赤子と思食《おぼしめさ》れ、一人として安堵せぬ者も無き様にと、昼夜叡慮を労せられ、追々厚キ御慈悲の被仰出《〔おおせいださる〕》も有之《〔これある〕》に付、何れも難有《ありがたく》相心得、家業出精致し申べき事。

一、父母は我身の生れし本なれば、大切に致すべきは勿論なり。我身母の胎内を出るより、二親懐き抱へて養ひ、又病の時は医師を迎へ、費も厭はず、神々様へ身をかへても病の癒《いゆる》を願ひ、万《よろ》づ心を付て育てらる。いと難有次第ならずや。〔…〕　（遠山［1988：29–30］）

アマテラスの血統を受ける神が地上に「降臨」するという神話において、アマテラスは皇祖神の位置づけにある女性神であり、(3)「天照皇大神宮様の御子孫」という文字の使用により、「先祖」から現在に至るまで持続する時間意識に、連綿と続く親子関係が接続させられている。(4)

引用文中で、天子と人民の関係を親子になぞらえ、「父母」の表現がとられている点について加納実紀代は、ジェンダー化された役割分担が不明確であった江戸期の父母観を明治政府が利用して天皇像の浸透をはかったものだと述べている。加納の指摘によれば、後宮の女性の世界で生長し、髷を結って白粉で化粧し、女性性に染めあげられた当時の天皇睦仁には、「日本国ノ父母」の表象は担いきれず、だからこそ、明治二三（一八九〇）年の御真影配布にいたるまで、天皇自身は隠蔽されたのであり、御真影は、皇后の写真と対になることで、「男女二つの顔」、すなわち父と母の肖像たりえたのだった（加納［2002a：193-200］）[5]。つまり、天皇とは、最初から皇后によって補塡されなければならない記号だったのである。

「天照皇大神宮様の御子孫」である「天子様」が「多くの人の父母」だという位置づけや、「日の本に生れし人々は、ひとしく皆赤子」といった認識に導かれるようにして、「天子様」には「母の胎内」の文字が連なっている。親子の比喩や女性神である「天照皇大神宮様」の文字に招き寄せられるように「母ノ胎内」の語が現われ、「二親」のうちの「母」の語のみが特筆されているのである。だがこのとき、テクスト上に「天子様」と対をなす皇后の存在はまだない。皇后の役割は、近代化のプロセスにおいて、あいまいだった天皇のジェンダーを明確化してゆくことでもあったのだ。

明治維新後、近代国家を確立しようとする動きのなかで、女性の近代化や国民化が要請される。その枠組みの多くは皇后の表象によって編成されていった。明治四（一八七一）年、宮中改革が断行され、公家出身の侍従や女官は罷免されて、奥向きの決定権は皇后の手に渡る。天皇と皇后は次第に一夫一婦制のモデルとして機能しはじめ、そうした文脈の上に女性の国民化が推進されたのであった（片野［1996］［2001］、若桑［2001a］［2001b］）。

だが、そうした一夫一婦制の象徴はなかなか公けの場に現われず、衆目にさらされることになるのは、明治二二（一八八九）年の憲法発布祝賀パレードの折で、このときはじめて天皇と皇后が並び立って登場したのだった。片野真佐子は、この憲法発布式典の出来事が皇后の地位向上を意味すると理解され、女権論者である女性たちの共感や期待感を高めたことに言及しており、岸田俊子の「吾々は女性たるの故を以て他性に比して更に深く更に切に皇后陛下を慕ひ奉る」（「祝詞」『女学雑誌』明治二二・五・二五）といった言辞や、次の英語教師アリス・ベーコンの言葉を引用している（片野［1996］）。

この祝賀パレードのとき、初めて天皇と皇后が同じ馬車に同乗されました。この出来事は、日本の女性たちに大きな進歩をもたらしました。というのは、天皇は皇后よりもはるかに人格が上なので、民衆の前では皇后と一緒の馬車に乗ってお姿を見せることなどできなかったからです。しかし、昨日は、天皇が同乗されたことにより、皇后も天皇と結婚したことによって天皇と同じ社会的地位までに引き上げられたことを天皇ご自身が認められたのです。妻の地位にたいする西洋的な考え方を、公式に採用したことになったのです。

パレードは、私がいままでに見たなかで一番すばらしいものでした。

（Bacon［1894＝1994：108］）

若桑みどりが指摘するのは、皇后より天皇の母としての皇太后が身分的には上位にあり、天皇と皇后が並んで登場するなどほぼありえない宮廷での状況が二〇年かけて変容させられた結果、「軍人勅諭写」（明治二一・藪崎芳次郎）、「帝国憲法発布勅語」（明治二二・潮瀬茂一）、「教育勅語写」（明治二四・勝山繁太郎、夫島徳三郎）など、「国家の根幹にかかわる公式文書に付された肖像には、すべて天皇夫妻だけからなる近代的王侯夫妻の並び立つ姿が刻印された」という点である。「これらの肖像と同時並行的に、皇太子の生母である権典侍柳原愛子が、皇后、皇太后と同一画面に印刷される図像も少なからず発行されていた」のであり、「ここには一夫多妻の本音と、一夫一婦の建て前がたくみにつかいわけられていた」のだ（若桑［2001b：136］）。『明治天皇紀』には「明治二十年八月三十一日、嘉仁親王九歳、皇后美子の御実子と定めたまふ」とあり、嘉仁親王は皇后の実子とされ、一夫一婦制が仮構されたわけだが、早川紀代の分析によれば、明治二二（一八八九）年制定の「皇室典範」が「万世一系各国無類の国体」を維持する立憲体制の確立にあたって、「国家の機軸としての皇室」を保持するため、庶子による皇位継承権規定を行ない、国体を保証する究極の武器として天皇侍妃制を決定したことにより、事実上近代的一夫一婦制は「流産」したのだという（早川［1998：3-7, 95-137］）。また、川村邦光は、実際のところ、新聞メディアで「一夫一婦制キャンペーン」が行なわれたのは明治三三（一九〇〇）年の皇太子成婚の折であり、「此無前の大典により、道徳風教の源泉たる皇室が、始めて真に一夫一婦の大義を明にし、民衆をして仰ぐ所を知らしむるに至れる」（『万朝報』明治三三・五・一一）という賛辞は逆説的に「明治天皇の宮中生活を暗に批判する」「皮肉でパラドキシカルな意味合い」を帯びていたと指摘している（川村［2002］）。すなわち、明治二二（一八八九）年の祝賀パレードのときはじめて表象された、天皇と皇后による一夫一婦制は、その裏側に、それが虚像でしかないという意味を貼り合わせていたのである。

さて、こうした皇后と天皇の関係は、憲法発布の祝賀パレードの五年後、再演されることになる。

日清戦争開戦直前の明治二七（一八九四）年三月、「憲法発布記念祝典につづく皇室ページェント」としての銀婚式大祝典の折[6]、『東京日日新聞』社告には、以下のような記載がある。

> 三月九日の吉辰を卜して行はせらるゝ大婚廿五年御祝典を賀し奉るが為めに　天皇陛下／皇后陛下／御肖像／を製紙分社の特技なる写真版に付し端厳壮美なる金色の輪郭に描き出し精巧を極め鮮麗を極めたる本紙大の附録を刷出し従来愛顧の看客に呈す〔…〕之を床頭に奉掲し朝暮拝礼せば〔…〕天顔を咫尺《しせき》し奉るが如く忠義の心愈《いよい》よ旺《さかん》、敬愛の情益《ますます》切、以て大《おおい》に国民の精神を発揚するを得ん〔…〕
>
> （『東京日日新聞』明治二七・三・一）

「一夫多妻（妾）を隠蔽して、一夫一婦制を演出」し、かつ結婚式がなかったことを覆い隠すように執行された銀婚式とは、「外国の来賓の前で西洋近代の夫婦イメージが最大限に演出され」た「文明国の国家的イベント」でもあったわけだが（川村［2002］）、この社告からは、「国民の精神」の「発揚」のもとになっているのが天皇と皇后の対関係であることが看取できよう。「『父母』として一括され、陰が薄かった母が『良妻賢母』として姿を現す」とき、「近代家族において女性抑圧の根源とされる性別役割分担は、ある段階では女性存在を意義づけるものでもあった」と加納実紀代は述べている（加納［2002b］）。皇后は、ジェンダー構造の規範を代表する記号であったのだ。このとき、『女学雑誌』は、とくに皇后に注目するようにして、以下のように語っている。

美子皇后の「御真影」

皇后陛下、内の御助けの重大ならんこと、もとより明けし。〔…〕左れば、[7]陛下に尤とも近く伺候《しこう》する某太夫は、驚嘆して申さく、吾が〔ママ〕皇后宮陛下の如き御つゝしみ深き御女性は、たゞに日本中に無きのみならず、全世界にもあるべからずと。某侍従もまた申すよう、吾が〔ママ〕皇后宮陛下の如きは、現代世界の万国に無きのみならず、我国千古の歴史に曾て無き所《とこ》ろなり、其の言行一々の御跡を履まば、女道《ぢよどう》の完全なる理想は優にこゝに存すべしと。

（「恭奉賀　第廿五春大典」『女学雑誌』三七〇号、明治二七・三・一〇）

『東京日日新聞』社告と同様に、天皇と「内の御助け」をなす皇后とは対になった夫婦としてとらえられており、「国民」「日本」「全世界」などの語が配置されている。「女道《ぢよどう》の完全なる理想」である「皇后」は、一夫一婦制の体現者として、さらには天皇家が『女学雑誌』の理想として描いた「ホーム」[8]のモデルとして仮構されるのだ。このようにして、明治期には「情愛深い家族イメージ」

のもとに家族国家観がうちたてられ、天皇・皇后という対記号は、ヘテロセクシュアリティに基づくジェンダー秩序を社会に浸透させていったのだった（牟田［1996］［2002］）。しかし、読み手の誰もが、側室に子を産ませた天皇が一夫一婦制を代表しえないという矛盾を感知せざるをえないだろう(9)。天皇家が理想化された「ホーム」を意味しないように、「皇后」もまた理想化された位置にはないという現実が、「皇后」という記号を裏打ちしているのだ。

ところで、この大祝典に関連する記事のなかでは、意外な要素が強調されている。神聖さを汚す「賤女子」の存在がクローズアップされるのである。

大日本婦人矯風会員は今回御挙行の大婚二十五年祝典に奉祝の意を表するは嘉す可きことなりと雖《いえども》芸娼妓抔《など》賤婦をして祝典を奇貨として猥《みだ》りかましき振舞を為し大典を瀆し奉る等のことありては臣民の本意に非さる可しとの趣意にて矢島楫子の名を以て昨日東京府知事を始め各区役所に左の如き意見書を贈りたり

謹啓〔…〕誠に神聖なる大典を奉祝するの道は亦清潔なる方法によらさる可らす信義は今更申すまでもなき事に御座候若し万々一にも飲酒に托し猥りがましき振舞をなし或は人倫の道に悖《もと》れる賤女子抔を引出して祝意を表せしめんとするか如きことあらは大典をけがす所以にして恐なから〔ママ〕両陛下の大御心に反き奉るのみならす併て日本臣民の品格を堕落せしめ且は堕落したる手本を世界に吹聴する理由にも相成り〔…〕

（「大婚祝典と矯風会」『女学雑誌』三七〇号、明治二七・三・一〇）

「大日本婦人矯風会員」の女たちは、[10]「神聖なる大典」における、「清潔なる方法」での「奉祝」を呈示しようとする。そうしたなかで、「芸娼妓抔賤婦」の「猥りがましき振舞」が「大典」、すなわち「両陛下」を「汚」すものとして非難され、さらには、憲法発布時の「賤女子」の振舞いが問題化されてゆく。

前年、憲法発布式ありたる節、大ひに酒を被むり甚しく興に流れ、放蕩乱行して暴《みだ》りに喧騒たりしのみか、白昼与衆の前に出づ可《べか》らざる醜業者をして、公々然遊興を助けしめたる如きことあり。立憲政体の面目を損し、内外の道義に恥辱を曝せしこと、千歳の遺憾なり。

（「如何にして今日を祝せん」『女学雑誌』三七〇号、明治二七・三・一〇）

「賤女子」を非難する記述が結果として「娼婦」と「皇后」とを対にしている事実に注目したい。この対関係は、「女」の身体に関する論理の基軸だと言ってもよいだろう。

表象の上で、「皇后」やそれに連なる理想的な女性像は、その身体から欲望を喚起させる性的要素を剝奪されている。なぜなら、近代的な一夫一婦制を軸にして成立した異性愛的な性のシステムにおいて、女の理想的役割は子を産む役割に一元化され、女の側の性的欲望は否定されているからである。[11] その一方で、「賤女子」すなわち「娼妓」は、過剰なまでに欲望と結び合ったセクシュアリティを背負わされたのだ。

日清戦争中のメディアでは、皇后が陸軍病院を見舞う様子がさかんに報道され、たとえば『女学雑誌』には「陛下の有がたき御徳を世に示し、同《と》もに感謝せん」といったフレーズとともに、「石黒忠悳氏（野戦衛生長官、陸軍々医総監）が夫人久賀子どのに送られし文」が引用されて「患者の被へる蒲団をさへ親しく御手にて撫でさせ給」う皇后の姿が描き出され（「皇后陛下行啓紀事の文」『女学雑誌』四〇九号、明治二八・四・二五）、その後も「曩《さき》に二十七八年役に於て負傷し手や足を亡《うしな》ふて、義手足を与へたる輩も、もはや六七年の星霜を経たれば肥瘠《ひせき》屈曲の変更によりて、義手足の既に不適となりし輩もあるべく」と「九重の内に案じ」る皇后の「母の子に於けるよりも尚深き思《おぼ》召《しめし》」が賛美され、その美徳は「母」に喩えられた（石黒忠悳「皇后陛下の御仁徳に付て」『愛国婦人』第七号、明治三五・六・二五）[12]。

「患者」を「慰撫」する皇后のイメージは、おそらくは光明皇后と「癩者」をめぐる伝説の記憶と結びあった上で[13]、虚像としての理想を描く。理想化された「皇后」の記号は、欲望するセクシュアリティを消去されつつ、家庭内の「母」の担う生殖セクシュアリティを代表するが、その一方で、「娼妓」をめぐるテクストは、逸脱した「女」の性の物語を担ってゆくわけである。

では、「娼妓」はどのような意味をまとっていたのだろうか。

2　娼妓

「娼妓」は、つねに法的言語と接し合いながら位置づけられていた。公娼制度に立脚させられた存在だったからである。

明治五（一八七二）年十月、「芸娼妓解放令」が布告され、「人身を売買致し、終身又は年期を限り其主人の存意に任せ虐使致し候は、人倫に背《そむ》き有《ある》まじき事」であるとして、「娼妓・芸妓等年季奉公人」は「解放」された（ひろた [1990：169]）。[14] しかしその翌年には「東京府貸座敷及び芸娼妓規則」が布達されたのをはじめとして、貸座敷渡世規則は各府県で施行され、結果として公娼制度が成立することになる。この「規則」に含まれる「娼妓規則」の項には、「本人真意より出願」、「医員之《の》検査を受け其差図《さしず》に従ふべし」の文言が含まれている。[15] 日本の公娼制度とは、藤目ゆきの指摘するとおり、「強制性病検診制度」と、「娼妓の自由意志」とを両輪としてかたちづくられた制度であり、「『賤業』を国家が救貧のためにとくに許容するという欺瞞的偽善的コンセプト」に基づいていたのだった（藤目 [1997：87-115]）。

ところで、この「芸娼妓解放令」が現われた明治五年とは、「徴兵の詔書」と「徴兵告諭」が出された年でもあった。「国家保護」のために「全国募兵の法」を設けることを「朕が意」として「普く全国に告諭せよ」、という詔に続く「徴兵告諭」のなかでは、国民皆兵を日本古来の兵制と定義づけた上で、「市民」の「平等」や「人権」の「斉一」などがうたわれている。[16]

然るに太政維新、列藩版図を奉還し、辛羊《かのとひつじ》の歳に及び遠く郡県の古に復す。世襲坐食の士は其禄を減じ刀剣を脱するを許し、四民漸《ようや》く自由の権を得せしめんとす。是れ上下を平均し人権を斉一にする道にして、則ち兵農を合一にする基なり。是に於て、士は従前の士に非ず民は従前の民にあらず、均しく皇国一般の民にして、国に報ずるの道も固より其別なかるべし。

（「徴兵告諭」明治五年壬申十一月二十八日より、『法令全書』五の一）

重要なのは、徴兵の対象となる男性が、「上下を平均し人権を斉一にする」という理念のもと、すべて「皇国一般の民」として一元化されたことである。翌年制定された徴兵令(17)では、「徴兵は国民の年甫《はじ》めて二十歳に至る者を徴し、以て陸海両軍に充たしむる者なり」と「国民」の語が明記され、徴兵に関する法的言語のなかで男性の身体が「国民」という記号のもとに編成されてゆくことになる。この明治六年段階での徴兵令には広範な免役条項が存在したため、国民皆兵とは言い難いものであったが（加藤［1996：45–71］）、とくに「身の丈け五尺一寸〈曲尺〉未満者」や「羸弱《るいじゃく》にして宿痾及び不具等にて兵役に堪ざる者」が「常備兵免役概則」の第一、二条に挙げられていることを念頭におくべきだろう。徴兵とは「徴兵検査」を伴うのであって、「体質を検査」される際、「国民」としての男性は「軍医」「医官」の前で「身体骨格」の「検査」を受けたのである(18)。

さらにこののち、明治一五（一八八二）年には「軍人勅語」が頒布されるが、小森陽一の分析を参照するならば、天皇が陸軍卿大山巌に与えるという形式をもった「軍人勅語」のなかでは、「臣民」としての「軍人」の身体は、「特異な一人称二人称関係」によって『朕』という主体を招き入れ」ることになり、天皇と擬似的に同一化する（小森［2000：69-75］）。

翻って、公娼制度を支えてゆくことになる「東京都貸座敷及び芸娼妓規則」では、「娼妓規則」として「医員之検査を受け其指図に従ふべし」、「病を隠して客の招に応候儀決て不相成候事」と規定されている。

こうした明治初期の法的言語から読み取られるのは、近代化の過程で生じたジェンダー構成の非対称性そのものにほかならない。まず、前節で確認したとおり、理想化されるジェンダー規範は、天皇と皇后という対関係によって形成されている。法的言語の上では、男性ジェンダーの身体は理想的な天皇と同一化されることになるが、女性ジェンダーの身体の場合、皇后の対極にある娼妓の身体が前景化することで、身体表象それ自体が分裂して二元化してしまう。このことは、聖なる母性と娼婦性とに二元化される、近代的な女性表象の構造に対応していると言えるだろう。

第二に、医師のまなざしの前で病を検査される身体というレベルで考えてみると、軍人の病が「ないこと」を前提として検査されるのに対し、娼妓の病は「あること」を前提として検査されるというアンバランスな非対称性が確認できよう。「皇国一般の民」として均質化された男性の身体では、「宿痾及び不具」といった病の要素は例外として処理され、「国民」の身体から排除される。それに対して、梅毒感染の可能性をつねに帯びた「娼妓」は、女という記号のなかに、病のイメージを書き込むことになる。このような非対称性は、男性という標準的な性別から差異化された女性が、健康から差異化された病と結びつけられるというジェンダー構成と呼応している。

さて、明治二〇年代前半、廃娼運動[19]が高揚期を迎えると、メディアのなかでは公娼制度の是非をめぐって「廃娼論」と「存娼論」とがぶつかりあう。[20]

公娼をめぐる諸議論のなかでは、西洋の「娼妓」のあり方が頻繁に言及されている。たとえば、「娼妓」は「今の世に要用にして欠く可らざる」存在であるが「其業」は「最も賤しむ可」きものなのだ、と語る存娼論者、福沢諭吉は、「品行論」において、以下のように論じている。

> 苟《いやしく》も文明の人間世界に於ては、千百の事情のために之〔娼妓〕を禁ずること能はざるも、深く之を隠すの注意なかる可らず。〔…〕西洋諸国に於ても娼妓は最も多くして之を弄ぶこと最も盛なれども、同時に文明の装飾最も厳重にして人の目に触るゝことなし。〔…〕我日本国人が娼妓の業を醜とせず、遊廓の遊興を公けにして愧《は》ぢざるは、戦国より封建の時代に由来したる習慣に圧しられて然るものなりと雖ども、一旦心機を転じて世界の文明を通覧し、我日本国は此文明に対して如何なる関係に在るものかと思案したらば、今日の日本は戦国封建の日本に非ずして文明の日本たるを発明すべし。〔…〕然らば則ち娼妓の一事も、他の文明諸国に於て人事の秘密に属することならば、我国に於ても其風《ふう》に倣《なろ》ふて之を秘密にせざるべからず。（「品行論　第七」『時事新報』明治一八・一一・二七、ひろた［1990：188-190］より引用）

「文明」の域にある「西洋諸国」と「我日本国」とを隔てるのは、「娼妓の一事」、すなわち「娼妓」を「秘密」としているか否かという一点にあり、それを恥じもしなければ隠そうともしない「日本」の状態が批判されている。「今日の日本」が真に「文明の日本」となるためには、「西洋諸国」と同様、「娼妓」を「秘密」にすべきなのだという存娼論者の福沢が暗に非難しているのは、「愧ぢ」の感情の欠如である。つまりこの「品行論」は、「愧ぢ」の感情を読み手である「我日本国人」に要求していると言ってよいだろう。

また、廃娼論者の島田三郎は、「公娼の害」（『女学雑誌』一九一号附録・明治二二・一二・一四）[21]で、「英米諸国」と「仏蘭西」とを対比させつつ議論を展開している。島田によれば、「パリー」の「娼妓」は、「公娼と私娼との間《あい》だにある」、「汚れた社会に陥った」「汚ない者」であり、「其名前」は「風俗局長が手元に書留めて秘密に為し」ている。「仏蘭西」では、「娼妓」とは「秘密」を生きなければならない存在ではあるのだが、彼女らは「法律にて之を認可」されているがゆえに、「実に堂々たる有様」なのだ、と島田は嘆じてみせる。だからこそ、「英米諸国の人が見ると、仏蘭西は実になさけない有様」だというほかはない。それにひきかえ、公許されない存在である「イギリスの娼妓は真に粗末である」。「法律にて之を認可」されるものと、「密娼」として「辱づかしめ」られるもの、両者は「恥」の有無によって隔てられるのである。「隠れて遣つて居る」から「自から恥ることを知つて居る」「娼妓」と、「法律」によって「認可」され「恥なきに至」った「娼妓」との間にある差異は決して小さくない。そして「警察」と「医者」に関する制度について「仏蘭西」をモデルとしている「我国」では、「娼妓芸妓」は「仏蘭西」の「娼妓」同様、「何《いづ》れも勇気凜々」なのだ、と説く島田は、「法律が之を公認し世上の一権利として存せしむるやうにするは悪《わ》るい」

と主張する。
福沢の存娼論と島田の廃娼論を二つ並べてみると、公娼制度を存続させるか廃止させるかという立場は異なるのにもかかわらず、娼妓を公的な空間から隠し、排除するべきだという主張、また、娼妓の存在があらわになることは恥ずかしいことだとする認識が共有されていることがわかる。

それでは、「恥」はいったい何ものに対して感じられなければならないのだろうか。当時のコンテクストでは、公娼制が「国辱」と呼ばれていたことを想起するなら、この「恥」という言葉が、非常にナショナリスティックな文脈で発せられているという事実に行き当たる。[22]

植木枝盛が「内地雑居が行はれ外国人などが来る」現在において、娼妓公許は「実に恥かしき社会と謂ふべし」（「高知県会建議（娼妓公許廃止）議事細報の事」『女学雑誌』九七号、明治二二・二・一八）と唱えるとき、「恥」が「外国人」に対して感じられていることは明らかであろう。また、海外に出稼ぎする「日本婦人」「海外醜業婦」を咎めた、「安《いづく》んぞ知らん、海外しきりに評判すらく、日本は姦淫国なり、日本は売淫国なり」（「海外日本婦女子の醜聞」『女学雑誌』二六五号、明治二四・五・一六）のような記述にも、「恥」が「海外」を媒介としていることが示される。[23] 次に引用する小島官吾の「東京市郡管内公娼全廃の建議」（『読売新聞』明治二三・一二・一）[24]では、「海外」からのまなざしは、「グラント将軍」という固有名として顕在化する。

> 日本帝国は海外に対して尚ほ顔色なきものに可有之候《これあるべく》。グラント将軍の東京に入るや、先づ喫驚して日本は姦淫国なりと云へり、其多《そのた》幾多の外国人日本遊歴の感を記して屢《しばし》ば同様の言を発

ち毎度外国の新聞紙上に日東神州の恥辱を暴《さら》し候、千古の遺憾無此上の事と存候。外国亦《また》固より公売淫の制度なきにあらず、左れど我国の如く、白日堂々の観あるは殆んど稀なることに候。貸座敷営業規則に、此営業者は身代限とせざる公民の為すべきものと規定せられ、此営業を正当潔白のものと見做したるの嫌なきにも無之《これなく》、夫等の故か娼妓も人前を恥ぢず堂々闊歩横行し、やゝともすれば神聖の礼典を汚さんとすることあり。(『読売新聞』明治二三・一二・六)

この「建議」のなかでは、「外国人」から「姦淫国」として視線を浴びることこそ「日東神州の恥辱」であるという認識から、「娼妓」への非難が直に導かれている。「日東神州」のものとして発話された「恥辱」は、その次の瞬間にはすでに、「娼妓」へと吸引させられるというわけである。

意を配るべきなのは、「公娼」を語る磁場にあって、最終的にこの「恥」が「娼妓」によって引き受けられるべきものとして意味づけられている点である。

具体的にいうと、その「恥」は、公娼制度の最大目的である梅毒検査と切り結んでいる。梅毒検査によって「恥」は可視化されるのだ。

「存娼論」の立場にある長谷川泰が「売淫論をやるに付いては、稍《やや》生殖器の作用、陰部などゝいふ言語を述べなければなりません」(「娼妓廃すべからず敢て世の廃娼論者に質す」『大日本私立衛生会雑誌』八一号、明治二三・一(ひろた[1990：207]))と語っているように、公娼制とは検梅制度を併せもった制度であり、「梅毒検査」を語るテクストの中心には、「娼妓」の「陰部」がある。[25]

「廃娼の急務」において植木枝盛は、「梅毒検査」が効果を生まず、また、政府の職務としても相応しくないという見解を明らかにしつつ、以下のように述べている。

此の検査と云ふことは、其検査を受る所ろのものをして、恥を知るの感情を失なはしめるのである、凡《およ》そ人として他人に見す可らざる所ろのもの………隠すべき所ろのものを隠すのが人間の恥を保つて居るのであります、検査を致すと云ふことは、人が恥を知つて居ると云ふ其者の恥づる心を撲滅する手段では無いかと思ふ（喝采）、此事柄が有りまするなれば、之を受る所ろのものは随つて恥を忘れるに至るであらうと云ふことは、私しの考へる所ろであります。

（『女学雑誌』一九一号附録、明治二二・一二・一四）

また、植木はこの前年、高知県会建議において、次のような議論を展開している。

凡そ女子にして其陰部を他人に見せることは実に千万すると雖も忍ぶべきにあらざるなり況んや之を政府より命ぜられたる医員に検査せしむるに於てをや然るを今且つ規則を設け是非とも其人をして検査を受けしむ是れ豈《あ》に人をして断然恥かしきを知るの良心を滅せしむるの一大劇手段にあらずや然り而して猶ほ且つ人をして恥心を養はしめんと欲す

（『女学雑誌』九七号附録、明治二一・二・一八）

引用部からは、表象上の「娼妓」の身体が「陰部」へと収斂させられる様相が見て取れよう。ここでは、一方において、竹村和子が指摘する、近代の「正しいセクシュアリティ」(竹村(和)[2002])の規範のひとつである性器中心主義が構成されていると言えようが、注意すべきなのはむしろ、言葉の上に露わにされた「陰部」という文字が携える効果の方である。

「隠すべき所ろのもの」と語られた瞬間、「陰部」は見られることの禁止を受ける。しかしながら、「娼妓」の「陰部」は「政府より命ぜられたる医員」によって、「検査」のためにまなざされなければならない。この矛盾において、見る側が非難の対象とはならないことに留意したい。つまり、「隠すべき所ろのものを隠す」ことができない「娼妓」の側のみが問題化され、「検査を致すと云ふことは、人が恥を知つて居ると云ふ其者の恥づる心を撲滅する手段」なのだという結論が導かれるのである。「隠すべき所ろのもの」をまなざされた「娼妓」の個別的体験は「恥」と意味づけられ、[26]さらには、語られたすべての「恥」が「娼妓」の側において感じられるべきものへと転移されるのだ。

島田三郎は、「娼妓」は「人間の尤も恥づべき所ろのことを致して居る」「悪《にく》むべきもの」で、「女の本性」の「性質を変じた」ものであると語る(前掲「公娼の害」)。「娼妓」は、「隠すべき所ろのもの」としての「陰部」を「他人」にまなざされるという体験を媒介に、「隠すべき所ろのものを隠す」女たちからは分断され、表象の上で、性器によって快楽を営むセクシュアリティを代表させられてゆく。

端的にいえば、廃娼論は、検査そのものが公許のもとに行なわれている以上、「娼妓」の「恥」が免罪され、「娼妓」が「恥」から切断されてしまう、という論理を備えていた。その論理は、過剰なまでに「恥」を「娼妓」と結びつけようとする。というのも、「娼妓」の「陰部」が公的にまなざされているということは、「娼妓」の身体と性交する男性の身体もまた、想像され、可視化される可能性をもつからである。

そもそも、これらの議論においては、女の性を買う男の存在が隠蔽されている。買う男の「恥」は、売る女の「恥」が語られることによって表層化することを免れる。そして同時に、西洋のまなざしから「我国」の「恥」は隔てられ、その「恥」は「娼妓」の語によって見えない領域に塗り込められてゆく。「娼妓」という存在に、「真意」による選択という意味を与えた法的言語を併せて考えるなら、[27]「娼妓」はその意志において、「恥」を引き受けることができるということになり、「娼妓」のみがあらゆる「恥」を吸引するだろう。

こうしてみると、相反する立場をとるはずの廃娼論と存娼論とに共有された論理こそが、「娼妓」をめぐる意味内容を編成していることがわかる。公けの領域からは秘密にされ、隠されるべき娼妓は、女という記号の陰に、嫌悪の意味を読み取らせる。「陰部」によって代表された身体は、病の表徴と重なり合って、「恥」を引き受け、男性化されたナショナルな共同体がもつ「恥」を不可視にする。娼妓のみが批判されるこの文脈では、廃娼論と存娼論の差異や、「公娼」と「私娼」の差異さえも消去されていると言えるだろう。女という記号は、「皇后」と「娼妓」という二つの方向に引き裂かれ、両義的な物語を引き寄せる。

3　女学生

「皇后」に接続する理想化された家庭の女と、「娼妓」的なる女といった二元的構造のあわいに漂うのが、「女学生」という記号である。(28) とりわけ、廃娼対存娼をめぐる議論が噴出していた明治二三（一八九〇）年、『読売新聞』『日本』『女学雑誌』は、その議論の延長で、「女学生の醜聞」に関する情報をスキャンダルとして流通させた。

問題の発端となったのは、『日本』紙上の記事である。

○嘆す可し　筆を執るに躊躇したれとも某ドクトルの確かなる話しなりとの事に安心して書くも忌はしきは此頃何か故にや女生徒の身の上にして一種の病に罹るもの少なからす其病毒の流布せる範囲はなか〳〵ひろしと云ふ一方には頻りに廃娼論廃芸妓論の議論のあるに虚聞《きよぶん》にしても此の如き風評のあるは豈〔あに〕嘆す可きの至りならすや

欲廃公娼事未成。誰円空理誤才英。春風吹送梅花氣。已及文明女学生。〔…〕

（『日本』明治二三・二・一五）

「廃娼論廃芸妓論の議論」に言及した上で、「梅花気」、つまり梅毒を病んだ「女学生」がいる、とほのめかす記事には、「女学生」と「娼妓」の隣接関係が暗示されているだろう。この記事を契機として、『読売新聞』には「女子に関する醜聞」（明治二三・二・二〇―三・一八）が連載される。

某校生徒のさま〳〵なる中には何に心を奪はれてか課業も上の空ふく風此頃の暖かき天気につれてほや〳〵と浮れ上り玉ひ勉強は髪の形《かた》ちの研究又は化粧法の翁屋《おきなや》が工夫を奪はんといふ位の意気込み、眉毛の剃り付やう鼻の頭へ白粉の塗りやう中々むづかしい詮議だてなりされば身持自然と堕落して言葉つき鄙《いや》しくなり行き〔…〕

（「女子に関する醜聞」『読売新聞』明治二三・二・二〇）

『読売新聞』に連載された「女子に関する醜聞」の典型的な物語パターンは、「教育」を受け、「勉強」すべき「女学生」が、「化粧」や「髪の形ち」など、身なりに関心を持つことによって、性的に「堕落」し、男性と奔放な性的関係を結び、最終的には「妊娠」という結果を迎えてしまうというものであった。

明治初年期に、「化粧」や「髪の形ち」など、自らの外郭を彩ることに意識的でありえたのが「娼妓」「芸妓」「洋妾」など、性を強調された存在に限られていたことを念頭におけば、[29]「女学生」が自らの輪廓を象ろうとすることは、男性に欲望されるヘテロセクシュアルな存在[30]になろうとする意思の表われとして理解されるだろう。こうした記号からは、条約改正の遂行を目的として成立した鹿鳴館という場において、文明を装うことを強要された「女学生」が、西洋的視線によって客体化された性的記号であったという歴史的記憶が想起されざるをえない。[31]そうした意味で、「女学生」

とは「娼妓」と類似した構造のなかに位置づけられた記号なのだった。

「女学生」の「醜聞」問題の発端となった『日本』の記事に対して、『女学雑誌』は反論記事を連続的に掲載する。「女学生の風聞と、日本、読売の二新聞」(『女学雑誌』二〇三号、明治二三・三・八)では、「女生徒疾病」は「娼妓存廃」に関する話題系のなかから派生したものであることを確認しつつ、「醜聞」が新聞記者によって捏造されたものにすぎないことが報じられる。

だが、メディア上には「女学生」への非難が噴出する。廃娼論を唱える女性論者に対して「女学生問題」の責任をとらねばならない、といった批判がさし向けられたり(『読売新聞』明治二三・九・二九)、「廃娼演説を為す程の女丈夫」が「身自ら娼妓と為る」、「随分奇妙なる話」(『日本』明治二三・二・二四)が伝えられたり、あるいは、「女学校の異名」として「第二の妓楼の名」が与えられたりする(『日本』明治二三・二・二四)。また、明治二一年の根津遊郭の洲崎への移転同様、「女学生」の「醜聞の地を払ふ」こと、つまり「女学校の辺土に移されん事を望む」という「女学生遠島論」(『読売新聞』明治二三・二・二二)も展開されている。こうした記事のなかでは、「娼妓」と「女学生」が比喩的に結合されていると言ってよい。「先年根津の遊郭を取り払ひて本郷の書生黴患《ばいくわん》を減じ」「生徒益々壮健に赴たり」(同前)と報告されるように、遊郭移転は、「本郷の書生」、すなわち本郷の帝大生を梅毒の感染源たる「娼妓」から隔て、保護するために遂行されたものであっただろう。つまり、「女学生」を「遠島」へ隔離せよという主張には、男たちから性的な女を遠ざけよ、といった意味内容が込められていたのである。

新聞各紙で「女学生の不品行」が言い立てられる前提には、明治二二(一八八九)年の高等女学校問題[32]があると思われる。明治二三年三月、東京高等女学校は廃校とされるのだが、事件には、明治二二年にメディア空間で展開された「醜聞」問題が絡んでいた。巖本善治が『女学雑誌』(一六七号附録)に著わした「女学生の父兄に与ふるの書」(明治二二・六・二二)に示される、高等女学校の「不評判」の筆頭に挙げられるのは、「高等女学校の教頭及校長にして其の生徒の為に良縁の口を覔《もとむ》る」ことを「ヲカシク言まわし」たとするものであり、巖本は「一二《いちに》人の」「女生徒」の「不評判」や「不行跡」が、「女学生」全体へと拡散されて、メディア空間に「女学生」の「醜聞」という事件が創出されたにすぎないと反論したのだった[33]。

ここで、メディア上の「女学生の醜聞」問題と、それに対する『女学雑誌』の反論という構図のなかから読み取れるポイントを整理しておきたい。女学生を非難する記事のなかには、「女学生」という記号に対し、性的な意味を過剰に読み取ろうとする意図が確認できる。「女学生」における女のセクシュアリティが強調されることによって、「女学生」は「娼妓」のイメージと比喩的に連結されるというわけである。このような言葉の力学のなかに透見されるのは、すべての女は「娼妓」になりうるのだという、当時の社会的な現実である。職業が女性に対してほとんど開かれていないとき、「花柳界・妾・結婚、女が選ぶことのできたのは、この三つであったといっても過言ではないだろう」(関[1993:75][34])。

そして、女学生への攻撃に反論する『女学雑誌』の側は、「娼妓存廃」問題と「女学生」問題とを結びつける記事を批判し、一部の女生徒の不評判を全体へと拡大する報道の図式を指摘している。『女学雑誌』は、女学生と娼妓とを連結しようとするメディア上の力学に抗い、二つの記号を切断しようとしていることに加えて、「女学生」全体に附与された性的なイメージを例外として消去しようとしているのだ。そのような『女学雑誌』の論理は、誌上にみちあふれる皇后への賛美によって、女学生に同一化すべき理想像を示している。皇后との同一化によって、性的なイメージを脱色することが可能となるからである。

さらに、メディアにあって直接攻撃の対象となる「女学生」が、主にミッション系の私立女学校の「女学生」であったことを思えば[35]、キリスト教徒である「女学生」への恐怖や嫌悪の心性が言葉の上に作用していることも読まれよう。こうした視座からは、主としてキリスト教論者によって担われていた『女学雑誌』が展開した「廃娼論」をとおして、天皇制とキリスト教との対立を回避しようとする回路がみえてくる。教育勅語発布(明治二三年)に前後する時期に、キリスト教系知識人と国体論者とがなしていた鋭い対立もまた、メディア空間においてミッション系女学校の「女学生」が非難の対象として前景化された事態と無縁ではない[36]。

さて、「女学生の醜聞」問題のなかに「女学生」と「娼妓」を結合させようとするのと、切断しようとするのと、二つの力がせめぎあっている状況と同様に、「皇后」と「娼妓」の間にも、切断と結合という両義的な力が働いている。そのような女をめぐる両義性は、結婚制度と公娼制度との交わる地点で前景化する。次の資料に見られるように、「一夫一婦の制」という理想的な結婚像を体現するのが「皇后」なのだとすれば、それをおびやかすのが「娼妓」なのだ。

左れば、ホームを美しくせんとには〔ママ〕、先づ一夫一婦の制を断守せずんばある可らず、一夫一婦の制を確かにせんとせば、先づ公娼を全廃せずんばある可らず、公娼を公けに存してホームの整はんことを望《のぞむ》は、悪疫大流行の地に家族を安《やす》んぜんとするに似たり、〔…〕

（「廃娼論の影響」『女学雑誌』二四二号、明治二三・一二・六）

結婚制度と公娼制が性のダブル・スタンダードを支えるという社会構造を背景に、「皇后」と「娼妓」は対になって「女」という記号の意味を埋めるのだ。

このような「皇后」と「娼妓」の関係は言説上に繰り返し立ち現われているのだが、それが再び言説の表面にせりだすのは、皇后が緊密に関わった愛国婦人会に、明治三七（一九〇四）年前後、芸娼妓の入会をめぐる問題が生じたときのことである。片野真佐子の整理を援用するなら（片野［2001］）、日本基督教婦人矯風会は天皇と皇后に象徴される一夫一婦制度を権威化する一方で、芸娼妓を「不潔分子」と呼んで攻撃、差別化し、女性を二分化する論理を唱えていたが、そうした向きに対して、愛国婦人会の主唱者である奥村五百子は機関誌上で次のように述べたのだった。

京都には芸妓問題と云ふやかましい問題が出来て居るそこで自分の意見を聞かれたから自分はかう答へた元来本会〔愛国婦人会〕は国恩に報ゆる為に建てた会であるから日本婦人は仮令《たと》ひ芸娼妓と雖も等しく国恩を受けて居るに違ひないから是等のものが其篤志よりして会員になろうと云ふには少しも拒む理由はない会員にしてよろしいのである見易い道理が芸娼妓の子でも

兵役に服する義務があツて等く国家に尽して居るではないか芸娼妓でも日本婦人であるからには其本名を名乗ツて入会するのは差支ない其結果会員の資格で木綿の着物を着てぎゃあ〳〵云《いは》ないて静に遠慮して小くなツて停車場に出て犒軍《かうぐん》すれば差支はないのである今日の場合は国民の内で彼是《かれこれ》争つて居る場合ではない互に一歩づゝ譲合ツてみんな一致して事に当らねばならぬ時であると答へて置た

（「奥村刀自断片　京都の芸妓問題」『愛国婦人』六〇号、明治三七・八・二〇）

芸娼妓を会員として「拒む理由はない」ことを説明するため、「芸娼妓の子」の兵役義務を挙げる奥村は、芸娼妓もまた「国民」の「母」たりうる存在であることを強調している。

飯田祐子は、この談話がそれまで一貫して愛国婦人会と奥村を支持してきた『婦女新聞』の怒りを買い、奥村が芸娼妓の入会をはっきりと肯定したことが「奥村女史の非常識」「頗る危険」などの語で大批判されたことを指摘する（『婦女新聞』明治三七・九・五）。『婦女新聞』の立場からすれば、芸娼妓は愛国婦人会の「神聖」さを汚す存在にほかならないからである。飯田によれば、愛国婦人会では、奥村五百子と機関誌『愛国婦人』との間に役割の二重性や齟齬があり、愛国婦人会には良妻賢母を育成する役割を期待されていたのにもかかわらず、奥村の論理には、良妻賢母の枠組みは存在していない。結局、愛国婦人会全体としては、「平等主義の建前を芸娼妓拒絶の本音へずらす」記事を掲載することにより、事態は収束するのだが、こうした経緯のなかで愛国婦人会の齟齬が表面化することで、「愛国婦人」の物語には「亀裂」が生まれるのだ（飯田［2004］）。

もちろん日露戦争という背景あってのことだが、「日本婦人」が「互に一歩づゝ譲合ツてみんな一致」することを要求する奥村の論理は、女たちに同一化を促している。だが、その主張はすぐさま、『婦女新聞』の反応に代表されるような芸娼妓への差別を呼び寄せてしまう。

対立をなだめるのは、「皇后」の記号である。翌三八年四月には、皇后が愛国婦人会を行啓するが、そのことは「実に前例なきことにして、我国に於て、民間の婦人団体に行啓あらせられたるは此回を以て、嚆矢となすといふ」、「会及び会員は其《ママ》恩命の優渥なるに恐懼感激措く所を知らず、奮つて身を率ゐて、邦家の為に尽し、以て其《ママ》思召の万一に答へ奉らんことを誓はざるを得んや」と報告される（「社説　行啓」『愛国婦人』七五号、明治三八・四・五）。「日本婦人」の理想である「皇后」と会員である「日本婦人」たちは、「国家」という位相の介入によって同一化し、深々と結び合う。「日本婦人」から「娼妓」を切断し、差別化しようとする力や、物語の亀裂は、皇后という記号の輝きによって、見えない場所に隠されてしまうのだ。

それでも、女という文字の上にはつねに、同一化の力学と対立・亀裂とがせめぎあっている。

4　女性論と広告メディア

記号としての「皇后」「娼妓」「女学生」から女性身体一般へと視点を移してみるなら、女性の身体は子宮と皮膚とによって表象され、血と病の物語と重なり合っていたことが確認できる。第一章を参照すれば、「精神」なきところに境界線は存在しないということになるだろう。

女の身体を病んだものとして本質化して語るのは、外敵としての「病毒」や「バチルス」ではなく、身体に内在する「血」であった。メディアのなかには、いたるところに「子宮血の道」、すなわち婦人病治療薬に関連する広告記事と化粧品をめぐるそれとが散見される。両者はともに女性を消費者として設定した二大商品と見ることができるのだが、商品を広告する記事のなかで、女性の身体は相反する二つの方向から叙述されている。

そこでは、一方で、「血」のイメージと親和する子宮が病んだ器官として表象され、子宮と提喩的関係をとりもった女性身体もまた、病によって意味づけられてゆく。いわゆる「赤不浄」の認識のなかに「生理的嫌悪」や「不潔な現象」が関わっていたことを重ねて考えるなら[37]、広告言説上の「血の道」の即物的な描写には、血穢の記憶が吸着していたと見ることができるだろう。むろん、明治五（一八七二）年の太政官布告五六号で「自今《いまより》産穢《さんえ》不及憚《はばかりおよばず》候《そうろう》」とされていたことが示すように[38]、産穢や血穢の認識自体は前近代の範疇に区分されよう。新聞紙上では、科学性を仮構した言説と前近代的なケガレの記憶とを二つながら引用しつつ、女とは病んだものであるといったテーゼがうちたてられる。そのとき女の身体は、病原を容易に受け入れ、また他へと伝染させる病み易さと、内奥から漏れ出す血とによって構成され、その身体の境界は、文字の連なりの上に滲み、溶融する。

だが他方では、化粧が施されるべき皮膚が取り沙汰されること、あるいは皮膚を整え、際立たせる化粧品の必要性がうたわれることで、女性の身体の表皮が美という目的に寄り添うかたちで顕在化され、皮膚が強調された女性身体はくっきりとした輪郭を得ることにもなる。つまり、女の身体は子宮と皮膚と、二方向から描かれるのだ。

近代のメディア文化において広告がいかなる政治性を孕みつつ誕生したのかについて検証した北田暁大は、広告の誕生期には、近代的な印刷技術と前近代的ないかがわしさとが共存した売薬広告が際立った役割を演じたことを指摘し、そうした過剰さを含む両義性に接した知識人の不安が、広告への非難として現われた代表的テクストとして、福沢諭吉の「売薬論（一）」（『家庭叢談』第五号、明治九年）を挙げている。福沢の批判は、売薬広告の虚偽性に加えて、新聞における文字の大きさや図像の使用といった、情報・表現様式そのものへと向けられている。そうした売薬広告の情報様式を「売薬と並んで三大広告主と呼ばれるまでにいたった化粧品・書籍広告なども好んで採用するように」なったのだし、明治一〇年代末には広告収入は経営に大きく影響することになり、例えば明治一九（一八八六）年には『毎日新聞』が第一面の上段に「特別広告の欄」を、明治二〇年には『時事新報』が第一面を広告面とするなど、広告は多様な展開を遂げてゆくことになるのだ（北田［2000：67-73］）。

こうした広告の言説構成をふまえ、(39) 売薬広告と化粧品広告を分析するにあたり、女性身体をめぐる認識の基底をかたちづくる論理に、ほかならぬ福沢諭吉の発言が強く影響している点を考慮し、さしあたり福沢の女性論を参照しておくことにしたい。

「国権可分の説」（『民間雑誌十二編』明治八・六）において、「人間の智力は其体力に等しく世々に伝へざれば進む可きものに非ず。性理に於て明白なり」と明言し、「人間の智力」は「遺伝」するのだと主張する福沢（全集［19：531］）は、その初期の段階から「遺伝」に注視していたのであった。「血統論」（『時事新報』明治一七・三・二六）の福沢は、「結婚」の際に「真実の血統遺伝」の「調査」をすべきであると主張する。

今の結婚法の自由なるを忌て封建時代の窮窟に返り門閥家柄を撰ばんとするに非ず。鄙意《ひい》全く之に反対なれども、幸にして我旧風習に門閥家柄を撰ぶの事あれば、此風習の残れるものを利用して、自今以後は其空閥虚柄を撰ぶの代りに、真実の血統遺伝を調査せんことを祈る者なり。相互に其家の貧富貴賤は兎も角も、先づ本人の心身如何を問ひ、次で其父母を問ひ、祖父母以上を問ひ、又広く近親に及ぼして、夫れ是れと加減乗除して考へたらば、結婚の際に有力なる標準を得て決断を助ること少なからざる可し。（全集［9：446-447］）

「血統遺伝」に関する提言で強調されるのは、「血」が「遺伝」するという点である。福沢は「父母祖先の血統、良種より良種に伝へたる」というフレーズを重ねてゆく。

明治一〇年代以降の内地雑居問題を議論する文脈では、「血」「結婚」という言葉は、「人種改良」「内外雑婚」「混血」といった言葉と真近く接し合っていた。「血統論」の翌年、福沢は「日本婦人論」（『時事新報』明治一八・六・四―一二）のなかで、「人種改良のことに就ては、内外雑婚の工風等、我輩の常に賛成する所」、「雑婚は外より異種の男女を入るゝの工風にして、固より奨励すべきものなれば、之を他力の改良法として、爰《こゝ》に又自力の法も等閑にす可らず。即ち内の男女の体質を改良して完全なる子孫を求むるの法なり」と述べている。

その「日本婦人論」において、「女」はどのように描出されるのだろうか。

日本の女性は、〔…〕今日其全般の性質を見るに、些細の事変にも喜怒哀楽恐怖し、軽少の労苦寒熱痛痒にも堪るを得ず、無事健康と称する者にても一見病むが如く憂ふるが如く怒るゝが如く悲しむが如くにして、所謂人生の萎縮したる者甚だ多し。其発して病症に現はれたる者は実に千差万別無限なる可しと雖ども、一、二を挙れば、俗に所謂婦人の疳性又は癪頭痛など云ふものは即ちヒステリー子宮病神経病等の諸病にして、之が為には鬱憂閉塞心怖不眠月華不順飲食不消化等の症を現はして、時としては眩暈《めまひ》し又は劇痛に苦しみ、全身次第に痩瘁《さうすゐ》して医薬効を奏せず、半死半生不愉快至極なる日月を消して遂に斃るゝ者甚だ少なからず。〔…〕日本全国の女性は概して此類《〔このたぐい〕》の憂愁に苦しめられ、其禍《〔わざわい〕》は伝へて子々孫々に及ぼし、以て次第に人種の発達を妨るは慨嘆に堪へざる事共なり。
（全集［5：460–461］）

「ヒステリー子宮病神経病等の諸病」、あるいは「鬱憂閉塞心怖不眠月華不順飲食不消化等の症」は、メディアに遍在する売薬広告で「血の道」と称される「女」の病に等しい。「血」と「病」に、「遺伝」の語がかぶせられることによって、「病」は「女」の本質的特徴として認識されている。「健康と称する者」でさえも、感情が発露するようにして「病症」は「女」の身体に「現はれ」るものなのだ。このような描写を成り立たせているのは、「子」の「不完全」や「人種の発達を妨る」という事態は「女」の身体に由来する、といった論理であろう。実際、「日本男子論」（『時事新報』

明治二一・一・一三―二四）で「男子」の身体に言及しないことが示唆するように、福沢は「男子」の「不完全」さからは目を逸らしている。「血統論」の冒頭部で「馬」の品種について言及する福沢[40]は、「血統」「遺伝」の問題を次第に「女」の問題にうつしかえて論じてゆく。

そうしたレトリックは、「日本婦人論」に引き続いて執筆された「日本婦人論後編」（『時事新報』明治一八・七・七―一七）のなかに、よりはっきりと姿を現わしている。

子の種子は男女孰《いず》れの方に在るとも決すべからず、卵は女体に潜みて精液は男体に在り、精液独り子となるべからず、卵も亦独り化するを得ず、双方相接して子を成し、是れより母の体内にやどりて、其胎子を養ふものは母胎の血液なり　（全集［5：489］）

「子の種子」をなす「卵」と「精液」は、いったんは並べられるものの、真に問題とされるのは「母の体内」であり、「母の体」となる「女体」の側のみが強調されることになる。「母胎の血液」から見出される「女」の「血」そのものが、病んでいる。「人種改良」のために改良されなければならないのは、「女」の身体であるというのだ。

婦人の弱くなりて智恵も身体《カラダ》も男子に劣り、家のため又国のために頼甲斐《たのみがひ》なきのみか、其身体の弱ければ、子は産めばとて其子も亦大丈夫なる者は少なし。自然に日本国中の人の種を悪しくして、遂には世界中に日本ほど人の骨格の微弱なる国はなしと云はるゝまでに至るべしとは、

浅ましき次第ならずや。　（全集［5：494］）

主張されているのは、「日本国」の「浅まし」さは改良されなければならないということである。だが、描写され、前景化するのは、「日本国中の人の種を悪しく」する、病んだ「女」の「身体《カラダ》」を流れる「血」にほかならない。「日本国」の「浅まし」さは、「女」そのものへと接続してゆくことになる。

「血」をめぐる語りは、女の身体を病の物語の方に近づけ、女と病を同一化しようとするのだ。

5　血の道

第一章の五節で確認したとおり、医師法、医師会規則の公布後、医師の広告が大幅に規制され、売薬広告と医師とは厳しく対峙していたが（小平［2002］）、その一方で、社会の資本主義化が進行するとともに、女性の身体は性器を中心に語られてゆき、その過程では、子宮それ自体が病んだ器官として認識されることとなった（荻野［1990］、川村［1996］、竹村（和）［2002］）。「婦人の病」としての「血の道」が売薬言説を通じて大がかりに展開され、女性の病の意味が形成されてゆくわけだが、こうした構造には、女性の病を治せない病気として医療の対象領域から排除する力学と、女性身体という位相では上・中流と下流といった階級区分が融解してしまうという言説事情とが関与している（小平［2002］）[41]。

福沢諭吉の女性論と同じように、広告メディアからは、たとえ健康に見えたとしても女は病んでいる、という考え方が見て取れる。

凡そ御婦人方に子宮病なき人は稀れなり然れ共《ども》大抵は之れを押隠し終には難治の重症となるものなり依て少しにても子宮病の徴候《しるし》ある時は速く良薬を求め軽症《かるき》の内に治療《なほ》して健全《たつしゃ》の身とならるべし
茲に発売する（婦人神経丸）は学理と実験《ためし》より成れる開明的《ぶんめいてき》の改良新薬にして〔…〕
（「子宮病のある御婦人方の心得」広告記事、『東京朝日新聞』明治二八・四・一九ほか）

「御婦人方に子宮病なき人は稀れなり」という一節は、「婦人」と「子宮病」とを連接させる効果を果たしており、加えてそれを「押隠」すことが「子宮病」を悪化させるものとして暗に非難されている。「徴候《しるし》」を隠さず、確認をした上で、「改良新薬」を服用して健康な身体となることが要請されているわけだが、換言するなら、この広告においては薬を媒介にして「子宮病」あるいは「子宮」が目に見えるものとして文字化されているのだ。

それで御婦人方は子宮血の道が一ばん大切な御病気ですから絶えず此の薬をお持ちに為《な》つてお居でなさるが肝要です、気の塞ぐのも頭痛のするのも眩暈、逆上《のぼせ》、耳鳴、嘔吐《はきけ》、腹痛《はらいたみ》、腰痛《こしいたみ》、心悸《どうき》、兀進《むなさわぎ》、全身浮腫《うきはれ》、月経《つきやく》の不順は申すに及ばず夜寝られぬのも胸の痞《つか》えるのも、手足のだるいのも冷へるのも、是は皆子宮血の道の故《せい》ですから、其様《そんな》時には何時《いつ》でも此の薬をおあがりになると直《す》ぐに治ります、〔…〕（「女の寶」広告記事、『東京朝日新聞』明治二八・一二・三ほか）

「御婦人方」の「一ばん大切な御病気」である「子宮血の道」は、このように具体化され、「絶えず」女性を悩ませるものとして記述されている。女性身体を流れる「血」の病は、「開明《ぶんめい》」の「良薬」によって外部からまなざされた上で「改良」されなければならず、「良薬」の外からの侵入がなければ、「血の道」は治らない。そもそも、「子宮」と身体を流れめぐる「血」が病んでいるのであるから、投薬によって一時的に病の発症を抑止することができたとしても、その病自体が治ることは原理的にありえないのだ。翻って、「女」の病を語る磁場にあっては、「女」の「精神」は全く問題にされない。つまり、女は自己の身体の境界を自らの「精神」の力によって画定することができず、行なうべきは、「良薬」を外部から身体内部に取り入れることだけなのだという見方がされているわけである。

このような病による身体描写は明治三〇年代になっても同様で、「只さへ女は水気多きものなるに、夏の食物は水気を含み居もの多ければ、自然に邪気を受け秋に入て、血の道となり、子宮病となり、逆上《のぼせ》となり、冷込《ひへこみ》となり、月経《つきやく》不順となりて、種々の病に変ずる」（「中将湯」広告記事、『東京朝日新聞』明治三五・九・四ほか）、「総て女は冷へる者なるに、はや今日より寒の入りなれば婦女子は一重《いちぢう》身体の冷へざる様注意せざれば、冷へ込《こみ》の為め逆上《のぼせ》頭痛となり子宮血の道となり流産となりて種々の病に変ずる」（「順経湯」広告記事、『東京朝日新聞』明治三七・一・七ほか）といったよう

「中将湯」の広告記事（『東京朝日新聞』明治37年6月2日ほか）

に、「総て」の「女」の身体は、叙述されることによって、本質的に病み易いものだとみなされてゆく。「血の道」治療薬の広告の多くが「婦人は凡て」「女は総て」と書き出されることに示されるように、「子宮血の道」治療薬の広告のなかでは、女の身体と病との結合は、記されることによって確認され、再び前提化されるという構造をとっていたのであった。

論理は熟し、記述はよりグロテスクなものとなり、女の「自然」な身体は病とほとんど同一化してゆく。

元来婦人の局部は天然的受身に構造せられ
則ち人類《ひと》の田畑《はたけ》なれば病菌《やまひの》の蓄殖《うへつく》するは
当前《あたりまへ》にて結婚《かたづく》の機会に病毒侵入《どくがしみいり》し其田畑を
荒すゆへ子宮血の道に悩み倍々《ます》荒せば荒す
程其肉落ち身体《からだ》の窶《やつ》れるは実際悪《あし》き土地の
田畑に満足の農産《さくもつ》なき道理なり

（「可要球」広告記事、『東京朝日新聞』明治四三・三・四ほか）

結婚後の男性との性交で「婦人」の「身体《からだ》」に「病菌」が運び込まれることが仄めかされるこの記事のなかでは、「受け身に構造せられ」た「婦人の局部」が「病菌」を呼び込みやすいものであり、まさに「局部」のそうした性質ゆえに「子宮血の道」を病むことになる、といった認識が、「元来」「天然」「当然」などの言葉によって、本質化されている。「直接《じか》に局処《しきゅう》に作用《はたらき》する」という「可要球」広告では、「局部」「子宮」と「婦人」の身体とは提喩的関係にあるが、女性身体が「子宮」によって表象され、そこに「侵入」「蕃殖」といった語句が連なることによって、身体の輪郭は境界侵犯を被ることとなる。

〔…〕永年子宮病血の道の難病にて常に手足腰より全身冷え気分優れず、子宮は熱を起し、膣口より卵の白味の様なるもの流れ出で食欲進まず、月経前より下腹へ甚だしき痛みを起し〔…〕

（「命の母」広告記事、『東京朝日新聞』明治四二・九・一二ほか）

子宮内膜炎にて下腹痛み常に帯下《こしけ》ありて白帯下《しらち》又赤帯下《なかち》に苦み腰より下腹へ筋張り更に胸先きへ差込み。子宮廃爛《ただれ》して痛み。子宮出血して褌《こしまき》を汚《よご》染し。厭な処に悪臭ありて他《ひと》に嫌れ又は燃え立つ掻痒《かゆみ》を起し掻《かけ》ば痛む症。

（前掲「可要球」広告記事）

具体的に描写された「子宮血の道」の病症は明らかに、自らの意志の力の及ばない、経血の「流れ出る」イメージと重ねられている。月に一度、流血を体験する女性身体には、第一に流血それ自体が病に直結しているのだという理解、第二に流血による境界の溶融が病による境界侵犯の表象と交差するという認識、さらに第三には身体内部に蓄えられた血が病を内在させているのだといった解釈が重ねられているのだ。病毒の要素を含んだ血は、身体全体に苦痛を走らせ、そこから漏れ出て、女の身体と接触する男性身体、あるいは女性の身体の中に育つべき子を害するものとして恐怖される。

ところで、山崎愛国堂の口中香錠「ゼム」や、森下博薬房「仁丹」に代表される清涼剤の広告では、「気分」や「精神」を「爽快」にするといったコピーに加え（山本・津金澤［1986：130-131］）、「仁丹一粒忽ち精神を爽快にし絶対に悪疫を予防す」（『東京朝日新聞』明治四二・一〇・一四ほか）、「口中香水　カオール」、「其一二粒を口中せしむることは精力を消耗せざるは勿論、音声を好くし渇を医《〔い〕》し空気中の黴菌を殺し恐るべき呼吸感染の悪疫を予防す」（同前、九・四ほか）などと、「悪疫の予防」が強調されていた。清涼剤の広告では、悪臭を病の原因として関連づける論理を前提に[42]、香りの力が「悪疫」を「予防」するものとしてイメージ化されている。香りの効果によって「精神を爽快」にし、「精力」の「消耗」を避けられるという考え方は、「精神」や「国民精神」の強靭さによって身体の境界を律し、「予防」が可能となるという論理に支えられたものであろう。

身体それ自身を悪臭から遠ざけるということから、さらに積極的に、身体を香りによって彩ることを誘いかける広告は、身体の深奥から漏れ出した悪臭を問題化せずにはおくまい。広告の言説システムは、「血の道」を病んだ女を、悪臭に関連づけている。

子宮病血の道一般の容態　病気の種類軽重により多少の差異《ちがい》はあるけれども、一般は最初は逆上頭痛がし、足腰が冷え、悪寒を催し、肩凝り眩暈がする、而《そう》して内股や腰の辺に牽張《ひっぱ》る様な疼痛《いたみ》を覚え、〔…〕子宮が痛み、局部の周囲が痛痒く不潔で悪臭《にほひ》がある、すると間もなく稀薄な水様の液又は濃い粘《ねばり》のある膿の様な滲出物《おりもの》（白帯下《こしけ》）がする、斯うなれば月経の量が多くなり、月経時に痛み、月経時でないのに出血し、白帯下が無くなつたかと思へば突然《だしぬけ》にあつたりするものです、〔…〕

（『読売新聞』明治四四・九・二ほか）

引用したのは「子宮病の新治療法」に関する書籍広告であるが、「子宮病血の道」の症状のなかに「不潔」「悪臭」の語を確認することができる。同じように、津村順天堂の子宮座薬「中将球」の広告が名指す子宮病の項目中には「子宮悪臭《くさき》」が含まれる（『東京朝日新聞』明治四二・一〇・三〇ほか）。つまり、「悪臭」「汚染」「不潔」は、子宮と血に内在する要素として女性身体を叙述するのである。治癒不能な病を刻印された女性身体は、それゆえに、病んだ身体の奥に、流れ出る血によっていつ立ち現われてもおかしくない「悪臭」を隠しもつことになるのだ。

前掲「可要球」には、以下のような記載も見受けられる。

子宮内膜炎の分泌物は受胎《こどものやどる》を障碍《さまたげ》し同時に精蟲を害して不妊症《このできぬしよう》の原因《もと》となり又子宮の炎症《やまひ》

は卵の発育《そだち》を妨ぐるを以て妊娠するも流産を起し殊に病毒の為め病的変常を生じて子宮外妊娠を起し難産となるものなれば一日も早く之の恐るべき病根を断つ事肝要なり

（前掲「可要球」広告記事）

「不妊」「流産」「難産」の原因として「子宮血の道」の「病根」が措定されることとなる。「不妊症」「流産」「難産」などを「子宮病」「子宮内膜炎」「ヒステリー」「血の道」「月経不順」などと並置する「中将湯」広告が示すとおり、これらは「病根」を同じくする「婦人病」のひとつと位置づけられているのである。感染する病が強調されて、服用せずにいることは「婦人病の多くは如斯《かくのごとく》して其治療を怠る」と非難を浴びることにもなるが（「中将湯」広告記事、『読売新聞』明治四三・四・二三ほか）、それが薬により「治療」可能だとする論理は、不妊や流産に関するいっさいの原因や責任を女性の身体に押しつける認識構造をつくりださずにはおかない。

それがあくまでもすべての女の病む病である以上、「之の恐るべき病根を断つ事」は不可能であることが前提とされている。売薬広告は、血をめぐる矛盾に貫かれている。害悪や障害を生む女の病は、決して治らないのだから、いつまでもその薬を必要とし続けるほかはない。ゆえに、薬を半永久的に飲み続けなければならないとされる女の身体は、「血の道」をめぐる売薬広告言説それ自体に蝕まれることになる。「女」という記号は、視覚性を強調された広告の文字によって特異化され続け、内奥から漏れ出す「悪臭」を想像されながら、読み手の瞳のなかで肥大してゆくのである。

6　化粧・皮膚・子宮

血と病との緩やかな連結において崩し溶かされる女の身体の外郭を、皮膚に注目する化粧品広告は、外側から縁取ろうとしている。小平麻衣子の指摘によれば、明治四〇年代、女性の化粧は衛生意識と結合するかたちで大きく転換し、美の前提を健康に求める議論のなかでは、自然な化粧、あるいはそれを実現させる素肌美が重要視されることとなった。そうした意識は、百貨店文化の台頭したこの時代、売り手側の戦略と相俟って、女性の肌の色を問題化するまなざしを形成し、消費者としての女性は、肌に注がれる視線によって受動的主体化を被った（小平［1998b］［2000］）。加えて、こうした化粧をめぐる枠組みは、つねに「生存競争は人類の間にのみ限られずして、無生物たる商品の間にも不断に行はれて居る」（「クラブ洗粉」広告記事、『東京日日新聞』明治四三・一・一六ほか）というように、「文明」「医学的進歩」といった語と共にあり、「飲めば勝ち飲まねば負け」（「中将湯」広告記事、『読売新聞』明治四三・一・一四ほか）などと、進化論的優勝劣敗の枠組みのもとで語られていた「子宮血の道」関連広告と同様の構造を備えている。

美しき夫婦の間に美しき子孫の生まるゝは、「進化論」の原則によりて明かなり。クラブ洗粉《あらひこ》によりて皮膚の美しくなりたる夫婦の間に生れし子孫は、又其《またその》皮膚の美しき事論を俟たず。〔…〕僅かに八百万の男子と女子とがクラブ洗粉を愛用せば、未来に於ける日本国民の悉くは

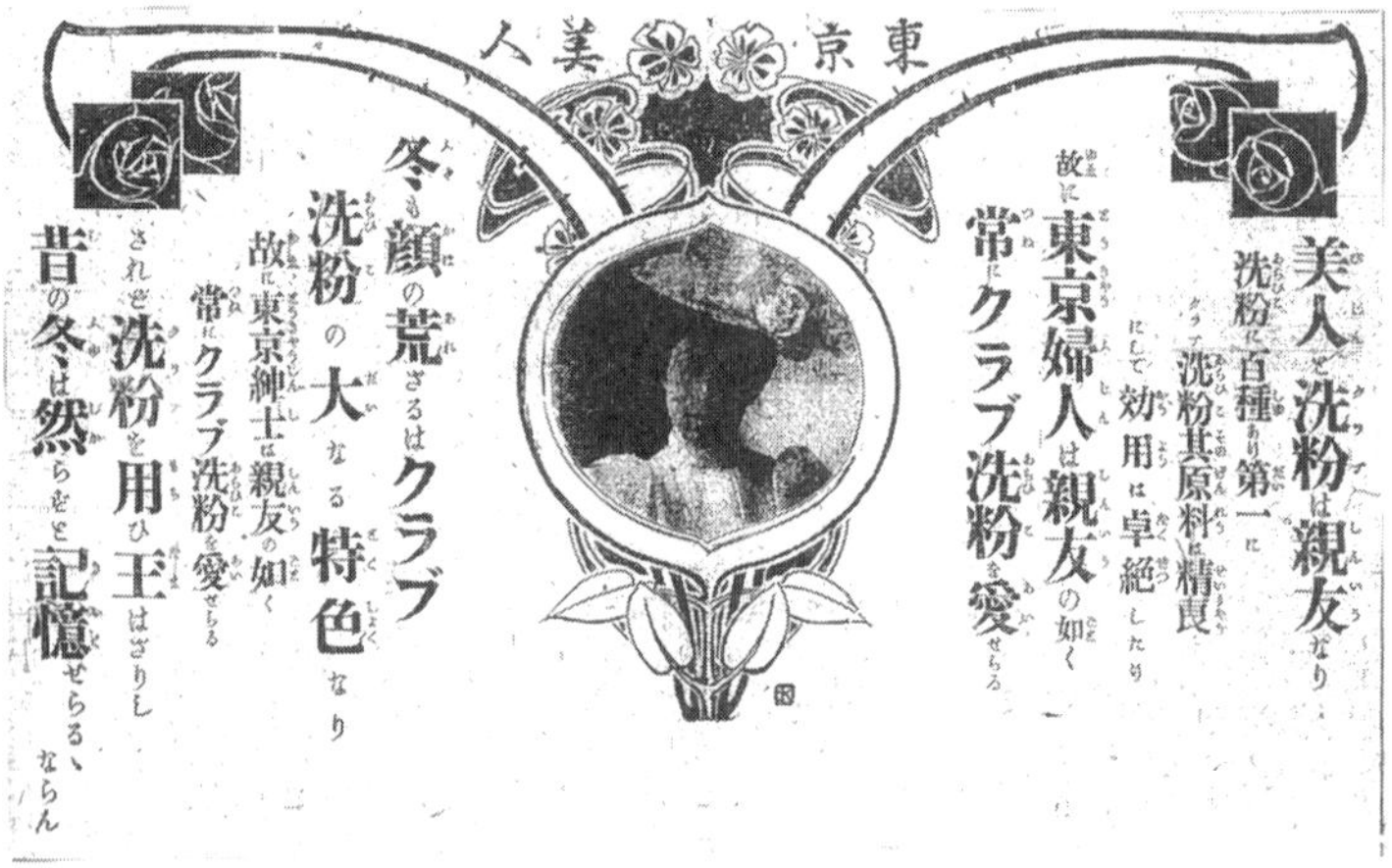
東京美人
美人と洗粉は親友なり
洗粉に百種あり第一に
クラブ洗粉其原料は精良
にして効用は卓絶したり
故に東京婦人は親友の如く
常にクラブ洗粉を愛せらる
冬も顔の荒ざるはクラブ
洗粉の大なる特色なり
故に東京紳士は親友の如く
常にクラブ洗粉を愛せらる
されど洗粉を用ひ玉はざりし
昔の冬は然らざと記憶せらるゝならん

「クラブ洗粉」の広告記事（『東京朝日新聞』明治41年11月７日ほか）

皮膚の美しき人種とならむ。
（「クラブ洗粉」広告記事、『東京日日新聞』明治四三・二・二二ほか）

「進化論」の語に加え、遺伝の概念がここにはあるが、福沢諭吉の女性論を念頭におけば、「遺伝」は母としての女性身体を執拗に問題化し、優等な「血統」への「進化」といった議論は主に母の身体の側において展開されてきたのであった。つまり「進化論」も、「遺伝」も、「血」のイメージに連鎖するものであったと言わなければならない。記事のなかでは、子を産む女性の健康な身体が、そして美しい血が、夢想され、欲望されているのである。

また、「色を白くし艶をよく」するための「美顔タオル」（『東京朝日新聞』明治四二・九・一五ほか）、「くろんぼも白皙人《はくせきじん》となりからすが鷺に変ずる程極端に非ずとも天資《うまれつき》の美白を発揮すること請合なり」（同・明治四三・三・七ほか）と唱える「ビュウテイ」広告などに明らかなように、自然な化粧を可能とする素肌美、美しい肌とは、白い肌であることを暗示し、肌の白さが志向されていたことがわかる。加えて、「日に晒されて黒くなりし親が子を産み、其子が黒くなりて又黒き子を産む、黒人の黒きは此遺伝なり、黒人を寒地に移せば白く成る事、猶白人の熱帯地方に住《すま》ひて黒くなるに等しとかや、黄色も亦其理由か」（「黒人の理由」、前掲「クラブ洗粉」広告記事）とあるように、白い素肌の追求は、進化論や遺伝学のパラダイムをとおして記述されていた。「黒人の理由」を「遺伝」としつつ、それが環境によって変容可能だとも言ってのける矛盾は、「黄色」という語のために生じたものであろうが、いずれにせよ、できる限り白に近づこうとすることは「進化」を意味していたことが読まれる。

こうした商品の買い手として至高の位置を占めるのが、皇后であった。「申すも畏《おそれおほ》き事なれど総て日本婦人の模範と仰がれ給ふ〔ママ〕陛下の御料化粧品は取も直さず一般婦人の模範化粧となるのである」とうたうのは、鉛毒を完全に除去することに成功した「御園白粉《みそのおしろい》」である（「御園白粉」広告記事、『東京朝日新聞』明治四〇・九・三〇ほか）。「皇后陛下／東宮妃殿下／各内親王殿下／各宮妃殿下／日常の御料に召させらるゝ事となり世に類なき光栄を拝して居るのである」と強調する「御園白粉」は、その無害白粉が皇后と東宮妃に用いられることになった経緯について、日露戦争後の明治三九（一九〇六）年、『万朝報』と『愛国婦人』に一面広告を設けた（片野［2001］）。

「産業奨励の思召」のために買われる「御用品」と、実際の使用を意味する「御料品」との違いを説明しようとするこの記事は、「畏くも／皇后陛下／御買上の光栄を賜はる」（「クラブ白粉」『東京朝日新聞』明治四四・四・二九ほか）などとうたう記事群からの差異化をはかろうとする意図が明白であり、また、「進歩せる化粧を志す人は『御園白粉』を用ひて天与の美質に光りを添はせ給へ」など、商品は「進歩」の語とともにあり、進化論的な構図のなかに置かれていることも見やすい。だが、なかでも「皇后陛下」を頂点とする宮中の女性たちの使用する化粧品が「取も直さず一般婦人の模範化粧品となるのである」と位置づけられ、「皇后」が「総て日本婦人の模範」とされている点には、とくに注意を払っておきたい。すなわち、「皇后」もまた商品の買い手として広告の対象に含まれているということである。

　視覚メディアとしての写真について分析する佐久間りかは、明治末期から大正にかけて婦人雑誌のグラビアに皇族や華族をはじめとする上流婦人の写真が並べられたことは、見られる対象として身体が商品化された「玄人女性」の特殊性を払拭し、「素人」と「玄人」の境界を曖昧にさせたと論じ、そうしたグラビアは読者によってファッションや化粧法に関する情報源として使用されていたと指摘している（佐久間［1995］）。女が見られる写真も、女を見せる広告も、ともに視覚の領域で、女性の境界を無効化するのだ。

　しかも、化粧品の購入者として想定されるのは大日本帝国の皇室のみに限られない。「大韓国皇室の／御料品とクラブ洗粉の光栄」を言うクラブ洗粉は、「本年七月八日（隆熙二年七月八日）畏れ多くも／大韓国《〔ママ〕》両陛下の御料としてクラブ洗粉を／大韓宮内府に上納し奉りたり尚宮府の／大官宮内大臣閣下《〔ママ〕》侍従院卿閣下の御両家庭に於ても日本のクラブ洗粉を愛用せらるゝに至れり」（『東京朝日新聞』明治四一・九・一三ほか）と宣伝する。

　広告戦略上、「大韓国皇室」を巻き込んで女たちの等質化がはかられた様相が読まれるが、ここに、愛国婦人会に大韓帝国の皇太子妃や皇貴妃からの寄附のあったことが、機関誌『愛国婦人』上に極めて好意的に紹介されていることを思い合わせておくべきだろう。「今般韓国の皇太子妃殿下及皇貴妃には愛国婦人会に五千円の寄附ありたり」と報告する記事は、「韓国は本年より我国と歩調を一にし、利害を共にするの約束なれども或はこれ条約文面上の事にして、内実如何あらんと今日までも思居《おもひゐ》たる其矢先に、韓国の婦人、然《し》かも高貴なる方々が率先して我国婦人の一事業たる愛国婦人会に同情を寄せられたるは、両国の約束をまづ婦人より実にするもの」、「是より日韓両国の関係は愈々親密を加ふべきを思へば愉快を禁ずる能はざる」と述べる(「韓国高貴婦人の寄附」『愛国婦人』六一号、明治三七・九・五)。

もともと陸海軍省や内務省の後援を受け、総裁に閑院宮妃智恵子をいただき、皇后とも緊密な関係にあった愛国婦人会に大韓帝国の皇太子妃から寄付があるという事態は、日露戦争開戦から二週間後に締結された日韓議定書による力関係に押されたものであろうが、「親密」の語が使用されていることにとくに留意しておきたい。こののちも、明治四一(一九〇八)年十一月には「韓国皇后陛下」からの「御下賜」が「会告」において会員一同に報告され、韓国委員本部総会の様子も伝えられ(『愛国婦人』一四〇号、明治四一・一一・二〇)、「親密」さの強調は活字空間全体にゆきわたる。具体的にこの点は第二部で検討するが、朝鮮王妃亡き後の大韓帝国と、それを呑み込もうとする大日本帝国の関係が、広告言説の上にも境界の往来というかたちで現われ出ているのである。

ところで、薬の広告に編成されたイデオロギーの布置に、ジェンダーの構図を併せみると、不健康で病んだ身体をもつ女性と対比されるのは、健康で身体の境界を自己統制できる男性身体であり、あるいは、文明的な薬の投与により、健康へと進化することを要請される女性身体の対極には、服薬を必要としない、「進化」した男性身体が想定されているのが読まれるだろう。ならば化粧品が、「紳士」の身体をも射程に入れて広告することは、何ら不思議な事態ではあるまい。「クラブ洗粉」広告は「苟《いやしく》も皮膚の健康を保全し併せて其自然美を発揮せむと欲する人は、其婦人たると男子たるとを問はず、必ずクラブ洗粉を常用せらるゝの要あり」（『読売新聞』明治四三・二・二四ほか）と言い、「レート」広告は「乳白化粧水『レート』は女子のみを美しくするものにあらず」、「紳士間に好評を博する」（『東京朝日新聞』明治四二・九・一九ほか）としている。皮膚を美しく縁取ること、境界を描くことは、「婦人」と「男子」の区分を問わない。

しかしながら、身体の境界をめぐっては、性差においてあからさまな差異が浮上せずにはいない。境界を自らの力で閉じ、外部の種々の危険物質から自己を隔てることのできる男性身体は、あくまでも標準であって有標化されはしない。可視化され、語られるのは、男性身体から差異化された女性身体の方なのだ。

五大博士と一軍医の化粧講話〔…〕第二席　三宅医学博士
全体女子の皮膚の美《うつくし》いのは男子よりも脂肪とに〔ママ〕富んで居るからである夫れ故に骨々が菱角ばらずに豊腴《むつくり》とした麗しい容《かたち》を現はすのである夫れから皮膚に皺が出来又は窪みが生ずる処は大概皮下に此脂肪で埋てあるから大いに見善くなる故に此脂肪と云ふものは善容《ぜんよう》の助けを為すもの

である夫れが一朝病の為めに痩せて脂肪がなくなると必ず美容を保つことが出来ず妙齢の女も忽ち枯痩して未枯《みこ》の花と変ずる或は紅顔と云ふなり又は丹華の唇とか云ふ様な形容は総て血の良い事を示して居るのである夫れから女子が化粧をすることであるが此化粧の意味は私共は能く知りませぬけれども口臙脂《〔えんじ〕》を点じたり或は頬の処を生臙脂を以て薄紅く彩《いろど》るのは血色《ちいろ》の悪いのを補ふ手段と私は考へる或は又病に依て顔に雀斑《しはん》などの出来て居る人があるが之を隠す為に白粉を塗つて居る様な事もあるといつぞやも時事新報に述べたがビユウテイは即ち此理《このり》により血液の循環を善くし適当なる脂肪を補助するの薬効なるので顔面《かほ》の肥料《こやし》として特色ある所以である〔…〕

（「ビユウテイ」広告記事、『東京朝日新聞』明治四二・一一・二六ほか）

ここでは、「女子」と「男子」の「皮膚」の差異が「脂肪」の量において明示されている。「女子」の「皮膚」において、脂肪の多さと「皮膚の美い」こと、「血の良いこと」が結び合わされる。つまり、「男子」とは異なり脂肪の多い「女子」だけが「血の良さ／悪さ」によって測られ、「血の悪さ」が女の身体を有標化しているのだと言えよう。化粧とは「血色の悪いのを補ふ」ものであり、「血液の循環を善くし適当なる脂肪を補助する」ために、「女子」はその身体の必然として、化粧をしなければならない存在なのだ。

加えて、広告における女性身体が、肌や皮膚という身体境界によって叙述されるとき、匂いを媒介として、身体の表面ではなく、内部が強調されることになる。

粧《よそほ》へば〔…〕美白《ましろ》の膚《はだ》雪をも欺くべし是れ乳白化粧水レートが美人を作る特色として世に好評を博し医学社会に認定《みとめ》られ化粧界に実験せられ洋行帰りの紳士淑女に愛用せらるゝ第一の原因なり効用此の外芳香《かほり》はバラ、スミレの愛すべき佳香《よきかほり》は皮膚《はだ》に浸潤《しみわたり》し衣袂《きもの》に薫りて発散するより独り花顔《はなのかんばせ》、玉膚《たまのはだ》を作るのみならず兼ねて佳香を添へ、〔…〕「レート」は皮膚を外部より美しく粧ふ料《もの》にあらで内部より美しくする料なれば、〔…〕

（「レート」広告記事、『東京朝日新聞』明治四一・五・四ほか）

「皮膚」を「美しく」するためには「外部」に見える表面よりもむしろ、「内部」に働きかけることが必要だという論理は、「身体の垢といふものは、外部の塵埃などが附着《くっつ》くばかりではありません、土台は身体から生《でき》るものです」、「温雅の芳香を有した理想的の石鹸ですから、皮膚を大切にし、衛生を大事になさる方々には、是非ともミツワ石鹸がなくては叶はないのです」（「ミツワ石鹸」広告記事、『読売新聞』明治四五・四・二七ほか）といった叙述にも共通している。皮膚を装うことが問題になるとき、身体の「内部」をのぞき見る視線が構成されているのだ。

　多くの化粧品広告において強調されるのは、衛生や医学的な根拠であり、その商品の用途・目的に兼ね備えられた芳香であるが、「芳香」「佳香」の対極には「悪臭」が想起されずにはおかず、その「悪臭」をひそかに備えているのは皮膚の「内部」に流れる「血」にほかならない。

　「血」によって描かれることで、身体は女性ジェンダー化されるのだ。それは「悪臭」と「芳香」とを同時にはらみつつ、「美の裏面」にはりついている。

未《いま》だ婦人の気付ざりし美容法《びじんとなるはふ》

美が婦人《をんな》の生命《いのち》たる事は古今東西の通義《むかしもいまもせかいいたるところおなじ》である、皆さんが各自の美を発揮せんが為めに営々として腐心《くしん》せらるゝも誠に尤もの次第《わけ》である、併し綾羅《りつぱのきもの》を纏ひ粉薫《おしろい》を施すだけでは足《たり》ません、人は活物《いきもの》たる以上美の裏面に活気換言すれば良好《よき》なる血色《かほいろ》の存在《あること》が必要です〔…〕そこで、真正の美を希《ねが》う婦人《をんな》はどうしても健康を計らねばならぬ、これには種々《いろ》の方法もあらうが婦人《をんな》の病気《やまひ》は多く血液の循環《まわり》、不調《わるき》、下の病等であるから婦人薬中将湯を用ひるのが最も的確で且迅速《はやい》です、夫で近頃真正美人《ほんとうのびじん》たる最終要件として中将湯を服用する人がポツ〳〵出来ましたが未だ御気の付かなひ婦人は此点に注意する事が極めて肝要である天成《うまれつき》の美容に加ふるに中将湯を用ひて生々した血色《かほいろ》となつたらどんなにでせう

中将湯を飲めば美人になる

と申しましても痘痕が治るとか低き鼻が隆《たか》くなると云ふのではない、たゞ生理上中将湯を服用せば血液の循環を速かにし瘀血《きたなきち》を排除し子宮血の道諸症を全治し健康に回《か》へらしむるが故に美人となるのである、〔…〕

子宮血の道白帯《こしけ》等にて顔色蒼白痩せ衰へ見憎き人、月経不順にてダブ〳〵血ぶとりして見憎き人、其他子宮血の道の為め何となく活気なき婦人は持薬として中将湯を用ひよ身体を壮健《けんこう》にしおのれもとむ真正の美人となる事ができます、〔…〕

（「中将湯」広告記事、『東京朝日新聞』明治四二・九・一ほか）

女たちに美と健康を欲望させようとする広告は、「ダブ〳〵血ぶとりして見憎き人」は「中将湯」を飲み「血色《かほいろ》」をよくすることによって、「真正《ほんとう》の美人」になることができると誘いかける。こうした観念は、「顔色の蒼白い、身体の繊弱《かぼそ》い、即ち呼吸器や消化器が弱くて、貧血して痩せた婦人を、普通一般に美人として居る」といった病弱美を「女子の体育上否日本国民の体育上に、大弊害を及ぼすもの」と攻撃し、「日本固有の真正の美人は、丸顔で色沢《いろつや》のよい、肥《ふと》ツた美人」と強調する論調に連なったものであるが（「真正の美人」『愛国婦人』一三号、明治三五・九・二五）、他方では、化粧品に対する過剰な熱意への非難(43)をかわす論理を編み出すものでもある。広告記事は、「古今東西の通義」として美と女性身体の健康とを直結させ、「美」しく在ることをすべての女性が当たり前のこととして欲望するよう促している。

健康ではないこと、美しくないことは、悪い血が肌の表面に現われた結果なのだ、と売薬広告は繰り返す。

顔が証拠

御婦人が毎朝鏡台に向つてお化粧なさる時／自分の血色が／好くないと感じた方はありませぬか／少しでも悪かつたら／屹度《きつと》身体に異状があるのですから／婦人病の霊薬たる／中将湯によりて／健康を御計りなさい／中将湯は逆上《のぼせ》を引下げ血の順《めぐり》を調ふるを以て自然血色を良好にす

（「中将湯」広告記事、『東京朝日新聞』明治四三・五・二二ほか）

「顔」に現われた「証拠」を鏡の前で確認することを、「血の道」の意味を増殖させる広告言説は女たちに要請している。「健康」ではないことは、血の悪さを証立てるばかりでなく、血色の悪さとして「美しさ」を損なう。すなわち、血の悪さは、表皮からうっすらと透け見え、芳香によって隠された悪臭をいつ匂わせるかわからない。これらの広告は、女たちに血による醜さを恐怖させながら、病の物語と交錯している。

女性を購買対象にした化粧品や売薬の広告は、すべての女の「血の悪さ」を強調する。なぜなら、「血の悪さ」を補い、美しくしてくれる商品を欲望させるためには、すべての女たちが「血の悪さ」を自覚する必要があるからである。買い手を脅すこのような広告の論理は、現代の美容言説にも通底していると言ってよいだろう。

広告の論理がつくりだしたのは、皮膚の表面と身体の内奥とが血によって意味づけられた女性表象である。血のイメージは、「皇后」「娼妓」「女学生」といった記号によって演じられた女の階級の分裂を縫い合わせ、女という記号一般を病の物語に同一化させる。

一方で、男から差別化され、下位区分化された女という記号は、精神と身体という二元構造のなかで、身体化された存在でもある。本章で確認してきたのは、語られる身体はつねに女の病んだ身体であるという言説の構造それ自体である。「天皇」によって理想化される、男性の壮健な身体は、「精神」が強調され、具体的な説明や描写が避けられることで抽象化される。具体的に説明できないのは、その「本質的な健康」を証明する具体的論拠など存在しないからである。具体化される女の身体は、男の身体を語られないものにし、隠蔽する。だが、語られた女の身体は、語られない男の健康な身体に関する不安を暗示していることも確かであろう。つまり、身体が女性ジェンダー化されることには、男の身体が病むことへの不安を包み隠そうとする力が内在しているのだ。

病の物語は、女性ジェンダー化されている。「皇后」は天皇の、「娼妓」は軍人の、「女学生」は学生の対となって、男の意味を補完する。その物語のなかには、国民＝男性の身体が病むことへの不安が塗り込められているのである。

第三章　植民地

病や女をめぐる物語の定型は、植民地主義的な認識に似通っている。第三章では、植民地主義が他者を意味づける際に生じる物語化の力学について考えてみたい。

明治維新後の日本が最初の植民地として見出したのは蝦夷《えぞ》であり、異なる「人種」「民族」としてまなざしたのはアイヌである。(1) 異域としての蝦夷は、国境の内側にあるべき土地として認識され、「北海道」という名を新たに与えられたが、そこに先住する人々は「日本人」との距離において、異なりを帯びた民として見出された。(2)「蝦夷」から「北海道」へと呼び変えられた「内国植民地」と、「アイヌ」「アイノ」「愛儂」「胡人」「夷人」「蝦夷人」「土人」「旧蝦夷人」「旧土人」等々さまざまな呼称で呼ばれた「かれら」は、植民地や先住民族をめぐる表象の原形をつくりだしてゆく。

北海道やアイヌに関するテクストには、見知らぬ対象を安定した意味によって埋めようとする力が作用している。そしてそこには、時代全体を彩った植民地主義や国民国家思想の定型が顕現していると言えるだろう。

この章では、植民地主義が生み落とした紋切り型を追いながら、物語が語られる過程に起こる作用を分析してゆく。植民地主義的な紋切り型は、他者を病に結びつける物語、あるいは他者を女性ジェンダー化する物語を編み合わせるようにして生じているが、他者の固有性を奪うような表象や物語の定型は、情報を受け取る者が北海道やアイヌについて思考することを停止させる力として結実してしまっている。

だが、そのような物語の定型が形づくられる過程には、定型からこぼれおちる言葉が同時に生み出されてもいる。紋切り型の力と、紋切り型からはみ出す要素の拮抗について考えてみたい。

1　北海道

一八六八（慶応四）年三月二十五日、「蝦夷地開拓の事」に関する岩倉具視の策問の第三条には、「蝦夷名目被《あらためられ》改南北二道被立置《たておかれ》ては如何」という言葉がある（『太政官日誌』第八）。そうした認識を受けるようにして、明治二（一八六九）年八月十五日の「御布告書写」（『太政官日誌』第八八号）には「蝦夷地自今北海道と被称《しょうせらる》」という文言が記され、異域としての「蝦夷」[3]は、「北海道」と名づけられたのだった。

「蝦夷」が「北海道」と呼びかえられたこのとき、北海道という固有名詞には、五畿七道[4]の記憶が附着しており、そこには律令制の復活という希望が投影されている。すなわち、「蝦夷」という言葉がもつ多層的な含みを、「北海道」は消去しようとしているのだ。

言いかえればそのことは、「蝦夷」は「北海道」という新しい単語で名づけておかなければ、位置づけることも理解することもかなわなかったという当時の事情を露呈してもいるだろう。「北海道」の語を使用することは、見知らぬ土地について語り意味づけることであり、そして同時に、「蝦夷」という語に伴われた過去の歴史や記憶を更新することでもあった。

こうして、明治維新後、日本語の文字空間にはじめて現われた「北海道」は、「開拓」という言葉と並び合うようにして語られ続ける。明治二（一八六九）年、「開拓使」が設置されたとき、「北海道」と名づけ直されたその土地は「皇国之北門」として捉えられていた。

一、北海道は皇国之北門、最要衝之地なり。今般開拓被仰付《おおせつけられ》候に付ては深《ふかく》聖旨を奉体し、撫育《ぶいく》之道を尽し、教化を広め風俗を敦《あつく》す可き事。
一、内地人民漸次移住に付、土人と協和、生業蕃殖《はんしょく》候様、開化心を尽す可き事。〔…〕
（『開拓使日誌』明治二年第四号、ひろた［1990：4］より引用）

引用の告諭は右大臣三条実美から開拓使に示されたものである。「聖旨」によって「開拓」や「教化」を進め、「内地人民」の「移住」によって「開化」がなされるよう、努力が促されている。ここで「協和」すべき対象として名指された「土人」には、開拓使から「開墾致《いたし》候者へは居家農具等被下《くだされ》候」といった告諭(5)が出され、「開拓」はこの土地に先住しているアイヌの側にも強要されることになる。

さらに明治八（一八七五）年、日露間で千島樺太交換条約が締結されると、あいまいな北の国境

開拓使仮庁（明治 4 年，札幌）

が画定されるが、「北海道」はすでに「最要衝之地」にほかならず、テッサ・モーリス＝鈴木の言うように、境界意識にはつねに「北からの戦略的な脅威への自覚」が作用していたのだった(6)。

蝦夷が北海道へと改称されたのと同様に、公的には「旧蝦夷人」「古民」「夷人」「土人」などと呼ばれていたアイヌは、公式文書の上で「旧土人」の呼称において統一されることになる(7)。

旧蝦夷人の儀は、戸籍上其他取扱向一般の平民同一たる勿論に候得共《そうらえども》、諸取調者等区別相立《あいたて》候節の称呼一定不致《いたさず》候より、古民、或は土人、旧土人等区々の名称を付し不都合候条、自今区別候時は旧土人と可相称《あいとなうべし》。但《ただし》旧土人の増減等後来の調査に差支ざる様別に取調置べし。

（明治一一年十一月四日、ひろた［1990：15–16］より引用）

この資料においては、テッサ・モーリス＝鈴木が指摘する「不安定な両義性」を確認することができる。すなわち、「アイヌは日本人とは民族的にまったく異なる民《ピープル》」であると同時に、「日本人とアイヌは民族的起源を共有」するものだという認識が、政府のアイヌ政策だけでなく、学問的言語のなかでも、競合しつつ共存していたのである（モーリス＝鈴木［2000：51］）。(8)

その一方で、明治一九（一八八六）年に北海道庁が設置されると、内閣総理大臣伊藤博文の名のもとに、「北海道土地払下規則」が定められる。

第一条　北海道官有未開の土地は、本規則に依り北海道庁に於て之を払下ぐべし。
第二条　土地払下の面積は、一人十万坪を限りとす。但盛大の事業にして此制限外の土地を要し其目的確実なりと認むるものあるときは、特に其払下を為すことあるべし。
第三条　土地の払下を請はんとする者は、其書面に地名坪数并《ならびに》事業の目的、着手の順序及成功の程度を詳悉し、先づ其土地の貸下を北海道庁に願出《ねがいいず》べし。但耕宅地に為さんとする者は、其坪数を毎年に配当し其成功期限を詳記すべし。〔…〕

（閣令第一六号、『法令全書』一九–一、ひろた［1990：32］より引用）

ひろたまさきによれば、初代北海道庁長官岩村通俊は、翌明治二〇年の施政方針演説で貧民移住から資本導入への政策転換を表明しており、それに先だったこの規則は明らかに資本家、大地主などを対象としたものであった（ひろた［1990：32］）。

注意すべきなのは、「確実」「成功」の語が強調されていることが逆に、これまでの北海道開拓が成功してはいないことを暗示してしまっている点である。「開拓」を指示されてからすでに十年以上が経過しているのにもかかわらず、官有の土地が「未開」のままになっていることは、「開拓」がいまだに成功していないことを意味せずにはおくまい(9)。だからこそ、「確実」の文字が強調されるように幾度も記されているのである。

明治二〇年代になると、北海道の植民政策に呼応するように、メディアには「移住」の言葉がみちあふれてゆく(10)。「蝦夷」「北海道」「未開」「開拓」「移住民」「保護」「アイヌ」、こうした語が連なりあって、活字化された文字空間には非常にわかりやすくまとめられた物語が流通し、それは、北海道の未来を制作する論理へと行き着くことになる(11)。未知の対象を既知の体系のなかに位置づけること。北海道を表象するメディアのなかには、見慣れない文字を活字のなかに定着させようとする力が読み取れる。

目下北海道の有様は恰《あたか》も縄張したる興行地に商人の出荷せざるが如く其開拓区画は既に墨打されて一点の空地を剰《あま》さゞるが如きも実際全道の原野は至る処曠漠《くわうばく》として殆んど人の足跡見るなし、〔…〕地を穿《うが》ては黄金も沸くべき豊饒《ほうねう》の地を抛擲して顧みざるが如き〔…〕
（「北海道の近況」『国民新聞』明治二九・一一・一九）

「全道」には「空地」ばかりで「人の足跡」さえないことが、あってはならないこととして論じられている。北海道に「足跡」のつかない空白地帯が広がっているという記述のなかには、北海道それ自体の意味をめぐる空白が埋められないことへの書き手の不満が見て取れよう。次の記事にみられるとおり、そのような意味の空白を埋めるために引用されたのが、病の比喩である。

北海道は帝国中最も幼稚の未開土地なり、人民少く資材に乏し、興《おこ》すべきの利、行ふべきの務め太《はなは》だ多し、而《しか》して一々之を提携して（間接保護的に）前進せしめざるべからず、此に於てか父母と稚子《ちし》との関係を看る、之を稚子に譬ふるに道庁官吏の行ふ所は神経系の作用に止るべし、〔…〕然れども稚子の手腕口胃もと自ら取て自ら消化し、以て血液肉体と為すの機能に乏し、又之を他の上国内地に仰ぐ、上国内地の者代りて手腕口胃にあたり、果して営養の滋味食料を稚子に供せるか、予輩《わがはい》の疑ふ所は営養の滋味は皆他の周旋の徒に吸取らるるに在り、其咀嚼唾余のものゝ纔《わづか》に北海道を生長せしむるに在り、否《しか》らざれば豈《あに》二十余年五千万円の財費を投じて、わづかに枯瘦《こきう》四十万の民口を得るに止るの理あらんや、之を口腹の弊と為す、之に加るに其頭脳たる官司すら、朝改暮変其の一定の脈理を主張する能《あた》はず、又脳病の苦しみありと謂ふべし、此一大病其の伏する所それ何地に在る、余輩窃に疑う、弊源《へいげん》彼に在らず、病源彼に在らず、ともに紅塵百丈の都門間に在り、〔…〕稚子の脳神もと清純なり、之を干制して人為の病を生ず〔…〕

（「北海道に口腹頭脳の病あり」『読売新聞』明治二六・八・六）

「幼稚」「未開」という語句の使用により、「北海道」には未来に延びゆく可能性が与えられている。ここには、「未開」な「土地」は適切な方法で「開」かれるはずだという進化論的な議論がある。加えて、「内地」と「北海道」を親子関係になぞらえる比喩は、植民地化を正当化する典型的な論理の一つでもあった(12)。

では、そうした植民地主義の論理と病の比喩は、どのように接続しているだろうか。まず、「上国内地」の「病源」によって「北海道」が「人為の病」におかされようとしているといった主張は、病の感染によって「北海道」と「内地」とを分け隔てる境界を溶融させる。さらに、両者の「血液肉体」が直接に連なるべきだという展開によって、北海道と内地は同一化することになる。留意したいのは、一見したところ、病の責任を引き受けることで「保護」の正しさが説得力を得たかに見えるその裏には、北海道の病が内地に回帰し、病によって境界があいまいになることへの不安や恐怖が宿っていることである。「北海道」の幼い身体が生長しない不具合を説明するために呼び込まれた病の物語は、その両義性によって、植民地主義の論理を不安定にする。

ゆらいだ論理に決定的な力を与える要素は、「天皇陛下」という文字をおいて他にはあるまい(13)。明治二五(一八九二)年十月十四日の『読売新聞』は、「天皇陛下より北海道全島を巡視すべしとの命《めい》を受け」た宮内大臣の一行が、訪れた「北海道」の「住民なく真に無人境」という状況に直面した様子を報じている。記事が強調するのは、「深く北海道の民情を大御心《おほみごゝろ》に掛けさせ給」う「天皇陛下」である。「大臣一行」と「北海道」に移り住んだ「土民」とは、「陛下」という語を介して

「涙」で結びあう。

到る処の土民は大臣の一行が長旅疲れたる様を一見してさへ陛下が態々《わざわざ》大臣をして巡行せしめ給ひし聖恩の程を察し参らせて涙を催すものあるに況《ま》して大臣より陛下が土民を思はせ給ふ深き大御心を語り聞かせば老若男女荒くれたる漁人《ぎょじん》までも天恩の洪大なるに大声揚げて泣叫び一行の人々も共に涙に咽びたり云々

（「土方宮内大臣北海道巡回の模様」『読売新聞』明治二五・一〇・一四）

「涙」の反復的な描出により読者が知りうるのは、「聖恩」「天恩」「大御心」といった語が発せられた瞬間、「宮内大臣」「大臣一行」「土民」といった序列のすべてが無効化されていることと、そして何より、繰り返し「涙」にたどりつく感情の形式について、思考するのが禁じられているという事態である。(14) つまり、「天皇」という記号に対して感謝や感動の涙を流すといった態度は、誰もが当然取るべきふるまいなのであって、涙による斉一化は、有無をいわせぬ絶対的な枠組みとして読む者を浸蝕するのだ。「天恩」を享受する者を均質化する論理は、「天恩の洪大さ」に感動し涙するといった物語を借りて強化される。

さらに、身体と病の観点からみれば、「天皇陛下」の登場によって、病んだ身体は女性ジェンダー化されたものとして大日本帝国の外側に切断される。北海道を彩る病の比喩は、「天皇陛下」の「大御心」から連想される「精神」に統御された身体イメージによって封印されることになるだろう。

「天皇」という記号は、差別的な物語の見えない中心として、理想化された頂点として、つねに紋切り型や定型を安定させるべく機能するのだ。

このような「天皇陛下」の間接的な視線によって、北海道は発展する未来のイメージを得る。だが、「北海道」の「人口稀薄」や土地の「不毛」さは、「内地の民を移し保護を厚うし」たことが成功していない現状を物語ってしまう。そうした状況下で注視を浴びているのが「屯田兵」である（「屯田兵策」『読売新聞』明治二四・八・二四）。明治初年期に創出され、札幌附近より開始された屯田兵制度は、平時には農耕に従事し、戦時は軍隊となるべき土着兵を辺要の地に配置しようとする制度であり、宮城、青森、酒田（現・山形県の一部）三県の貧困士族九六五名が移住したのがそのはじめだといわれている。「屯田兵」を語る記事は、「愛国忠君」に北海道発展の可能性を象徴させようとしている。

愛国忠君の士気　屯田兵の年紀稍々《ねんきやゝ》一斉ならず且つ服役年限亦《ま》た徴兵より長きを以て老弱混淆の弊《へい》と家計の煩累は免れ難きも其元《そのもと》は志願兵なるを以て必任義務の徴兵に免れざる徴兵嫌忌の如きは之なく却て愛国忠君の念慮は深く脳底に徹し徴兵などに勝るは申迄もなし

（「屯田兵策」『読売新聞』明治二四・八・二六）

「屯田兵」が「北海道」に「我帝国」への「愛国忠君」をもたらすという解釈の強調される裏に

は、「徴兵嫌忌」という言葉がある。ここからは、北海道への移住や送籍が徴兵を逃れる意図で行なわれたという当時の事情が読み取れよう。そのことを封じるように、屯田兵の愛国が強調されているのだ。「屯田兵志願者心得」（『読売新聞』明治二四年九月掲載）では、「北海道は土地広大肥沃の原野」であり「我帝国の宝庫」ではあるものの人口が稀薄で「開明の風光に遇はざる」（明治二四・九・一九）ということが確認された上で、「屯田兵」を志願する「一家の勤勉」が要請されている。すなわち、「忠義も勤労も其身其家の名誉」（明治二四・九・二八）だというのである。[15]

「愛国」が移植され、「人口」が増殖し、「開明」が訪れるであろうこと、これらの言葉は、明らかに都合の悪い現実を隠蔽する効果を発している。植民地をめぐる論理は、未来に向けて線描され、そして北海道に移り住む「移民」「土民」は、「保護」されるべき存在として描出されている。「保護」されるべき北海道に住まうのは内地より移住した「移民」「土民」ばかりではなく、「保護」によって教え導かれねばならないとされた「アイヌ」たちでもあった。新聞メディアのなかでは、アイヌと移民は、どちらも「土民」「土人」[16]と表記されることがあり、ときとして「土民」「土人」の語がどちらを指し示しているのか識別不能となる事態さえ生じていた。その重なりは「保護」の語に媒介されている。

メディア上の北海道政策論にあっては、移民とアイヌとの関係が背景として示されている。次に引用する記事にみられるように、内地からの移住民によってアイヌの生活が圧迫されたことをめぐってあらわに議論することは避けられ、それは後戻りのきかない現実として記述されるばかりであった。

之《これ》を史乗《しじよう》に顧みるも北海道殖民の事たる決して放任して止《やむ》べきにあらざるを知るべし景行天皇の二十五年に武内宿禰《たけのうちのすくね》この土地を発見したるより以来源義経衣川《ころもがは》の館を脱してこの地に入り後又泰衡頼朝と戦ひ敗れて其将士等この地に渡りたるまでは北海の一道悉《ことご》とく土人の住する処たるのみ内地の人民は一人も移住せざりしが左《さ》りとて義経移住の後も依然として移住するものは殆んど全く之れなかりし程なり然るに明治の初年政府が開拓使を置て移住民を保護したる以来は如何《いかん》アイノは熊と共に山林の内に入り其要枢の地は漸々内地人の専有する処となりしにあらずや

（「北海道論其二」『読売新聞』明治二三・三・二七）

歴史上の人物や歴史事象の引用によって植民地支配は正統化されることになるだろう。バチェラー[17]の『アイヌ語辞典』（一九三六年）に「源義経をアイヌ語にては、オキクルミと呼ぶ」という説明が見られ、「オキクルミ」が「人間神」「神（カムイ）」と位置づけられているように、アイヌをめぐる叙述に、源義経伝説は頻出している。「移住」した「義経」という語が引き合いに出されることにより、「北海道殖民」は過去と無媒介につなげられてしまうことに注意したい。開拓の現在は、過去との因果関係から導かれている。「アイノ」は「熊と共に山林の内に入」ることとなり、もはや北海道は「内地人の専有」なのだ、という記述からは、「蝦夷」を「北海道」という語で呼びかえ、「蝦夷」を過去に、「北海道」を現在に結び合わせたのと同様、現在保護されるべき対象を「アイヌ」から「移住民」へと置き換えようとする言説の仕組みが見えてくる。

「保護」されるべき「移住民」の現在は、「アイヌ」を過去の領域に送り込み、「移住民」の現在と過去としての「アイヌ」とが同一化されることにより、「アイヌ」の現在は不可視にされてしまうのだ。

　そのアイヌの文字は、「従順」「懶惰」「愛憐」「蛮民」といった語句によって象られていた。

> 嗚呼此れ嘗て剽悍《へうかん》猛烈なる東夷として屢《しばしば》王師に拮抗し我上古史の舞台に専横を極めしものゝ子孫ならずや〔…〕今や従順にして気概なく懶惰《らんだ》にして技能なく〔…〕蓬頭《ほうとう》裸足途《みち》を行人に譲りて路傍に三拝するを見るときは誰か一片愛憐《あひれん》の情を起さゞるを得んや〔…〕狡猾なる日本人《シャモ》（土語シヤモとは外国人との義なり一般邦人を呼んで然《し》か云ふ）の為めに騙詐《へんさ》翻弄せられて〔…〕蠢爾《しゅんじ》として唯滅亡の衰運を待つが如し嗚呼優勝劣敗か適種生存か徒《いたず》らに弱者の肉を啖《くら》ふて自家の口腹を充す所謂強者の為めに諛辞《ゆじ》を呈するは吾人の忍びざる所苟《いやしく》も史を読んで亡国の悲運を吊《とむら》ひ一掬仝情《どうぜう》の念を禁ずる能はざるもの今や人種滅亡の悲運に瀕する彼れアイヌ人種に対し果して如何の感かある況《いわ》んや彼等は我等日本人の為めに直接間接の圧倒を蒙《こう》むりて此に至れるをや〔…〕
>
> （「アイヌ酋長トレッ」緒言『国民新聞』明治二九・一・二六）

「強暴にして獰猛」であった「アイヌ人種」が、今では「従順にして気概なく懶惰」になってしまったという変化は、「優勝劣敗」「適種生存」によって説明され、その必然として「滅亡」に向かわざるをえない、といった因果論が展開されている。(18) このように、「優勝劣敗」の進化論的枠組みのなかで「アイヌ」は「劣者」として「自然淘汰」され「滅亡」すべきものとして、人類学的[19]、医学あるいは衛生学的に定義されていたのであった。

記事のなかでは、「日本人」による「圧倒」に非難が向けられてはいるものの、「滅亡の悲運」をもたらした「日本人」という元凶は、進化論的因果関係が前面におしだされることで、明示されつつも後景化されてしまう。つまり、「日本人」がいてもいなくても、進化論の必然的な結果として、いずれにしても「アイヌ」は滅亡してしまうのだ、というわけである。

「愛隣の情」によってアイヌの滅亡を悼み、「衰運」に瀕した「かれら」を保護するという論理。その論理によって、メディア共同体の「われわれ」は、自ら痛みを感じることなく他者の物語を読むことができる。移住した日本人によってアイヌが「圧倒」されたという事実と、移住民とアイヌを現在と過去に分断した上で同一視する言説構造との間には明らかに矛盾があるが、「愛隣の情」によって保護すべき対象をまなざすという態度によって、物語の上では、その矛盾は乗りこえられてしまうのである。

2　アイヌ・病・女

明治二〇年代後半、日清戦争前後には、アイヌの周囲に大きな物語が編成されることになる。[20]

第一章でも言及したが、日清戦争期が、あらゆる領域で国民国家としての近代日本の創出が希われ、他者を差異化し、盗用するかたちでの自己定義[21]が遂行された時期であったことから考えるならば、他者として周縁化された「アイヌ」を利用するようにして「日本」「日本人」あるいは「日本国民」の意味体系が逆説的に組織されたことは明らかであろう。

「民族」「種族」「人種」をめぐるテクスト群においては、分類と差異化を介して、いくつもの二元構造が産出されている。そうした構造のなかでは、「われわれ」と「かれら」、すなわち「日本人」「大和民族」と「アイヌ」「支那人」「朝鮮人」「琉球人」「生蕃」との関係が、社会進化論的な優劣によって説明されていた。

アイヌはそのような構造のなかで、滅亡の物語に彩られている。人類学者の坪井正五郎が漏らす、「北海道の土人」は「次第に凋滅する傾向」にあるといった発言(『万朝報』明治二八・五・一)は、まさに社会進化論的な「自然の法則」の論理に支えられている。「アイヌ」の「滅亡」を示唆するこうした認識は、「優勝劣敗」「自然淘汰」「適種生存」の「法則」が人類学的言語領域の上で展開されたことによって普及した。

滅亡の重要な要因とされたのが、病、とくに伝染病であった。解剖学者で人類学者でもある小金井良精は、明治二七(一八九四)年の大学通俗講演会で、「アイヌの話[22]」と題し、「アイヌ人種の運命」について演説している。

アイヌと云ふ者は、文明を享《と》ることが出来ない、矢張り世界一般の野蛮人種と云ふものは何処もソーである。其原因と云ふものは野蛮人種と云ふものは、文明を享ることは出来ない、文明と云ふものは、一種の毒気の如くに、文明に触るゝ野蛮人種は、漸々と消滅する、夫故にアイヌも同じと云ふ説があります。併し熟々考ゆると、夫も漠然たる考えで。〔…〕一般野蛮人は伝染病には感じ易い、又感ずると酷いです、アイヌも其通り、種々の伝染病の為には、是迄酷い損害を受けて居ます、天然痘、痲疹《はしか》、窒扶斯《チフス》、虎列刺《コレラ》……（此処古来よりの統計的記事を読む）、夫でアイヌの伝染病を恐るゝことは甚しい、就中《なかんずく》天然痘。天然痘が其村へ這入て来たと云へば、アイヌは何も蚊も舍《す》てゝ皆山に遁《に》げ、殆ど病人単《ひとり》とり残して置く様な有様、道を行く人が、天然痘で死んだのを形付けもせず、コロ〳〵して居るのを見るのは怪むに足らぬ程。

（「アイヌの話」『国民新聞』明治二七・三・二七）

「アイヌ」と「野蛮人種」を同列に置くこのテクストでは、両者が「文明」を享受できず、「伝染病」に「感じ易い」ということを一般論として挙げ[23]、留保をつけながら、最終的には「混血」の要素を引いて、「滅亡」という結論に結びつけようとしている。ここで、伝染病を蝦夷地に伝え、「アイヌ」に「損害」を与えたのは内地からの移住民であり、それは開国後の日本国に西洋から伝染病がもたらされた事態と相似しているという現実に目を向けてみれば、「天然痘が其村へ這入て来たと云へば、アイヌは何も蚊も舍てゝ皆山に遁げ、殆ど病人単とり残して置く様な有様」、「天然痘で死んだのを形付けもせず、コロ〳〵して居る」といった描写が、衛生学が普及する以前の日本をめぐる記述とほぼ置き換え可能だということに気づかざるをえない。実際、明治一〇（一八七七）年のコレラ流行時の日本について、警視病院のお雇い教師デーニッツは「不幸なる住民は枕を列ねて病床の裡に呻吟し、警官の説諭を信ぜざるのみならず、頑愚の極点、事を神仏に託して以て悪疫の消滅を祈る等実に酸鼻の至り」と叙述し、状況を「不潔」極まりないものとして描出している（小高［1992：3］）。

類似した両者の構造に差異があるとすればそれは、小金井の談話の方には、過去に文明的な視線によって未開だと意味づけられた記憶が透けて見えるという一点につきている。(24) かつての自己が背負わされた意味を、「アイヌ」という他者に転移し、表象する過程で、対比的に「日本人種」の進化や文明化が証明されるというわけだが、そこにはつねに、西洋から「頑愚」と蔑視された記憶が附着している。「アイヌ」への屈託した視線は、「アイヌ」「伝染病」「滅亡」の語の間に進化論的因果関係を読みとることで、進化した「日本人種」の現在を強調しようとするのだ。


一方で、日清戦争前後にアイヌを描いた日本語小説に目を転じてみるなら、その多くが日本人に抑圧され、抵抗して闘ったアイヌが最終的には滅亡するといった物語構造を備えている。物語がアイヌの滅亡という結末に向かって編み上げられているということができるだろう。

そうした構造をもった代表的な作品として、遅塚麗水『蝦夷大王』（『都の花』明治二五―二六年に連載）と、幸田露伴『雪紛々』（春陽堂、明治三四年、堀内新泉との合作）がある。物語構造が類似することに加えて、両者においてはともに、アイヌが女性ジェンダー化されている。(25)『雪紛々』ではアイヌ女性の「伊良部《イラプ》」が性的欲望の対象として表象されつづけ、彼女が日本人に捕らわれようとする事件が戦闘の契機となっているし、『蝦夷大王』でもやはり「大王」の第二夫人が「大和」の男に連れ去られることが戦争状態を生みだすきっかけとなっている。

つまり、アイヌの女性が性的対象として欲望され、その意味において抑圧され、結果なんらかの身体的被害をこうむるといった小説の細部が、日本人の抑圧によってアイヌが敗北し、滅亡へと至る物語と響きあったり、直接的な因果関係として設定されるのだ[26]。それは、小説の言語をとおしてアイヌ滅亡の物語がよりゆたかに上書きされ、更新されてしまったことを意味していよう。

さらに『雪紛々』の成立事情をたどってみると、アイヌ滅亡の物語そのものが女性化されているという事態があらわになる。『雪紛々』は、幸田露伴が『読売新聞』(明治二二・一一―一二月)紙上に第一回から第一四回まで執筆したものを、十年以上の中断を経た後、明治三四(一九〇一)年一月に、露伴の構想に基づいて堀内新泉が書き継ぐというかたちで、「雪紛々引」を附し、春陽堂より発行された。

中断期間をはさんだ作品執筆の経緯について、潟沼誠二は、作品成立に至る三つの契機を指摘している(潟沼[1989])。潟沼によれば、その契機の第一は、妻が死んだ夫を焦がれ、積丹の雪中で凍え死ぬという「君子と淑女」の物語が、明治二一(一八八八)年に露伴が執筆した『露団々』のなかですでに語られていること、第二の契機は、執筆中断中の露伴が、かつて設定した『雪紛々』最終章、積丹において女性が生命を絶えるという末尾の構想を夢に見て、『雪紛々』を再考するに至ったというものである。

三つの契機のうちの二つまでが女の死と連結しているという事態は、アイヌ滅亡の物語を考察する上で重要である。この観点から成立経緯を捉え直してみるなら、小説構想の段階で、女の死は中心的モチーフであり、女が死ぬという設定によりふさわしいものとして、物語の舞台は「君子と淑女」の世界からアイヌの世界へとずらされて、アイヌの女性が死を迎える結末に向かって書きはじめられ、そしていったん未完のまま宙づりになってはいたものの、女の死というイメージの吸引力によって書く行為が再開されたのだと考えることができるだろう。

　女の死に向かって編み上げられてゆく『雪紛々』に描かれているのは、アイヌが日本人と闘って敗れるという出来事であり、読者はアイヌ滅亡の物語と女の死とを重ね合わせて、小説の言葉を読むことになる。

　『雪紛々』は「語らうか蝦夷のむかし、語らば恨《うらみ》に声も立ぬなるべし、書うか其恨み、書ば筆も凍るべし」、「噫《あゝ》書き流す墨の痕、濃かれ薄かれ我筆《わがふで》の氷《こほ》るまで」と語り起こされているが（『読売新聞』明治二二・一二・一五）、それを書きつけた小説家は、のちに「雪紛々引」において「予は雪紛々を然《さ》のみ面白きものとは思はざる」と、その価値を否定しながらも、「悲み」に凍った筆を、別の者に託すのだ。

　未完のまま途絶していた『雪紛々』は女の死に向かって書き継がれてゆき、あらかじめ構想されてあったとおり、小説末尾においてアイヌの女性「伊良部」は、降りしきる雪のなかで死を迎える。

日は暮れかゝる雪は降る、世間の人は皆敵《かたき》、こゝが我が身の死場やら、今降る皓潔《きれい》な此雪に寧《いっ》そ埋もれて空しくなり、死にたい様な思ひがすると、彼方に進み此方に戻り身も世もあられず嘆きしが、日は早漸々暗《やみ》に迫りて一層《ひとしお》激しく渦巻き下る夜の吹雪のいと酷《むご》きに伊良部《イラブ》は花の寒牡丹、終には雪に伏し転びて復び立つべき力も無く、共に萎れて撓《たわ》み伏す篠もろともに一面の雪の下とぞなりにける。伊良部が涙の痕遣りて積丹の竹は今に猶奇《あや》しき斑《ふ》ありと云ひ伝ふる、其物語の大概は大都《おおよそ》是の如くにして〔…〕

「伊良部」は「敵」として日本人や日本を名指してはおらず、アイヌを残らず殺し、滅亡させた日本人は結末を締めくくる「物語の大概」に直接登場しない。『雪紛々』末尾に降りしきる雪という自然現象は、「自然の法則」という語とゆるやかに連結するものであり、それゆえ伊良部の自死は「自然の法則」という進化論的な因果関係を引き寄せることになる。『雪紛々』の物語は、「優勝劣敗」という進化論的論理と結びあうのだ。だとすれば、アイヌ滅亡の物語は「自然の法則」によって裏打ちされ、小説世界に描き出され、完結をみたということになるだろう。

小説の表層にせり出た、死・滅亡・女をつなぐ想像力には物語の力が刻印されている。強調したいのは、アイヌという他者を女性ジェンダー化した上で選ばれた、女と死の親和力についてであり、アイヌの滅亡が、女の死によって代行されることである。

さらに、女性身体をめぐる表象の体系を重ねてみたとき、滅亡の物語が治らない病のイメージによって補填されていることが指摘できる。「血の道」を病む女性身体が、永遠に治らない血の病を身体に保ち続けるのと同じように、伝染病にかかりやすい「野蛮」なアイヌは、滅亡の道を進まざるをえないのだ、といった理解が、女性ジェンダー化されたアイヌという記号を貫いている。病んだ血の表象が、滅亡の物語を装飾しているのである。

小説作品における物語の完結は、物語を過去のものとして安定させるという効果を生みだす。そもそも、この物語は「蝦夷のむかし」の話なのだと宣言されている。安定した過去の物語が、女性化され、文学的言語の上に進化論的枠組みを通して構成されることにより、滅亡に至るアイヌの将来が重層的に強調されるのだ。

3　滅亡とあわれみ

この時期の、アイヌが登場する小説の時代設定を参照すると、『雪紛々』『蝦夷大王』に加え、後述する武田仰天子『蝦夷錦』も、ことごとくが明治期以前を舞台とし、現在からは隔たった過去の出来事として完結させられ、物語が過去において閉じられていることがわかる。それゆえ、読者はアイヌ滅亡の物語を過去の出来事として消費することができてしまう。そのことは、人類学や歴史学といった学問的領野においてアイヌが古代性によって説明され、その枠組みがメディアのなかでも反復されるといった言説構造に通底していると言えるだろう。(27) 公的言語における「土人」「旧土人」の呼称について検討した児島恭子は、「旧」という語の使用によって「過去が否定されているかのようにみえて実は強調されている」ことを指摘する（児島［2003：290］）。つまり、アイヌという文字を目にする読者は、現在のこととしてその問題を考えることなく、言葉の連なりを読み流してしまえるのである。

明治二七（一八九四）年に金港堂より出版された『小学校用日本歴史』の緒言には、「極めて遠き昔にはあいのの如き人民或は一層開けざる人民国中に住み居たり。此くの如き日本が開け進みて今の如き世となるに至るまでは色色の移り変りあり」（海後［1963：236］）とある。「あいの」は「昔」の「人民」、つまり「開けざる」状態にあった古代の「人民」と重ねられ、その風俗や習慣は古代性という枠のなかで語られている。また、村尾元長は『あいぬ風俗略志』（北海道同盟著訳館、明治二五年）のなかで「『アイヌ』古来の習慣を改良し適当の教育を授け」ることが必要だと述べている（河野［1980b：129］）。先述した明治四（一八七一）年の『開拓使日誌』の「土人へ告諭書写」には、「自今出生の女子入墨等堅く可禁《〔きんずべき〕》事」、「自今男子は耳環を着《つけ》候儀堅く相禁《〔あいきんず〕》、女子は暫く御用捨《ごようしゃ》相成候事」（ひろた［1990：5］）[28]といった言葉が見られ、加えて、メディアのなかで図像化されたアイヌの姿の多くが依然として「入墨」「耳環」によって表象されていることを併せて考えると、村尾のいう「古来の習慣」は、アイヌを有標化するものであったと言ってよい。記号化された「古来の習慣」は、それ自体が「改良」すべきものとしてまなざされていたのである。また、新聞記事上では、「土人保護法案請願」のために衆議院を傍聴する「アイヌ人」の「大礼服」にあたるとされる衣服が「其状《そのぢやう》我国の武士が古《いにし》へ着したる陣羽織と毫も異ることなく」（『万朝報』明治二八・一・二五）と表記されている。「アイヌ人」が着用する「古へ」の衣装、それは「古代」という時間を生き続ける「アイヌ人」を記述する人類学的言語と交わりながら、アイヌのイメージをつくりだしている。

アイヌ像に附着する古代性は、小説にも参照され、引用されている。遅塚麗水『蝦夷大王』のなかで「アイヌ」の女性の顔は「入墨」によって有標化されているし、生活習慣は古代日本を反復するものとして叙述されている。たとえば、この小説において、「大王」の第二夫人である「をむ」

を日本人に売ったという嫌疑をかけられた「るばる（るぱる）」は、次のような儀式を体験することとなる。

> るばる、汝、今となりても虚偽《いつはり》の舌を敲くか、汝の言ふことが真実《まこと》ならば、この熱湯のうちに腕を入れて、今投げ入れたる三顆《みつぶ》の石を攫《つか》み取れ、神はかしこに在しますぞ、心の穢《けがれ》を祓ひ浄めて、早くその石を攫みて見よ。

小説「蝦夷大王」挿絵

同時期に学海指針社より出版された『小学校用日本歴史』には、「古代の政治」の項に「凡そ犯罪者あれば、解除を科して贈物を出さしめ、或は探湯《くがたち》の法を行ひて、以て真偽を弁じ、曲直《きよくちよく》を判せしむ。其法神明に誓ひて沸湯を探り、傷つく者を以て邪曲となす」（海後［1963：97］）という記載がある。「るばる」の経た儀式は、学校教育の場あるいは歴史学の言語領域において、「古代」の風俗として位置づけられている。小説中のアイヌの風俗は、古代日本の政治習慣と重ねられていると言ってよいだろう。

日本の古代がアイヌという記号を通して語られることで、日本の歴史的起源の古さや連続性が想像され、創造されているという以上に、アイヌの古代性がテクストと読者の間に程よい距離を設定していることに留意したい。この距離は、読み手の側にとっての安全圏を現出させることになる。滅亡の物語は、過去のなかに幾度も完結させられる。そのように書かれた物語を消費することにより、読者共同体の「われわれ」はこの先の未来において「アイヌ」が滅亡するのは運命なのだという認識を共有することになるのだ。

一方、アイヌの物語のなかには、美談の形式が多数存在している。「内地人は一概に蝦夷人《あいの》を目して野蛮となし洒落人情の如きは毫《がう》も解せざるものとなせども彼は最も無邪気にして愛すべき人種なり」とはじまり「むくつけき未開人も洒落てふ事は為《す》るものよと感じたりしとなん」と結ばれる「アイノの洒落」（『読売新聞』明治二六・一一・一七）、「世人一概に蝦夷人種を目して野蛮なりと云へど其節操の堅くして義理を重んずること遥かに内地人に優るものあり彼等は最も愛情に深く」と書きはじめられる「アイヌ婦女の貞節」（『読売新聞』明治二六・七・三〇）。こうした美談のなかで、「野蛮」の語は「無邪気にして愛すべき人種」におきかえられている。

他者としてのアイヌは、「われわれ」の周縁に切り結ぶ。「アイヌ夫婦、内地人の孤児を鞠養《きくやう》す」という記事では、「今を去る十有年前」、「肌も見え透く襤褸を纏ひ」「生れて漸々《やうやう》百日も経つや経たずの赤児」を抱いた「内地人」が「一人の土人《アイヌ》」に助けられ、命を救われる逸話が紹介されている。

今宵は此処に宿りたまへと一夜の宿を貸したるが縁となり寄辺なき身の旅人を憐れみ励《いた》はり飽

まで優しきアイヌ夫婦何から何まで世話しつゝ我村内に住はせて互ひに問ひつ問はれつして早くも一歳の星霜を送りける、然るに此旅人不図病魔《いたつき》に犯されて仮初《かりそ》めの枕に就きしより遂には重《おも》りて衰弱《やつれ》はて頼み少なくなりしかば一日《あるひ》アイヌ夫婦に打向ひ潸然《はらはら》と涙を流して年月の恵《めぐみ》を謝し其御恩さへ得送らで帰らぬ旅に赴くは残《なご》り多けれど此れも宿世の業なれば赦したまへ只迷ひの種は我子の行末《ゆくすゑ》母は産后《さんご》に身殁《みまか》り今又《ま》た父を失はゞ何人《たれ》を便りに成人せんや頼むは御夫婦此子を養子として御養育下されずやと熱涙に咽ぶ親の心を夫婦は察しやりて口を揃へ、此子の事は案じたまふな我子として大切に養ふべければ能《よく》々病を保養したまへかしと慰むる言葉に安堵して最《い》と嬉しげに笑みしを余波《なごり》に終に果敢《はか》なくなりにけり夫婦は遺言を忘れやらず二才の幼子を引取りて最と大切に養育《はぐく》むうち憐れや此子も大病に悩み生れも附かぬ背虫の不具《かたわ》とはなりにき夫婦は愈よ不便《ふびん》も加はり又たも七八年を送り其子は十歳になりしかば如何で人並々に教育して不具なりとも世の中の人の侮りを受けぬやう育て上ずば実親に受けたる頼みの甲斐なしと夫婦互に談合して忍路《おしよろ》村なる小学校へ入学せしめたれども不具の悲しさ山坂の歩行自由ならねば養母のアイヌは我背に負て学校までの送り迎へ怠たらず一年一日も休みなく今尚ほ渝《かは》ることとなく産の子にも優《ま》して大事にかけ居るとぞ誰か土人《アイヌ》を無知と嘲る斯る義人もあるものを

（「アイヌ夫婦、内地人の孤児を鞠養す」『読売新聞』明治二八・一一・一五）

貧しさと病によって差別化された「内地人」と、「アイヌ夫婦」との結びつきを報告する美談である。ここには、有標化され差異を印づけられた他者を連結させる力が作用している。(29)

加えて、貧しきものの病死という行き先、死に際して託された子供が「大病に悩み」「不具」となるという細部を構成する要素も、他者を差別化する物語のひとつの定型であると言えるだろう。貧しさ、病、死、「不具」といった要素とアイヌを連接させ、周縁化された対象を結合させるという力学によって、「かれら」と「われわれ」の間には安定した距離が生み出されようとする。

だが、このような美談の形式には、物語の紋切り型からこぼれ落ちる要素が伴われている。それは、これらの美談が例外としてのアイヌを語っているからである。紋切り型は、アイヌという対象を類型化し、固着させようとするが、美談のなかに登場するアイヌは、「野蛮」の意味を変化させ、食い破る役割を備えているのだ。美談への共感によって、「われわれ」と「かれら」の距離が縮まり、無効になる瞬間が、この記事のなかには招き入れられていると言えるだろう。

美談の形式に含まれた、アイヌをめぐる紋切り型との食違いを修正しようとするのが、「あはれ」という単語である。過去のアイヌ滅亡の物語を叙述する『蝦夷大王』の末尾は、『雪紛々』同様、降り積もる雪によって結ばれている。

年々歳々雪はこの愛儂《あいの》の国を白尽す、その花もなき深雪のうちに香《か》ぐはしきこの昔譚《むかしものがたり》のみは、土人が歌ふゆうかり（軍談浄瑠璃）に伝はりて、百年の今まで残りけるぞ哀れなる。

「哀れなる」の語は、「われわれ」と「かれら」の間を上下に隔てる効果をもつ。この「あはれ」あるいは「あはれみ」は、アイヌをめぐるテクストのなかに頻出する語句である。(30) たとえば村尾元長は『あいぬ風俗略志』のなかで「此の憫むべき人種の救済に一臂の力を添へんこと実に希望に堪へざるなり」(河野 [1980b : 130]) と洩らし、この著作への批評には「此民族が類滅の運に向ふを哀んで之が保護撫育に尽力する者を出さば著者の功多からん[31]」といった言葉が見受けられる。滅亡の物語は、だからこそアイヌを教化し、保護すべきだという植民地主義の論理へと連なってゆく。

明治二八 (一八九五) 年二月五日の『読売新聞』紙上には、「北海道酋長の土人状況談」として、「保護を求むる為め」に上京した「鍋沢サンロッテー氏」の談話の「大要」が掲載されている[32]。記事は「内地人」の占領や侵略による現況の厳しさを報じた上で、「土人今日の境遇を憐」み、「彼等を奨励保護」すべきだと論じ、「土人の希望」を理由に、「土人の保護を計」ることの必要性を述べる。

記事には「土人」の側から「憐み」の情が要請されているという構図がある。そのため、占領や侵略をめぐる疚しさを感じることなく、想像された国民の共同体に連なるメディア共同体の「われわれ」は「土人」をあわれむことができるのだ。保護、救済の論理は、さらなる説得力を獲得している。つまり、読み手は「あはれ」むという感情に飽和されつつ、「保護」の必要性について考えるだけでよい。だから文字の連なりのなかに示された「内地人」の「侵略」の事実をめぐる問いかけを欠いたままに、「あはれ」むべき「土人」に同情することが可能となってしまうのである。

同様に、アイヌの滅亡で閉じられる『蝦夷大王』では、末尾の「哀れなり」の語はやはり、絶対的な完結性を示しつつ、日本人によるアイヌの抑圧、征服といった出来事が読み手にもたらさずにはおかないうしろめたさを中和しようとしている。日本人に迫害された過去のアイヌの物語を読むときに作用する「あはれ」という語の力、それはアイヌの現在の記述が読まれる際にも、同様の効果を生むだろう。昔のことはともかく、今はその「あはれ」むべきアイヌを保護しなければならないのだ、といった論理は、疼しさを言葉の深奥に塗り込める。そして、完結し絶対化された運命を、距離をもって眺めることを促す「哀れなり」の語は、アイヌの未来を滅亡の物語に着地させようとするのだ。

さらに、「あはれ」を媒介にした関係は、教えるという行為を通して強化された。植民地主義的な枠のなかには、アイヌを「教育」「教化」しなければならないというコードが存在するが、それは日本人によってアイヌが教え導かれて身を立てるという立身出世の物語構造にも連なっている。たとえば、武田仰天子『蝦夷錦』(春陽堂、明治二六年、国会図書館蔵)では、「愛儂(アイヌ・アイノ)」の社会で禁忌を冒し、その罪がもとで追放されたのち、「日本人」に抵抗するための戦いを挑んで捕らえられた主人公が、「日本人」により知識を与えられ、最終的には出自社会に戻り、外部権力を借りて「総酋長」へと立身出世する。「愛儂」は「教へなき民」と表象され、「憫むべき夷《えび》人《す》」と、「あはれ」の語を再三にわたって差し向けられている。「蝦夷でも内地でも人間」は等しく「天子様の子ぢや」と教えられた主人公の「愛儂」は、そのことにより「日本恨めしの心シミ〴〵と消行きたり」と心情を移行させるのだが、その際も「天子様の在《まし》ます事をも知らぬが哀れぢや」と意味づけられ、そうした「哀れ」な状態は「日本人」が知を授けることによって部分的に解消されるのである。

また、『雪紛々』には「アイノの愚昧《おろか》を深く憐れみ、教へ導び」く「日本人」の法師が登場する。

小説「蝦夷錦」口絵（国会図書館蔵）

「真《まこと》の日本人《シャモ》」と位置づけられるこの法師は、アイヌを抑圧する他の「日本人」からは分け隔てられ、読者は法師に同一化することで「アイヌ」を教え導く正しい日本人になることができる。「真の日本人」は、アイヌを抑圧しない正しい日本人なのだ。そして、この「真の日本人」が教えるのは、『蝦夷錦』の「日本人」同様、「蝦夷地は古くより日本国の内」であり「アイヌ」は「日本の国の民」だという知識である。

いずれの小説においても、「教え」られた知識はアイヌの側に習得されてゆき、『雪紛々』では「謀反」を起こした際、アイヌたちは「大君」にも「日本国」にも背いてはいないということが、ほかならぬアイヌの口を通して語られる。抑圧に抗う行為のもつ力は脱色され、読者共同体の「われわれ」は、自らに対し抵抗する力におびやかされることなくアイヌを「あはれ」むことができてしまう。

『雪紛々』の法師はまた、アイヌは「無知」で「賤しい」とアイヌに「教」えている。法師の言葉を内面化したアイヌの一人は、病の療治をめぐり、「日本人」と「アイノ」を比較し、「あさましきアイノの身の上なり」と自らを嘆く。「アイノ」によって語られた「アイノ」の「あさまし」さが現われるとき、言葉の上に結ばれた「アイノ」の像は、物語の読み手のなかに、「あはれみ」の情を喚起するだろう。息子を「教へ導」いてくれた法師に対し、「アイノ」の母は、「日本人から見たらば乞食にも見え獣類《けもの》にも見えやう身貧《ひん》な我子を、憫み玉はりし御心ざし婆は死んでもわすれませぬ」と述べる。「憫み」への感謝――小説が描き出すアイヌは、「日本人」からのまなざしに浸透され、「日本人」によって刻みつけられた意味を読み手に投げ返している。

保護や教化という行為は、「あはれみ」によって正義になる。アイヌと日本人との闘争は「哀れなり」と語られることによって過去に結びおかれてしまう。対象との距離によって読み手の現在は消える。時を経たどの現在においても、文字を読む者は後ろめたさや不安を覚えることなくアイヌの物語を読むことができるのである。

このように、アイヌをあわれむという構図は、活字体系のなかに安定と安心を用意し、「われわれ」の共同体にとっての安全圏を現出させるわけなのだが、それを正当化するためには「優勝劣敗」「適種生存」「自然の法則」といった科学的論理だけでは足りなかったように思われる。アイヌを「侵略」した主体と「われわれ」の共同体が重ねられてしまわないように、アイヌに対しては敵と味方が設定されていたのだ。

「憐むべき北海道の土人」（『万朝報』明治二七・五・二五）には、「東京の商人」三人がアイヌを騙し、「言巧《ことば》みに土人八名を説《とい》て東京へ連来《つれきた》りし」出来事を報じている。「土人」の「熊祭り」を天覧に供し、暴利を貪ろうと企む三人は、「山師的の仕事」を行なう「三名の山師連」である。宮内省は天覧を認可せず、ただし「土人」には「金五十円」が「下賜」されることになったが、「三名の山師連は此金を己れ等の懐中《ふところ》に収め土人等には露知らせず」、「華族会館に於て熊祭りを執行し其時三十円の金を得たるも土人等には少しも告げず」、搾取しつづける。「土人」の一人は「病に罹りたるも山師連は医師の診断もさせず打捨たるため遂に重病に陥いり」、蒲団も食事も与えられないといった苛酷な状況下、とうとう「黄泉《あのよ》の客《ひと》」となるも、「山師連」は「見向きも」しない。

「山師連」の非情を報じる記事は、その一方で、「土人等」が死者を青山の墓地に葬る様子を「見る者涙を催ほさぬはなかりし」と語り、「同じ我国民とは云へ言語は通ぜず漸く東京まで辿りつ」いた「土人」を見かねて「扶助したる慈善家」を登場させる。結局生き残った「土人一同」は「府下有志家」の「義捐金」によって「北海道」に「帰国」することになるのである。

記事の結びには「憎むべきは三名の山師にこそ」とある。「土人」に対して危害を加える敵と憐れみ保護する味方、「われわれ」の共同体は前者を憎み、後者に同一化しなければならない、というわけである。この構図は、「真の日本人」を登場させる『雪紛々』にも共通する。敵を憎むことにおいてあわれみの感情が補強され、読み手とアイヌとの間に、同情による上下関係と安定した距離がもたらされることになるだろう。

物語を読む「われわれ」は、物語の要請する感情に同化することによって、見ているつもりで他者の現実の姿を見ずにすますことができるのだ。

4　混血

さて、病に加えて、「アイヌ」滅亡のもうひとつの原因とされるのは混血である。前掲「アイヌの話」の末尾で、小金井良精は「滅亡」と「混血」をつなぎあわせ、以下のような議論を展開している。

> 今一つ最も大切なる事があり升、何かと云へば、アイヌの中には沢山日本人と混つた者があり升、前申しました人口の数、此内には日本人と混つた者が沢山で、決して純粋のアイヌでは有りません。〔…〕私が考では是がアイヌ滅亡の重《〔お〕》もなる原因だろうと思ふ。統計上に耗《〔へ〕》らずして事実に耗る。則ち雑種だから。是がアイヌが一種の人種として無くなる（滅亡と云ふことは言ひ変えます）原因である。アイヌ人種が無くなるのは、日本人種と極親密の関係からして段々無くなつて行く、決して日本人との軋轢からして無くならぬ（或西洋人は争からしてと云へり）。〔…〕アイヌの血液も段々不純粋は《〔ママ〕》成り行きます、加之《〔しかのみ〕》ならず、アイヌの体質も全然化して仕舞ふで有りませう。夫れで私の考では、アイヌの人種と云ふものは一種の人種として生存することは、段々無くなるだろうと云ふことは、ソー云ふ風で滅亡すべしと云ふことを意味するる《〔ママ〕》です。併しアイヌの血液は永く日本人の中に循環して居ます！
>
> （前掲「アイヌの話」『国民新聞』明治二七・三・二七）

アイヌが日本人と混血し「純粋のアイヌ」ではなくなっている、という見方が「滅亡」の意味を「言ひ変え」るのだという主張は、滅亡の物語を日本人への同化として積極的に肯定しようとするものにほかならない。だが、混血をめぐる叙述は、他者の物語の境界を危うくしてしまうだろう。なぜなら、ここには、「アイヌの血液」ばかりではなく、「日本人種」の「血液」もまた同様に「不純粋」になるのだという意味が含まれているからである。

「併しアイヌの血液は永く日本人の中に循環して居ます！」と締めくくられるこの演説において、決して選択されないのは、「日本人種」の「血液」が「不純粋」になるという叙述である。それでも、読みとられざるをえない「日本人種」が「雑種」化するという意味は、他者の物語に「日本人種」を呼び込むことになる。「われわれ」と「かれら」の境界は溶融し、「われわれ」と「かれら」の間の距離は消滅してしまうのだ。

アイヌ滅亡の物語が混血によって語られるとき、血が混ざるという意味と、血そのもののイメージによって、他者の物語には亀裂が走る。

また、『蝦夷大王』に登場する「愛儂《あいの》と日本人《しゃも》との間に生れたる男」「いかんとかんの金兵衛」は、「大王」から「日本人《しゃも》と愛儂《あいの》との間に出来たるお主なれば、体は愛儂で血は日本人そのまゝ」と評されているが、この言葉が示すように、「日本人」の「血」を身に含んでいる以上、「いかんとかんの金兵衛」は「愛儂」ではなく「日本人」の側に分類され、作中、「大王」との闘争で、彼は「愛儂どもを皆な逃がしやりて」、「日本人」だけで集結し、「愛儂」たちと戦うこととなる。この小説の物語構造をたどってみれば、小金井の示した、混じり合った「血」が「日本人」に属することになるという論理によって、物語に強度が与えられていることがわかる。

同時代的に形成されていた同化という話題は、結局のところ「血」の問題に帰着するのだが、そこには、「日本人」の「血」が「不純」なものになるという意味がつねに伴われる。そして血が混ざり、「われわれ」の境界が崩れるという表象上の出来事を目立たなくするために、「雑種化」した「アイヌ」が「優勝劣敗」の法則によって「滅亡」するといった物語の結末が定型化されるのである。

「血」をめぐる物語は、現実の「血」を表象するテクストへとゆるやかに連鎖してゆく。混血問題に流れる「血」は「熊祭」における「鮮血」と結びあうだろう。

○残酷なる観物〔…〕一昨日鹿鳴館に於て催ほしたるアイヌの熊祭と云ふは熊を生きながら縛り附け生きながら矢を射かけ鮮血淋漓《りんり》苦痛咆哮の間に終に之れを絞殺したる上踏舞するものゝよし
（『時事新報』明治二七・二・一四）


記事は熊祭を「文明社会に似合《につかは》し」くないものとして見出している。この「鮮血」は「アイヌ」の未開な「残酷」さと結合して物語の定型に帰着しもするが、血の過剰なイメージは、言葉の上にそれとは別の回路をつくりだすだろう。

定型を引き裂く力は細部に宿る。熊と格闘するアイヌを報じる記事は多いが(33)、闘うアイヌの姿はときとして、禍々しいまでの描写を吸引する。

北海道十勝の国当縁群歴舟村に数十年来住居するキリボと呼べる土人は常に山猟を活業とし妻子二人を養ひつゝあるものなるが二三年前十勝分監の脱走囚徒を捕縛したること二回に及び一回は六円一回は三円を賞与として道庁より下賜されし履歴ありキリボ去る六月下旬歴舟村川上山中に熊の居るを探見し妻と倅《せがれ》とを引連れ熊狩に登山したるに目的の深林中に到れば果して大熊一頭穴を出てのそ〳〵と歩み来るを認めしかば狙《ねらひ》を定めて発砲せしに慥《たし》かに弾丸は命中したりと覚えたるも大熊は此方《こなた》を睨みいきなりキリボに踊り懸り大ゐなる手に力を籠めて同人の片面を打ちたるに何ぞ堪らん強く打れたる機《はづ》みに左りの目の玉は飛出してぶらりと鼻の辺まで下りたるをキリボは面倒とや思ひけん我が目の玉を引むしり己れの口中に含みし儘むんづと大熊に組着き両の手を以て熊の両の耳を握り上になり下になり暫らく揉合ふ程に〔…〕

（「土人大熊と闘ふ」『東京朝日新聞』明治二八・八・一二）

ここには、単に「野蛮」や「未開」の紋切り型として処理することのできない力が醸成されている。「目の玉」を中心においた描写は、過剰として瞳に映じた瞬間、意味を超えてしまう。意味ではなく、むしろ衝撃に近いものとして読者の瞳と接触する言葉の連なりは、それが読まれた時空にひずみを生むのだ。

その衝撃は「憐《あはれ》み」の物語を破綻させる力にさえなりうるだろう。たしかに、この記事の冒頭に

「キリボ」が「脱走囚徒」を捕縛したことにより道庁より二度、賞与を「下賜されし履歴あり」と記載されているように、テクストはアイヌが敵と闘う姿を称賛する物語に回収されようとする。だが、物語の定型は意味づけられない過剰な描写によってゆらいでいる。だからこそ、アイヌの敵から自らを除外し、あわれむ感情によって疚しさを削除し、進化論的因果関係によって滅亡の物語を語ること、その反復には、ほころびを繕うという必然性が込められている(34)。

『蝦夷大王』には、日本人の武士に連れ去られたことがきっかけで死亡した第二夫人の「をむ」を、大王「きりむかくる」が「めっかうち」という儀式で弔う場面がある。そのとき、その「めつかうち」を解説する言葉は、物語とは別の位相にあるとはっきりわかるかたちで挿入されている。

をむが屍《かばね》を飾れる前に、めつかうちの礼始まりぬ。総乙名《そうおとな》きりむかくるは〔…〕杏《すもも》のやうに腫れたる眼を睜《みは》りて屹と仰向く、白髪の乙名銀の長髯を掀《あ》げながら、座を起ちざまに腰に佩《お》びたる刀を抜き、はツしとばかりきりむかくるの額を斫る、きりむかくるは滴る血汐を両の掌に掬《むす》び受けて、楚痛《いたみ》を忍びつゝおろ〳〵と泣きながら、汲みもて来たれる水にて面《かほ》を洗ひ、是にてめつかうちの礼は終れり。

蝦夷の俗、凡《およ》そ家に横死《わうし》せるもののある時は、知り人《びと》等来り弔ひて声を惜まず慟哭したる後《の》ち、佩《お》びもて来たれる刀を抜きて、その家の主人《あるじ》の額を斫《き》りつく、血は流れて面《おもて》に被《かう》むる、その楚痛《いたみ》を吾が身に試みさせて、もて横死者の楚痛《いたみ》を想はしむるなりといふ、〔…〕これをめつかうちといふなり。

めつかうちの礼は終りぬ。

異俗を小説本文とは別のレベルから説明する言葉は、「めつかうちの礼」を文明からの逸脱として意味づけている。「熊祭」の「鮮血」同様、この「血」は未開ゆえの残酷さを象徴し、際立てようとするだろう。だが、「滴る血汐」のイメージと流れる血の「楚痛」は、物語の定型を切り裂かずにはおくまい。テクストに作用する紋切り型の力は、定型的な意味で覆うことによって、痛みを痕跡ごと消そうとするが、細部の描写は紋切り型によって要約されることを拒んでいるのだ。

翻って、アイヌが女性ジェンダー化されているという構造に視点を転ずるなら、こうした血のイメージは、病の物語と緊密に関わっていると言えるだろう。混血によって日本人とアイヌとの血が混じり合うという認識は、女の身体を流れる病んだ血の表象と結びつく。先の小金井の演説には「雑種は如何なる工合に出来るかと云ふに、日本の男子とアイヌの女子との間であつて、其反対の場合（即ち日本の女子とアイヌの男子）に出来ることは甚だ稀である」といった理解が見られる。「われわれ」と「かれら」をジェンダー化するあからさまなまでに植民地主義的な論理である。ここから導かれるのは、「アイヌの血液」を「永く日本人の中に循環」させるのは、まさに「アイヌの女子」の身体だということであろう。境界を欠如させた女性身体の表象は、境界を侵犯して「日本人」に同化する「アイヌの女子」の身体において想起され、血の比喩によってその強度は増す。だが、血のイメージはつねに、物語の境界を危うくせずにはおかない。

アイヌをめぐる物語定型が流れ込むようにして、明治三一（一八九八）年、第一三回帝国議会で「北海道旧土人保護法案」が可決され、翌三二年から施行されることになる。(35) 明治二六年にはじめて提案された「北海道土人保護法案」全九条の原型がほぼ保たれたまま、「北海道旧土人保護法」は成り立っていた。(36)

法的言語の上に標された「保護」の語の後ろには、あわれみの感情と結び合った滅亡の物語がはりついている。

文字が書かれ、印刷され、読まれるという連環のなか、書き表わしたい、知らせたい、知りたい、読みたいといった言葉をめぐる種々の欲情が結節した地点に意味が構成されるとき、そこには必ず物語が現われていると言えるだろう。明治期に「北海道」「アイヌ」をめぐって重ねられた文字は、ことごとく同じ方位を向いていた。そこには、物語や論理の極まったところに形成される紋切り型の威力が発現している。小説の言葉もまた、文字空間のなかの最も吸引力の強い方向に同調し、その結果、文字空間の全域において物語は強い磁力を帯びる。(37)

紋切り型に守られた物語は、読者を心地よい安全圏へと導いてくれる。だから、メディアを通ってきた紋切り型のわかりやすい論理を疑いなく受容することによって、読み手は自らを多数派《マジョリティ》の側に布置させることができ、そこには、理念の上で少数派《マイノリティ》を排除し、普遍化された読者共同体の「われわれ」が形成されることになる。(38)

そのようにして育まれた物語から自由でいることは難しい。思考は、つねに同時代のイデオロギーに汚染されざるをえず、緻密に分析し、検証するためには、いったんはその物語やイデオロギーに身を任せ、交合することが必要とされるからである。

だが、物語の皮膜それ自体に触れたとき、異和を感じる瞬間がある。当たり前のものとして繰り返し発信される物語の定型に幻惑されず、個々の言説に向かうとき、そこに小さな傷が見えることがある。そのとき、個々の読者は紋切り型の物語に含まれる、見慣れない意味や物語の両義性に行き当たるだろう。

明治期の言説空間で、なぜ「野蛮」「滅亡」「あはれ」の語が執拗にくり返され、アイヌをめぐる紋切り型が語られ続けなければならなかったのかといえば、紋切り型は強力であるのと同じくらい脆弱だからである。病の比喩には身体の境界侵犯という不安が紛れ込み、美談の形式には「われわれ」と「かれら」の距離を失効させる契機がひそむ。混血の物語には「われわれ」と「かれら」の境界が融解する可能性が宿り、血のイメージは複数の方向に膨張して物語定型をはみ出してしまう。物語の細部や描写のレベルには、紋切り型を歪ませ、成り立たなくさせるような要素がはらまれている。

定型のもつ強力なわかりやすさは、細部を圧倒する。それでも、表象された細部は紋切り型をかすかに歪ませる。その意味で、強力な定型には、脆弱さが附随せずにはいない。だからこそ、紋切り型は際限なく反復される。そうしなければ、言葉はどの地点において生々しい他者の姿を立ち現わしてしまうかわからないからである。

紋切り型は、他者を棄却し、見えなくする。歴史上、差別され抑圧されてきた他者の姿は、定型に覆い尽くされ、葬られてきた。

当たり前に見える過去の物語を再生し、そこにある傷やひび割れに焦点を合わせ、物語の姿を異化する必要がある。葬られた他者の姿は、その傷のなかから立ち現われてくるはずなのだ。

第二部　スキャンダルとしての暗殺

第四章　王妃と朝鮮

第一部で検証してきた物語が華やかに応用されるのが、スキャンダルとして事件化された暗殺報道である。[1]スキャンダルは、より刺激の高い物語を必要とするため、標準的な次元からの距離や飛躍をもつ差別的な要素をふんだんに取り入れながら、紋切り型の物語を引用し、自らの情報価値を高めてゆく。

明治半ばから終わりにかけて、いくつもの暗殺がスキャンダルとして報道されるが、それらの暗殺がメディア上で事件化されるとき、「われわれ」にとっての他者に対するメディアの殺意や暴力がより直接的に作用していると言えるだろう。

第二部では、政治的な意図によって特定の個人が殺害されることを、メディアがどのように物語化するのかを考察しながら、物語の暴力を明るみに出すことを試みたい。

最初に検討を加えるのは、日清戦争が終結して間もない明治二八（一八九五・高宗三二）年十月、[2]公使で陸軍中将の三浦梧楼を中心とする日本人の一群によって暗殺された朝鮮王妃「閔妃《びんひ》」（明成皇后）[3]をめぐるテクスト群である。彼女は事件[4]の前後、活字メディアの読者にとってなじみ深いとさえ言えるほどに、日本語の織りなす文字体系のなかに繰り返し現われ、さまざまな物語を吸い寄せながら表象されていたのだった(5)。

事件が起こる以前に、閔妃は女の表象構造をなぞるようにして現象させられ、朝鮮を代表する人物として措定され、病のメタファーによって意味づけられてゆくが、その過程で生成する物語は、閔妃が暗殺された際、スキャンダルの枠組みを決定づけることになる。

当時、活字化された文字に触れることのできる誰もが、並んだ情報の苛烈さに目を奪われたにちがいないその出来事は、いつしか押し流され、どこかに消失してしまう。詳細な調査に基づいて書かれたノンフィクション『閔妃暗殺』の著者、角田房子は「韓国では誰でも知っている事件を、加害者側の日本ではそんな事件があったことさえ一般には知られていない」という事実への「驚き」と、その驚きに附随した「おそろしさ」について記しているが、そうした状況は現時点でもほとんど変わらずにあり、この国においては一般に、事件の知識としての浸透度は決して高くない（角田[1988=1993：15]）。

文字の記憶は、忘却の果てへとかすみ、無知と無関心とに塗りつぶされている。いったいなぜ、時代を騒がせたスキャンダルの主人公は忘れ去られてしまったのだろうか。そのメカニズムについて考えるためには、スキャンダルを語る物語や表象それ自体に注目する必要がある。

当時の資料をたどりつつ、閔妃をめぐるスキャンダルの枠組みを検証するとともに、物語の形式がどのように出来事の忘却を促したのかを考察してゆきたい。

1　閔妃という女

日清戦争前後の新聞記事に現われる閔妃は、メディアの種類や言説ジャンルの差異に拠らず、(6) おおむね次のように語られていた。

> 閔族《びんぞく》が朝鮮国内に威権を恣《ほしい》まゝにして横道到らざる所なく今や国家人民をして殆んど衰亡に瀕せしめたる所以も畢竟王妃が其一族を率ゐて計画するが故なりと云ふ左れば女性《にょしゃう》の身にてありながら中々の嶮材《けんさい》なりとは知るも知らぬも一般に認むる所なる其中にも例へば今の世子義和君《せしぎわくん》の母君は趙氏にして後宮にありて国王の寵を 辱《かたじけな》 ふせしが世子の誕生あるや王妃の憎悪嫉妬殊に甚だしく遂に之を擯《しりぞ》けたりしかども〔…〕王妃の嫉悪炎々として胸を焦したる其結果にや趙氏は至惨至酷にも烙鉄《やきがね》を以て特に言ふに忍びざる蛮風にて焼殺されたる事あり
>
> （「朝鮮王妃は如何なる人ぞ」『時事新報』明治二七・七・一五）

外戚政治の中心人物が閔妃であることを解説する記事のなかでは、「閔族」の「横道」が「国家人民」の「衰亡」の原因として挙げられている。「閔族」を「率」いる「王妃」こそがその根源にあるという解釈に加えて、「王妃の嫉悪」や「言ふに忍びざる蛮風」は、「王妃」が「女性の身」であることと結びつけられるかたちで報告されている。

すこし補足しておくと、明治六（一八七三・高宗一〇）年に、高宗の父である興宣大院君《フンソンテウォングン》李昰応《イハウン》[7]による大院君《だいいんくん》政権が終わり、高宗による国王親政が始まったとき、高宗の王妃である閔妃の外戚、閔氏一族が政権の中枢を占めた閔氏政権が誕生する。閔氏による外戚政治、すなわち勢道《せどう》政治[8]と、高宗からの寵愛を背景に、閔妃は強大な政治力を持つに至った。国王親政にあたって権力を奪われ、追放された大院君は、閔妃の政敵として日本語の報道メディアのなかにも頻繁に登場している。

さて、記事のなかで「言ふに忍びざる蛮風にて焼殺され」たという「義和君の母君」[9]、すなわち張尚宮は、「張氏」「趙氏」としてしばしばメディアにも登場し、「閔妃」の「嫉妬」「憎悪」を一身に被る状況がさまざまに描出されている（二〇七頁の系図を参照）。「趙氏」の無力さは、すべてが許される「王妃」の絶大な権力を際立たせる要素として機能していた。

閔妃（といわれていた写真。註5を参照）

ちなみに、閔妃は第一子を出産直後に亡くしており、その原因を巫女に占わせたところ、「李、張などの尚宮たちの呪詛、執念の祟り」などと告げられたため、尚宮たち数名に杖刑を加えさせたらしいのだが、張尚宮もこの杖刑にあい、苦しんだという（角田［1988＝1993：98-99］）。漏れ聞こえてくる後宮の情報や噂を、想像力によってふくらませて、閔妃をめぐる物語はメディア上に広がっていったと言えるだろう。

この張尚宮を主要登場人物として描いたものとして、福地源一郎の小説『張嬪――朝鮮宮中物語』（庚寅新誌社、明治二七年）がある。このなかでは、閔妃の「嫉妬」が物語を形づくる重要な原因として設定され、「張内人」「張嬪」と呼ばれる張尚宮は、なす術もなく孤立する。

> 扨《さて》も王妃（閔妃）は国王が張内人《てうないじん》に御情《おんなさけ》を懸たまへる事ども聞知りて、常から嫉妬深き性《さが》にておはしませば媢《ねた》ましき事に思《おぼ》したるに、御寵幸《おんいつくしみ》の厚きを加へ剰《あまつさ》へ張内人が自から諸人に尊ばる〻を見玉ひて、益々胸に修羅の焔を燃し玉ひ『彼《かの》張内人は類なき美人なるが上に其齢《そのよはひ》も国王と同年にて我に比ぶれば妙齢《としわか》なり、此上の御寵愛を得たらんには何《いか》なる不思議の出来《いできた》らんも知り難し、斯る賤き女を此儘にて差置《さしおき》なば果《はて》は彼奴《かれめ》に見変られ奉つて、観月楼の秋の夕には空しく紈扇《ぐわんせん》の棄らる〻を嘆き、賞華臺の春の朝には独り欸冬《やまぶき》の散ゆくを眺めん事の憂《うた》てさよ、早く彼を除きて後の患《うれひ》を払はばや』と思し立《たち》たまひ、大王大妃（趙妃）へも種々に張内人が事を讒《さかしら》言《ごと》し、また内官にもあれ内人にもあれ凡そ宮中に召仕はれんずるものが張内人に心を寄すると聞玉へは、忽《たちまち》に呵責し追出されける程に、諸人みな恐《おそれ》を為して宮中誰一人として張内人を保庇《かば》ふ者も無かりけり。
>
> （福地源一郎『張嬪――朝鮮宮中物語』明治二七年、一一七―一一八頁）

『張嬪』は、その序文によると、井上角五郎(10)が朝鮮半島で見聞きした内容を題材に編録された手稿をもとに、福地源一郎が物語化して著わした小説である。作品内に「抑《そもそ》も朝鮮が此廿余年来騒動の打続きて遂に今日に至れること、其禍《そのわざはひ》の源を尋ぬれば、牝雞晨《ひんけいあした》を告るに出たりやと申すべき」とあるように、「朝鮮の禍」に中心化されて執筆された「朝鮮宮中の物語」として読まれよう（『張嬪』九八頁）。

この物語のなかで、閔妃の「嫉妬深き性」は「朝鮮宮中」の「禍」を醸成する「源」にほかならず、それは張嬪をめぐる「讒言《さかしらごと》」「呵責」という行為と化して「宮中」を支配しつくす。「諸人」は「誰一人として」その「王妃」の「修羅の焰」に背くことができないのだ。

小説の物語構造が形成する文脈は、「閔妃」が「朝鮮」そのものに置き換え可能であるかのような認識をつくりだす。

> 朝鮮王妃彼女何者ぞや。朝鮮を説くものは彼女を説かざるなく、朝鮮の形勢を揣摩《しま》するものは彼女の意向を打算の基数となさゞるなし。彼女たるもの何の能《よ》くする所ありて其一挙手一投足が半島に重きをなすこと此の如くそれ甚しきや。顧ふに彼女の位置が彼女をして然らしむるにあらざる乎。顧ふに彼女の手腕が彼女をして然らしむるにあらざる乎。〔…〕朝鮮は李家の朝鮮にあらずして閔家《びんか》の朝鮮なるが如く然るに至らしめたるもの、亦《〔また〕》偶然にあらざりしこと知るべき也。半島の積習として、外戚はあらゆる権勢の中心なるを以てのみ、半島の積習として、王妃は外戚の中心なるを以てのみ。
>
> （「朝鮮王妃（上）」『国民新聞』明治二八・一〇・一三）

彼女が決して尋常女流の比にあらざるものあること知るべきにあらずや。
吾人故に曰く、彼女の手腕は実に半島を其掌上に掀弄し得べき手腕なりし也と。

（「朝鮮王妃（下）」『国民新聞』明治二八・一〇・一五）

先にも触れた外戚政治が非難の対象として選び出されているわけなのだが、単に政治形式が問題とされているだけではなく、「王妃」の「位置」を成り立たせているものに「女」という印づけがなされている点にこそ注目すべきであろう。「尋常女流の比にあらざるもの」としての「朝鮮王妃」の「位置」は、「朝鮮」と「王妃」を同一化している。同時に、その「手腕」は「尋常」を超えた「女流」として叙述され、「王妃」が「女」であることに注意が促されている。「彼女」は朝鮮そのものとして立ち現われた女なのだ。

一方、朝鮮半島を舞台にした小説のなかでは、閔妃や閔氏一族は、その背景をかたちづくる重要な要素として機能している。

たとえば、明治二七（一八九四）年に出版された服部徹『小説 東学党』（岡島宝文館）[11]は、東学党のクーデターについて書かれた政治小説であるが、その序文には、クーデターの目的が「閔族を倒す」ことなのだと明記されている。作中では、「尹族《いんぞく》」と置き換えられた閔氏一族が敵として設定され、「王妃の一族《いつけ》」の「専横」を非難する語句が並べられる。

また、ほぼ同時期に執筆された半井桃水の『続胡砂吹く風』（『東京朝日新聞』明治二八・一・一七―四・二五）[12]は、実在の朝鮮の人物を戯画化した上で登場させ、朝鮮人と日本人の混血である主人公が活躍するのを描いた小説であるが、ここでも「外戚党」は非難の対象となっている。つまり、これらの小説のなかでは、閔妃や閔氏一族は、後景にある悪として設けられているのである。閔妃の悪は女の悪であり、朝鮮の「女流」の悪であるという物語は、閔妃が朝鮮半島そのものを代表し表象するという文脈と絡まり合った上で、悪しき女に蝕まれて衰亡しつつある朝鮮の姿を浮かび上がらせる。そうした構図が単純化され、小説の背景として利用されたり、主旋律を濃密に奏でることによって、災いの核心にある打倒すべき敵という役割がより鮮明化するに至り、悪い女の物語は、朝鮮を彩る物語の中心になって、定型化されるのだ。

閔妃暗殺事件の後、時期が降っても事態は同様であり、菊池謙譲の『朝鮮最近外交史　大院君伝付王妃の一生』(日韓書房蔵版、明治四三年)[13]では、閔妃の「冷刻なる性格と権勢を愛する熱情」が「事変の焦点」「中心」となって「変乱を誘発」すると語られる。加えて、王妃には「女性の神経特質と弱点」があるという指摘、「権勢を愛するは朝鮮婦人の特色なり」といった記載も見受けられる。「王宮」から発生する「醜聞」はつねに閔妃と関わっており、彼女の「野心」や「虚栄」は「悪政」として結実するのだ。閔妃は「代表的朝鮮の女流」で「堕落せる朝鮮政事家の代表者」と断罪されている。

注目したいのは、『朝鮮最近外交史』において、閔妃の資質を説明づけようとする際に「ヘステリ」〔ヒステリー〕の語が頻出していることである。女の物語のなかに、病の比喩が編み込まれているのである。

王妃全盛の時、宮中の風儀全く壊乱す、其起因を聞くに蓋し妃の迷信より起りしなり、彼〔王妃〕は王世子冊立《さくりつ》以来今日に至るまで前後二十年間、幾多の危険を経過し、幾群の政敵及敵手と奮闘し、内は一代の英傑と戦い、外は強大の使節と争ひ、以て今日の盛大を獲たり、斯くの如き労苦と努力を以て償ひ得たる政権の裏には、震慄《しんりつ》すべき秘密、悲惨なる暗黒を以て充《じゅう》塞《そく》す、彼の精神を慰むべき高尚なる信仰は其心血に存在せず、彼の安眠を与ふべき慰安なく、彼は到処の宮殿に於て毒手に倒れたる政敵の面影と愛寵せる党与の惨劇を追念せざるを得ざりき、彼は一代の政事家なりと雖も、亦女性也、婦人也、其意満ち、心安んじ、王と相対し、群臣と相対すれば、交々《こもごも》来り犯すものは精神的不安なり、過去の惨劇也。

卜者来つて宮殿の凶事を語れば彼は喜んで之を祭れり、巫女来つて怨恨悪鬼を談ずれば彼は楽んで之を祭つて之を攘《はら》はんことを願へり、僧尼来つて幽魂を説けば、彼は欣悦して之を去らんことを祈れり、彼は自己の罪悪を償ひ自己の奮闘を慰めんが為めに、殆んど神経病人の如くになりぬ。

此迷信を去らんが為めに神霊君(14)と称せる巫女を宮廷に引聘せり、〔…〕彼を評するもの、曰く当時に於て王妃は国家の最大権勢者なれども宮殿の権勢者は寧ろ神霊君なりしと、恐らく此二人の婦人は不思議なる神経病に罹れる朝鮮婦人の代表者なりしならん。

（菊池謙譲『朝鮮最近外交史 大院君伝 付王妃の一生』）

「王妃」の「全盛」は「宮中の風儀」の「壊乱」によって説明づけられ、さらにその「裏」には

「震慄すべき秘密」や「悲惨なる暗黒」が想定されている。菊池が「妃の迷信」と呼ぶ王妃のふるまいは、例えば井上馨[15]やイザベラ・バード[16]なども、息子の王世子（のちの純宗皇帝）と結びつけて観察していたようだが、注目されるのは、文中、「彼の精神」が書きつけられるやいなや、その「精神」がいびつにゆがんだものとして形象されている点である。「精神」を埋めるべき「信仰」が彼女の「心血」に「存在」しない、という断定は、「精神」そのものの危うさと、「精神」を欠いた身体を想像させる。その連想には、「彼は一代の政事家なりと雖も、亦女性也、婦人也」と、またしても「女」という記号が結びつき、王妃を蝕む「精神的不安」は、まさに彼女が女であり、女の身体をもっていることによって熱い説得力を帯びるのだ。「自己の奮闘」と同時に犯された「自己の罪悪」によって「王妃」は「神経病」に冒されたという結論部では、女の悪が病に結びつけられて強調されている。

「王妃」が「ヘステリ」「神経病」など、病に接続されるその一方で、朝鮮国民、朝鮮半島の表象においても病の比喩が多用されている。

朝鮮国民の頭脳には、国家的観念極めて薄弱にして、国民的精神殆《ほと》んど欠乏せるにも拘はらず、支那文華を尊崇するの心甚しく深く、漫《みだり》に華夷の弁抔《など》を唱へ、日本人を視ては倭奴島夷となし、満州人を視ては胡虜となし、自ら小中華と称して沾々として其自ら支那化したるを誇揚するを常とす。〔…〕支那文化崇拝の結果は、更に支那本土崇拝の病となり、支那に対しては自卑自屈事大の主義に沈酔して、国民を挙げて復《ま》た独立自主の念なからしむるに至れり。〔…〕故に国民の無智無能無気力なること実に甚しく、殆んど蠢爾《しゅんじ》たる野蛮の民に異ならず。

（「朝鮮の国民教育」『日本』明治二九・五・二三）

「朝鮮国民」の、「国民精神」の「欠乏」した「頭脳」が、「支那文華を尊崇」する「心」と並べられている。これについては当時の「支那人」をめぐる言説論理と比較して考える必要があるが[17]、このような状況を「支那本土崇拝の病」と解釈する言説の構成にははっきりと、病の物語が反映されていよう。

「国民的精神」の「欠乏」を病として説明するこの記事の背景にあるのは、文明的な「国民」と「野蛮の民」の対比といった、典型的な二元構造である。「国民的精神」の中身は、直に定義されるのではなく、「野蛮の民」の「無智無能無気力」の対蹠として説明される。つまり、「国民的精神」の意味は空白なのである。ここでは、他者を否定的に語ることによって「われわれ」の肯定的な自己像を補強しようとする、国民国家の物語にありがちなパターンが踏襲されている。

同様の論理は、以下の記事にも見受けられる。

余輩《よはい》を以て之を見るに朝鮮国民たるものは毫《ごう》も国家的思想を有せざるものゝ如く随つて政治機関の組織の如きも仮に形式を具するも其精神に於て欠如する所あるが故に遂に運用の効を見る能はず今後仮令《たとひ》千変万転するも恐くは同一の結果に了《をは》らんのみ其病根を推せば則ち積年惰気《だき》の鬱結したるものにして今や已に羸痩《るゐさう》の極に達し扁鵲《へんじやく》華蛇と雖も亦之を奈何《いかん》ともする能はざる

ものならん国民の元気已に回復の望なきものなりとせば将来に於て最早之を政治上の国家として見ること能はざるに至るは必然の数ならん

（「朝鮮果して国と称すべき乎」『東京朝日新聞』明治二九・二・一九）

「朝鮮国民」を問題にするこの記事では、「国家的思想」をもたないということが「精神」の「欠如」という比喩を証立てる根拠とされ、その延長で「病根」の語が使用されている。「国家」が「国民」と相似を描くようにして身体化され、病による「国民」と「国家」の不具合が強調されるのである。

このように、「国民的精神」の欠如が病としてとらえられ批判されるという、病の物語のその先には、「国民的精神」のある「日本人」が「支那」や「朝鮮」を教え導くといった筋書が仄《ほの》見えていると言えよう。小説にあっては、それが露骨なかたちで表出する。

実にお互ひを医者とすれば、全く療法を誤つたに違ひない朝鮮の病患《やまひ》は頗る重い、今の内に治療をせぬと漸次衰弱に陥るとは、お互いの診断《みたて》であつた、〔…〕即ちお互ひに見込だより病毒が遙かに強くて、最早全身に廻つて居るから、此処では一番大手術を施し、骨を切り肉を殺《そ》ぎ、根底から毒を去る、決心がなくては不可《いかん》、然るにお互ひに此の国に居ると、局部に発した毒を見て片端から癒して行くので、外面には顕はれ得ず、頻りに毒は内部に廻る、斯る姑息の治療をして、今幾年か経過した後、一朝毒が吹出すと、到底助かる事は出来ん、〔…〕御心配に及びません、頼まれる医者はある、日本は外科の妙手です、随分是迄朝鮮には、姑息な薬を与へましたが一たび日本刀を取り、手術を遣ると決心すれば、頗る手際な事をします

（半井桃水「続胡砂吹く風」〈二〉『東京朝日新聞』明治二八・一・一八）

これは『続胡砂吹く風』の中心人物、林正元が、閔妃と敵対した開化派で親日路線の金玉均と朴泳孝をモデルとする「両君」、すなわち「金松筠」と「朴貞孝」に語りかけた一節であり、林正元については、父が日本人、母が朝鮮の両班《やんばん》の混血という設定がとられている。混血者としての林正元の、父母の設定に見られるジェンダーの配置は、混血をめぐる植民地主義的な論理をそのままに引用したものであり、朝鮮を女性化する言説の枠組みに則っている。

親日派とされた金玉均や朴泳孝になぞらえた人物を聴き手として登場させる引用場面で、林正元は「お互ひ」の語を用いて「朝鮮」の現状を憂いてみせる。小説の物語構造のなかには、「日本」と「朝鮮」の共通目的を仮構した上で、植民地主義的な欲望を論理的に正しいものとして紡ぎだそうとする力学が編成されるだろう。「毒」にむしばまれた「朝鮮」には「外科の妙手」である日本による「大手術」が必要だという物語の論理は、植民地主義を正当化することになるのだ。

文中には「日本刀」が現われているが、特に軍歌において、「日本刀」は「大和魂」や「日章旗」とともに、あらゆる戦闘を美化する絶対的な記号であった。(18) この小説のなかには、同時期の植民地主義的欲望を生々しいまでに写しとり、物語として再編する傾きがあらわに読み取れる。

さらにいえば、作中では、「閔党は毒ある手を、何処までもさしのべて」という叙述がなされ、

「毒」や「病毒」は「閔党」とその中心にいる「閔妃」につぎあわされているのである。

閔妃が女の病をもつと記されることと、朝鮮の国民的精神の欠乏が病として意味づけられることとは、比喩的なレベルで結び合っている。すなわち、朝鮮をメトニミーによって表象している閔妃は、病を介してメタファーとしても朝鮮と癒合してゆくのである。植民地を女性ジェンダー化して語る文法は当時広く浸透していたものであり、朝鮮、支那が日本との関係において女性ジェンダー化されていることについてはすでに議論があるが（五味渕[2000]、中根[2004：45-46]など）、そうした文法を下敷きにして、朝鮮の女性ジェンダー化は複層的に遂行される。

小説「続胡砂吹く風」の挿絵（『東京朝日新聞』連載第2回目）

朝鮮を支配する病んだ女の悪は、記されるたびに物語としての深みを増す。それをそのまま引用する小説は、他の言説ジャンルとの境界を溶かしあわせて、物語の力を言説空間に等しくゆきわたらせるのだ。

2　金玉均の暗殺

ところで、閔妃が暗殺される前年、新聞紙上を席捲していたのは、金玉均暗殺をめぐる情報である。暗殺には閔妃の意向が強く働いていたと言われた。

明治一五（一八八二・高宗一九）年の壬午軍乱後、閔氏政権の要職を占めた親清守旧勢力に弾圧されたため、金玉均ら開化派は日本の後押しで閔氏一族を打破しようと、明治一七（一八八四・高宗二一）年に甲申政変を起こした。クーデターは清国の武力干渉により失敗し、金玉均は日本に亡命する。『時事新報』が甲申政変について、「明治十七年の乱は金玉均朴泳孝の一類が公然閔族に敵して大事を挙げたることなれば王妃を始め閔族の為めに金朴は不倶戴天の仇にして其《その》遁れて日本に在るこそ遺憾なれ何とかして禍根を絶たんとするの一念は忘れんとして忘る可らず」（「朝鮮国政界の内情」明治二七・四・二〇）と報じてもいるように、政変後、日本に亡命した金玉均や朴泳孝に対し、閔氏一族は幾度も刺客を送ったとされ、そうした事情は当時もたびたび報道されていた。

明治二七（一八九四）年三月、日本から上海に赴いた折に金玉均はとうとう暗殺されるが、その死体が李鴻章によって朝鮮に送られ、さらに極刑に処せられた。この一連の事件は、日本の言論機関にみちあふれ、金玉均の死体処分をめぐり、朝鮮と清国への批判が展開されることになる。(19)

金玉均の暗殺時、新聞メディアには「就〔なかんずく〕中閔族一同の歓喜《よろこび》は又格別のものにして何れも得色揚々轎を列ねて登城をなし国王、王妃に謁して国賊討滅の祝詞を奉る抔殆〔など〕ど狂する許りに喜び合ひ」（『二六新報』明治二七・四・一五）と、閔氏一族が殺害に狂喜する様子が繰り返し現われ出ている。当然のことではあるが特に強調しておきたいのは、対峙する金玉均と閔妃の固有名が、同じ記事の内部にあって、真近に並びあっていることである。つまり、金玉均暗殺事件において、暗殺・極刑を司る閔妃は金玉均の名と対になっていたのである。(20)

新聞は争うように金玉均の死を書きたてるが、その死の叙述は詳細さを極めるかたちで紙面を覆っている。

洪[21]は金の臥床に近き短銃を以て金の左頰より後頭部に掛けて銃傷せしめしかば金は大に驚き起て房外に逃れ出んとする際一は左胸より後背に一は腹部右傍より弾丸を受けたり元来金の室は西南角の第一号なりしも驚き逃れて第八号室の前に至り此処にて気力尽きて戸外に倒れ二合余の血を吐き間もなく絶息せり〔…〕洋行の婢僕が楼上に至り変事を発見したるときは金氏既に絶息の瞬間なりしと

（「金玉均氏銃殺の顚末」『東京日日新聞』明治二七・四・六）

和田[22]は〔…〕金氏が鮮血に塗《まみ》れて斃れたるを見ては気も半ば狂乱し死体を抱きかゝへ声を限りに叫べども已に締《こと》切れたる後にして唯一縷の虫の息のみ此世に止まりしか〔が〕尚《なほ》微かに聞ゆるか聞えざるかにウーと唸るが如く之と共に口中より血を吐出せり〔…〕只見る鮮血未だ乾かざる金氏の死体は西方なる籐床の上に在り日本服を着け靴足袋を穿《うが》たしめ白布もて覆ひたり（金は銃殺に逢ひたる時洋服にて煩悶苦悩の余チヨツキの前部を悉く搔き破りたれば前夜の中に斯く着替しめたるなり）其顔面は蒼白色を帯び左頰に印せる血痕は疎髯《そぜん》を染め赭黒《しやこく》なる一団の肉を凸出し一見人をして凄惨の情を起さしむ

（「金氏銃殺の詳報（続）」『万朝報』明治二七・四・八）

新聞各紙に連日掲載され続ける金玉均の死の瞬間は、日を追うごとに増殖してゆく。金玉均の死についての情報量が増えるのにつれ、執拗な描写を伴った具体的な記述が増すという状況を受け、新聞記事を読む者の目には、文字が死のその瞬間を引き延ばしているかのように映ってしまうのだ。「血を吐き間もなく絶息」したはずの「瞬間」は、「虫の息のみ此世に止ま」った状態へと広げられ、膨張する。「口中より」「吐出」された生あたたかい「血」が文字のこちら側に滲みだしてきそうな、その「死体」はいつまでも「鮮血未だ乾かざる」状態のまま、物理的な存在感を得て、文字の連なりとして留まり続けるのである。

ところがその直後に、この死体は行方不明となり、「屍体は朝鮮に渡り該国にて極刑に処せられるゝならずやとの事なり」(「金氏の屍体紛失」『東京朝日新聞』明治二七・四・六)との風聞に紙面は騒然となる。「金玉均の遺骸は極刑即ち六断の刑に処せられたるが其の極刑を主張したるは前記の如く閔族一派なり」(『東京日日新聞』明治二七・四・二八)という情報に煽られるように、極刑「死屍梟首」を阻止し遺骸を守るべきだという論調は膨れあがってゆく。亡命後、岩田周作の名をもつに至った金玉均の取扱いについて「彼れ既に我国の姓名岩田周作を冒す以上は、先つ其国籍の如何を検討することは我国の本務ならずや、若し其死者にして我国籍に係らんか、彼遺骸なるものは決して之を朝鮮政府に附せしむるを得ず、我政府たるものは之を判明するまで先づ在上海領事をして支那政府に照会せしめ、遺骸の仮差押を求む可きなり」(「岩田周作の国籍如何」『日本』明治二七・四・二)などと、遺骸の所有権が主張されるのだ。こうした論議は「不審」「悔し涙」「遺憾」等々の語に飾られながら、閔妃に奪われようとしている金玉均を日本の側に引き寄せようとせずにはおくまい。

死体の行方、処置をめぐって物議がかもされるものの、結果として遺体は清国から朝鮮へと送られる。刑を被る金玉均の遺骸は、暗殺されたときと同様、新聞各紙上で克明に描写されてゆくことになる。

其の処刑の有様は先づ屍体を棺より取出し之を地上に伏せ切断に便にする為め首及び手足は木片を以て台に敷き最初は首を挽き切り次に右の手首より切り落し左の手は中腕を限りに切断し両足は足首の処を切り放ち胴は背部に庖丁目を入れたる如く深さ一寸長さ六寸づつ横に三ヶ所切り口を附せり是れを六断の法なりとす屍体六断せられたる後直に首と四肢とを梟木《きやうぼく》に釣したり梟〔ママ〕とは云へ実は水棹の古びたる如きもの三本を交叉し其の真中に眼の窪みと鼻の下とを便りに荒縄にてからめたる首を西瓜《すいくわ》を釣したるが如くに釣るし手足は別に一括となして首の後に釣し胴は切り口を附けたる儘地上に晒し〔…〕

（『東京日日新聞』明治二七・四・二八）

首から右手首、左腕、足首、そして胴が挽き切られ、切り落とされ、刃を入れられてゆく様が、身体が切り刻まれる過程として細かく念入りに描き出されている。紙面からは死亡時に着ていた洋服が警察に押収され、同行者の和田延次郎が死体を日本服に着替えさせたという様子がうかがえるが、死の瞬間の報道にも極刑のときの記述にも同様に、「日本服は八丈縞の綿入にして白金巾は其身体を覆ひたるものなるべし」（『二六新報』明治二七・四・二八）などと、「日本服」の文字がさりげなく書き込まれてもいる。

そもそも、金玉均は「日本人」によって「勇剛の風に化せられ」、「朝鮮人の無気力」から差異化された男として認識されていた（『時事新報』明治二七・四・一）。他方では、日本亡命後の金玉均の生活を「全く気挫け女色と賭博の外に余念なきの有様となりしかは一般《ぱん》の人気も衰え」（「金玉均に関する雑話」『二六新報』明治二七・四・三）と非難する声も聞こえていたのだが、そうした文脈は事件直後から後景化してしまう[23]。

金玉均の死体への暴力は、書かれれば書かれるほどに、日本服や日本名を身に纏った男への、ひいては大日本帝国への暴力として組織され、それゆえに、活字のなかには彼を殺し、さらに遺体を傷つける閔妃への憎しみの感情が醸成されてゆくことになるのである。

さらに「閔族」や「王妃」の容赦ない暴力は、金玉均の遺族へも向けられる。

朝鮮に於ける金氏の遺族は去る一七年の変乱後汪川郡々司《ぐんし》の許に奴隷として預けられ未亡人は毎日洗濯抔《など》に使役せられ少女は薪炊の労を執り居る由其女は今年十八歳にして韓銭五十貫文位ならば売却すと云ひたる事もあり元来朝鮮にては政治上の犯罪即ち国事犯人は大逆無道其罪《そのつみ》天地に容れられざるものとして殺戮殄滅《てんめつ》到らざる所なけれども婦女子は纔《わづか》に其命を助け韓語に所謂下人と為すこと常とす下人の賤まるゝ事は日本に於ける旧時の穢多の如きものにて常に甲乙《たれかれ》の間に売買せられ殆んど人間としては取扱はれざる有様なりと云へり

（「金氏の遺族」『時事新報』明治二七・四・一三）

伝聞された情報をもとに構成されるのは、「命」だけは「助け」られた「金氏の遺族」が階級の外に堕とされてゆく様相である。この記事では、明らかに「金氏の遺族」を虐待する王妃への非難が示されているわけなのだが、この種の報告に、王妃が直に登場するとき、虐待の内実はより激烈に記述されることになる。

又近くは故金玉均氏の妻兪氏は今猶ほ生存《いきながら》へ居る由なれども是は王妃が死に勝るの恥を与へんが為めにして人倫の許さゞる売女とならしめたり一時金氏の家来某これを視るに忍びずして名義を妾となすに托して引取りたりしが其事イツしか発覚して王妃の妨ぐる所となり又もや現に汚界に沈みつゝありといふ此等は僅《わづか》に一例にして其他《そのた》残忍無道の所為は算《かぞ》ふるに遑《いとま》あらず古昔《むかし》の草双子にも稀に見るものを今目のあたり隣国朝鮮に斯《かゝ》る事実のありとは驚く可き限りにこそあれ以て同国宮廷の紊乱を推知すべしと云へり

（前掲「朝鮮王妃は如何なる人ぞ」『時事新報』明治二七・七・一五）

「王妃」は「故金玉均氏の妻」に「死に勝るの恥」を与え、「人倫の許さゞる売女とならしめる」。その「残忍無道の所為」の強度は、「王妃」と「売女」という二元構造、すなわち「皇后」と「娼妓」の対関係を想起させながら、女のセクシュアリティに関する隠微な連想をいざなって、最終的には「宮廷の紊乱」へと結び合わされてゆく。「人倫」の外にある「汚界」に「沈」められた「故金玉均氏の妻」は、「恥」の語によって修飾され、「今」まさに「隣国朝鮮」をスキャンダラスに物語化しようとしているのだ。

「王妃」の「残忍無道の所為」を語りたがる欲望は、もちろん新聞メディアに限られるものではない。金玉均の妻をモデルにした人物について、「捉へられて獄《ひとや》の苦しみ、日々の拷問に皮肉《ひにく》は爛れ骨は砕け、目も当られぬ此身の有様」と、夫の死後、閔氏政権下で迫害された状況を伝えるのは小説『続胡砂吹く風』である。閔妃の悪は、金玉均という固有名を通して反復されてゆく。

もともと「宮廷の紊乱」を醸成する「王妃」の「残忍」さは、彼女の強烈な「嫉妬」の情に起因させられたものであった。冒頭で引用した福地源一郎の『張嬪』では、苛烈なまでの閔妃の暴力が直接描写されている。

> 王妃はから〳〵と打笑はせて『よくも口賢く言張つて我まで欺かんとは成《なし》つるよな、其詞遣《そのことばづか》ひや泣声にて、殿下を是まで汝が掌の中には弄び奉つたか、あな面の憎さよ』とて持たせたる白玉の骨の扇をば振上て、張嬪が顔へはつしと擲付《なげつけ》たまひ『その女一通にては白状せまじ、打据て喚《おめ》かせよ』と下知し玉へば。内官と〔ど〕もは打寄て、張嬪が衣も裳も用捨なく剝取りて脛も露はに裸躰《はだか》になし、背膂《せなしり》の嫌なく竹の笞《しもと》を振上《ふりあげ》て、りう〳〵と打据たれども、張嬪は素より其身《そのみ》に覚なき事なれば『あな痛や堪がたなや、許させ玉へ』と泣叫ぶ計《ばかり》にて白《まを》す事は無かりけり『扨《さて》もしぶとき女かな手段《てだて》を変て今一責《ひとせめ》して苦痛を見せよ』と荒縄もて両の腕《かひな》を後手に縛り、其端を松が枝に引掛て一丈許《ばかり》も釣し上げ、下交《したがへ》の紐をちぎり取り、藤の太き杖のしなへを持て、左右より内股かけて続《つづけ》さまに廿杖ばかりも打たせたれば、張嬪は肉破れ血流れて、歯嚙を成して絶入たり『此上は拷問せんも無益なり嬲殺《なぶりごろし》に命を絶《たて》よ』とて再び松か〔が〕枝より引下し、薬を

与へて息ふき返させ、やがて鈍刀《なまくら》を以て手足の指を一ッづゝ斬らせたれば、苦痛に叫ぶを、王妃は快気《こころよげ》に打見やり玉ひて『何《いか》に張嬪の賤婢《はしたをんな》、今ぞ汝が怨《うらみ》の報ひ思ひ知つたるか、己が成せる罪科が己に廻《めぐ》つて来れるなれば恨《うらみ》に思はゞ己と我身《わがみ》を恨むへし、誰を恨まん人なきぞ』と宣へば。張嬪は苦しき息に怒を成して『恨は人にあるものを、嫉妬の思《おもひ》に斯《かく》までも、我に苦痛をさせ玉ふか、人の恨のあるものか無《なき》ものか、今にぞ思ひ知らすべし、輪廻の車の廻るをば、必らず報ひ申さん〔』〕と眼《まなこ》に血汐を濺《そそ》ぎて睨み上れば『やよ其女下司《をんなげす》に口な利《きか》せそ』と宣ふ下より内官等は、銘々に刀振翳《ふりかざ》して肩とも云はず、胴とも云はず当るに任せて斫《きり》きざみ、遂に殺し畢《をは》りしは目も当られぬ張嬪が無慙《むざん》の最期、王妃が残忍、申すも中々愚なり

（前掲、福地源一郎『張嬪』明治二七年十二月、九三―九五頁）

引用したのは、王妃の「嫉妬」を一身に受け、虐待され続ける張嬪の苦難が描き出される全篇にあって、加えられる暴力が最高潮に達する場面である。全く身に覚えのない罪を負わされ、責められる張嬪にとうとう死が与えられる瞬間が描き出されている。

この物語の内部で、「背臀の嫌なく竹の笞」で打ち据えられる張嬪の裸体を見るのは、王妃の眼である。王妃は、張嬪の「裸躰《はだか》」の上に「苦痛」が与えられるのをまなざすばかりで、距離を以て眺め、相手の「苦痛」に震える「裸躰」を「快気に打見」ている。いつまでもどこまでも、張嬪の「苦痛」は王妃の瞳を充足させせない。王妃は血まみれになった張嬪の身体を、さらに「鈍刀を以て手足の指を一ッづゝ斬らせ」、「苦痛」を重ねることを望む。王妃の欲望は「肩とも云はず、胴とも

れるのである。

云はず当るに任せて斫きざ」まれた、「目も当られぬ」ような張嬪の「無慙の」屍において体現さ

苦痛にあえぐ身体を「鈍刀」で切り刻み、その過程を「快気に打見」る王妃の「残忍」なまなざし、こうした描写は明らかに、金玉均の死体に加えられた「極刑」との相似を思わせる。切り刻まれる身体や屍を見たがる王妃の、とどまることなき「残忍無道」な視線と欲望を物語の外側から欲し、まなざすのは、読者の瞳であっただろう。それはどこまでも尽き果てぬ、貪欲な力として記憶されたはずである。

その読者の側の欲望がどのようなものであったのかは、物語の敵役である閔妃に「朝鮮の呂后《りょこう》」の呼び名が与えられていることからも容易に推察がつく。なぜなら、その物語は、呂后や楊貴妃など、皇帝をそそのかし国を傾ける契機をつくりだした悪后たちの物語と同型であって、滅亡という結末を備えているのだから。閔妃の物語は、書かれ、読まれるそのたびごとに、読者が欲望した残忍な描写のその先で、朝鮮の滅亡を予感させてくれるのである。

物語を生産し、享受する側の欲望は明らかである。閔妃をめぐる物語には、朝鮮の滅亡をこいねがうメンタリティがはりついていたのだ。

そしてその物語には、アイヌや北海道をめぐって形成された、滅亡・死・女という想像力の環が反映され、病の物語が吸着している。ひとつの物語定型のなかには、無数の紋切り型が交錯しているのである。

3　王妃の死体

閔妃暗殺事件は、こうした言説構成の延長上に記述されていると見なければならない。

王妃の意見により訓練隊を解かんとの議ありしかば訓練隊は之を憤り第二大隊の一個大隊は今朝五時大院君を奉じて王城に向ひ同五十分城内に突入せり大院君は今猶王城に在り
大君主陛下及世子宮は無事
王妃の行衛知れず多分殺害せられたるならん
（「朝鮮京城の大変乱」『読売新聞』明治二八・一〇・九）

暴動の目的は王妃に在りといひ而《しか》して王妃は暴動の際行衛知れずといへば其安否は甚《はなはだ》気遣はしきものなり況んや王妃は城外へ逃れ出でたる形跡なしといふに於てをや昨日探聞したる処によれば王妃の安否は未だ分明ならず且これに付ては何等の公報達せずといふ然れども暴動後両三日を経て未だ其行衛の知れぬといふ筈はなし察するに王妃は尚宮中にあらん只今日まで無事なりとの報に接せざるを見れば王妃が宮中に於て危害に遇ひしとの想像は或は真に近からんか
（「王妃の安否如何」『読売新聞』明治二八・一〇・一一）

朝鮮王妃は去《さる》八日事変の際全く危害に罹られたりとの説は事実に近きものゝ如く当時宮中の女官三人殺害せられ居りしが其内の一人は慥《たしか》に王妃なりしといひ殊に侍従長ともいふべき洪啓薫も宮内大臣たる李耕植も同く惨禍に遇ひしとの説を伝へらるゝほどなれば王妃身辺の危急も想像するに足るべく而して其事変を距《さ》る七八日後の今日までも未だ王妃の在所分明せざる所より察するも正《まさ》しく変乱混雑の間に危害に罹られたるものと見て然るべきか又昨日仁川特電なりとて東京日々の号外として報ぜしものを見るに左の如くあり

八日変乱の混雑中一群の暴徒は王后陛下の寝殿に乱入し女官と覚しき婦人三人を引出し無残にも斬殺し其死骸は城外に搬出して焚棄したり而して其一人は正しく王后陛下なりしよし専ら伝説す云々

此記事も亦固《もと》より伝説に過ぎざれど必ず多少の拠る所なきにもあらざるべしと思はる

（「王妃の生死」『東京朝日新聞』明治二八・一〇・一五）

事件が起きたとき、メディアはそれを大院君によるクーデターとして報道し、同時に、変乱の原因が王妃にあることを伝えている。(24)「王妃」が「訓練隊」を解散させようとしたことが、「変乱」「暴動」の根拠とされ、「大院君」を頂いた「暴徒」が「王妃」のもとに向かったのだという状況が示されたのである。

同時に、王妃の行方がわからないことと、殺害された可能性とが、「多分殺害せられたるならん」「探聞」「察するに」「想像」「伝説」といった言葉によって記されている。記事は、行方不明となった王妃の身体を想像のなかで思い描くよう読者に促すようなスタイルで書かれているのである。

そこでは「王后陛下の寝殿に乱入」といった不穏な文字とともに、「若《も》し万一にも在韓日本人中の壮士輩に此計画に参与したるものありとせんか」と、「訓練兵中の日本服装者」が問題にされている（『東京朝日新聞』明治二八・一〇・一五）。「日本壮士にして今回大院君の為に利用せられ去る八日の兇行に加はり王宮に乱入したる者数人ありとの巷説信ずべきが如し」「韓人中王妃を弑したるは日本人なり〔…〕仇を復さざるべからずとの檄文を各地に散布する者あり」（「日本壮士の加担」『東京日日新聞』明治二八・一〇・一五）といった記事が物語るとおり、新聞紙面のあちらこちらに、事件に日本人が関与した可能性が暗示されていたのだ。メディアの時空には、悪后の物語の結末部がせりだし、それに関与したかもしれない「日本」の役割と、セクシュアルな色合いが組み合わされ、「想像」を刺激する構造が立ち現われている。

次第に王妃の死が事実であるということが認定されると、王妃の身体が切断され、殺害され、焼かれるといった状況が、王妃という文字それ自体を迂回するようにして描出されることになる。

王妃は二人の女官と共に殺害せられ其死骸は焚き棄てられたる事明白となり王妃逝去の事発表せられたり

右下手人の中には洋服を着し日本刀を佩《お》び居たるものありたりとの説あり

（「王妃逝去の事愈発表せらる」『読売新聞』明治二八・一〇・一五）

王妃の殺害　〔…〕貴婦人の二三宮女に擁せられて驚き逃げんとせるものあり壮士は之を見て直ちに駈け附けて先づ其片腕を斬り落せり二人の宮女は之を見てアナ痛ましと援け去らんとせしを難なく又之を斬り倒し次で片腕を斬られたる貴婦人の脇腹を刺せしにぞ何にかは以て堪《また》るべき其儘其所《そこ》に落命せり去れど彼等は固《もと》と王妃の御容貌如何《いかん》を知らざれば此貴婦人の余りに若く見えし為め王妃とは覚《さと》らずして尚血刀引提《ひっさ》げ物足らぬ面色して隈なく宮中を捜《さぐ》り廻りつゝありしやに聞けり後にて思へば此不幸無惨の死を遂げたる貴婦人こそ王妃なりしならん

（「京城事変の顛末」『読売新聞』明治二八・一〇・二〇）

「王妃」と「女官」「宮女」は入り混じり、特定されぬままに殺害されて、「後に」なってから王妃の斬り殺された事実が確認されている。「先づ其片腕を斬り落」とされた「貴婦人」は「脇腹を刺」されて「落命」したが、「血刀」によって「斬」られ、「刺」された「不幸無惨の死を遂げたる貴婦人こそ王妃」だったというのである。そして事後的に見取られる王妃の死や、その後の「廃后」をめぐる情報を伝える紙面には、「金玉均」の文字も数多く書き込まれている。

半島にも亦憂国の志士なきに非ず、閔族の専私彼の如く、国勢の紛乱彼の如くなるを坐視するに忍びず、一種革命的手段を取り、国王をして閔后を廃し、政権の統一と庶政の改善とを実行せんことを企つ、金玉均朴泳孝の如きは則ち其巨魁なりき、而して去明治十七年の変乱とはなれり。

不幸にして此変乱は目的を達せずして朴金皆蹶《つまず》き、身を以て僅かに我邦に逃れ、爾来十余年朝鮮志士の宿志を成すこと能はざりしと雖も、志士の胸中には一日も此計画を忘れず、以て昨年に至りしなり、閔后も亦夙に之を熟知せり、故に百万此徒の擠排に勉め、悉く之を仆尽して以て枕を高くせんと欲りせり《ママ》、現に刺客を我国に送り金朴両氏を刺殺せしめんとせしこと一再にして止まらず、金の終に毒刃に上海に仆れしが如き以て見るべし。〔…〕故に廃后の企は一朝一夕の事に非ず、〔…〕

（「廃后の企」『日本』明治二八・一〇・二六）

朝鮮半島の歴史を振り返りつつ、閔妃の金玉均暗殺の欲望を回顧するこの記事に示されているのは、閔妃が殺される事件を語る言葉の背後に、はっきりと金玉均をめぐる一連の記憶が横たわっていることである。

重要なのは、金玉均事件と閔妃事件の重なりが、物語のレベルでどのような効果を発するのかということである。ある身体が行方知れずになること、その身体が切断され、血が流れる、死体に暴力が加えられるといった出来事は、一年前の春先に起きたばかりであり、新聞を繰る者にとって見知らぬ新奇な事件ではあるまい。朝鮮をめぐる報道のなかで、血にまみれ、暗殺された二つの身体は交差する。そして二つの身体は、物語を新しい方向に展開させてゆく。あのとき男を殺した女が、殺される側として叙述されるという逆転は、女が報いを受け、葬り去られるという物語を生み出すだろう。

記事のなかの「想像」という言葉に留意したい。「探聞」「伝説」といった語句や推定の助動詞が重ねられ、王妃の死が「想像」のなかで描かれることは、読み手の側の想像力に飛び火する。かつて金玉均の身体から流れた血の記述、そして遺骸が切り刻まれてゆく執拗な描写が、ひそやかに、かつ不可避的に想起されざるをえないだろう。

王妃の身体それ自体を遠まきに、しかし直接に描写しようとする記事には、金玉均の死骸の叙述が接ぎ合わせられ、重層化した文字の連なりには過剰な描写が増殖して見える。

しかも事件は、寝殿で起きている。「寝殿」の語が書き記されることにより、性的でスキャンダラスな意味が附与されてゆく。閔妃の死骸が事件の当事者である男たちによって陵辱され焼き払われたという現実は公けには隠蔽され続けたが、(25)気配は行間に漂っている。閔妃の身体は、殺され屍体となって文字の連なりの表面に現われてくる。あたかも、固有名それ自体が身体化するかのような状況が、見えぬはずの光景を描写する活字の上に生じているのである。

暗殺の情景のなかには、金玉均の暗殺と「極刑」、あるいは「金玉均氏の妻」や「張嬪」をめぐる描写も呼び込まれてくる。「尋常女流の比にあらざる」ものとして「女」を代表し、表象していた「王妃」は、自分以外の女たちに思いのままに「恥」や「苦痛」を与えてきた。物語の敵役であり悪を代表する王妃の形象が、いちどきに想起されてくるだろう。

「王妃」のまなざしは、それらを快楽として欲望し、享受してきた。物語のなかの王妃は、誰に阻まれることなく、意に染まぬ人物を「斬」り刻むことができた。「残忍」という非難が、物語の内に在る「王妃」に届くことはなく、あらゆる批判や非難を彼女は退け続けてきたのだ。

悪后の物語への興味や好奇心は、結末に想定された滅亡という話型への期待と対になって肥大していった。それゆえに、王妃暗殺というスキャンダルは、物語を行き来させる「われわれ」の欲望を完結させる可能性をたしかにもっていたはずなのだ。

ただし、金玉均の暗殺と極刑や、小説中の「張嬪」への暴力が露骨に描写されていたのと比較すると、閔妃の死それ自体の描写量は少なく見える。金玉均の身体を執拗に書き表わした描写の欲望は、明らかに制限されている。反復される暗殺の物語には、文字に書かれない余白が生まれているといってよいだろう。

描写への遠慮は、暗殺されたのが一般の人間ではなく王妃であるということとも関係しているだろうが、おそらくそれ以上に、殺害に日本人が関与したかもしれないという情報と関わりがあるだろう。日本人が閔妃を暗殺したという事実は、「われわれ」読者共同体が欲望していた朝鮮滅亡の物語の末尾を微妙に狂わせてしまうのだ。

アイヌ滅亡の物語がそうであったように、物語の読者である「われわれ」は、滅亡という意味内容から自らを隔て、「われわれ」が傷つくことのない安全な領域で物語を受容することを欲していた。だから、たとえば半井透水の『続胡砂吹く風』に見られたとおり、あくまでも日本人は、閔妃を倒す朝鮮人の協力者でなければならないし、滅亡の原因は、朝鮮の側になければならない。つまり、滅亡の直接的な因果関係は、朝鮮の内部で完結されなければならない。暗殺の実行者として物語に直接日本人が登場することは、物語の上では不都合だったのである。

「日本人壮士」が王妃を殺すという出来事を正当化することは、「われわれ」のメディア共同体の論理においても、さすがに難しい。海外諸国からの非難も避けられないだろう。それこそ、「文明」

的な国家のふるまいから逸脱した「野蛮」で「残忍」な行為である。そこから直に、憎悪の完結としてカタルシスを得ることは、文明的な論理もしくは国民国家の論理として、到底不可能であっただろう。

こうした観点からすると、記事に頻出する「想像」の語のもうひとつの機能が明らかになる。「想像」の語は、物語の余白に意味を書き込み、疚しさを葬る装置として働いているのだ。かつての閔妃の果てしない残忍さを物語の余白に想像することによって、暗殺の物語には、悪徳の報いとしての死、という因果関係が描き込まれる。

だが、王妃を斬りつけた日本人壮士の姿を消去するはできない。むしろ想像力が作動すれば、寝殿で男たちが女を殺すという出来事は、性的なスキャンダルとして読解されずにはいないだろう。スキャンダルのもつセクシュアルな側面や、日本人壮士の姿が強調されれば、大日本帝国の正しさは損なわれてしまう。

このスキャンダルは両義的である。物語の末尾には、「われわれ」の疚しさによって、あいまいな違和感が刻まれる。それは決して、「われわれ」のメディア共同体にとって、正しくて心地の良い完結ではありえなかった。

活字空間の内に発生したこの疚しさの感触は、完結しそこねた閔妃の物語とともに、こののち何度も現われることになる。

4　メディアの殺意

では、こうした事態は朝鮮半島ではどのように報じられたのであろうか。『仁川府史』には、領事が外務省に向けて報告した内容を含んだ、次のような記載が見受けられる。

当地に新朝鮮と称する日刊新聞あり時に危激の筆を弄して人心を動揺せしめ針小棒大の記事を掲げて世人を驚かす事少からざるが目下同新聞は資金の欠乏よりして一時休刊して居るがため、此回の出来事も同記事に筆に載らず随つて其顛末も割合に世人の偏を知る所ならず是当港人心の平穏なる一原因とす。

明治二十八年十月十四日　　仁川　橋口領事

原外務次官殿

（『仁川府史』昭和八年仁川府発行、一三八三〜八四頁）

此回の事件と云ふのは乙未の変である。過激の筆を弄し針小棒大の記事を掲ぐるも、畢竟新聞紙経営上余儀なき手段として、購買者の歓心を買ふに外ならない。

王妃の殺害された事件、すなわち「乙未《ウルミ》の変」に関する情報が「世人」に知られず、「人心の平穏」が保たれたとする領事の安堵にも、引用する「府史」の書き手の記述にも、事件を「記事」として記す「筆」への怯えが滲み出ていることが確認できる。

ここに引用された領事の報告に言及する崔埈『韓国新聞史』は、「国母殺害事件に対して日本は細心の警戒を怠らなかった」ことの証左としてこの報告文を挙げ、「明成皇后が日本人新聞記者や浪人らの手で殺害されたが、当時の朝鮮には韓国人の新聞がなかったためにこれを報道することができなかった。日本人の新聞はもちろんこの事実を黙殺していた[26]」と述べている。彭元順によると、当時の朝鮮半島では、『漢城旬報[27]』(一八八三―八四年、純漢文)、『漢城周報』(一八八六―八八年、国漢文)の廃刊後、日本人の発行による日文新聞のみが発刊されていた時期が続いており[28]、閔妃暗殺事件当時は新聞の空白期であった。そのため、韓国人による新聞は一つも存在せず、朝鮮の民衆が事件の真相を知る術はなかったという(彭[1991:17-23])。つまり、日本語新聞による言説は、対抗コードをもたぬままに流布していたのだ。

しかも、暗殺に関わっていた日本人のなかには、多くの新聞記者の名が認められる。この時期にもっとも影響力が大きかったと言われる新聞は、安達謙蔵[29]らが明治二七(一八九四)年末に創刊した日本語新聞『漢城新報』で、崔埈も言及しているとおり、同新聞は日本の外地機関誌の性質が強い。つとに指摘されている事実ではあるが、社長の安達謙蔵をはじめ、同紙編集長の小早川秀雄[30]、主筆の国友重章[31]、あるいは先に引用した『朝鮮最近外交史　大院君伝　付王妃の一生』の著者で、当時『国民新聞』の記者、のちに『漢城新報』主筆をつとめることになる菊池謙譲など、王妃の暗殺に数多くの新聞記者が直接に関わっていたという事実にとくに注目しておきたい[32]。公使の三浦梧楼、領事官補の堀口九万一[33]をはじめ、日本政府による退去命令を受けて帰国し、広島監獄に収監された者は四八名いるが、そこに記された職業の項目には「新聞記者」「新聞社員」の文字があまりに多い[34]。

現地にいた公使や外務省関係者、軍隊関係者から民間人まで、多くの日本人が関わって、他国の王妃を殺害するという、類を見ない国際的犯罪であるだけに[35]、この点にのみ焦点を当てて事件の本質を議論することはむろんできないが、それでも新聞を製作する側にある人間が新聞の言語につねに接し合った存在であると考えるなら、新聞記者たちの認識が、メディアの言語のなかに練り込まれた同時代の物語や論理に深く貫かれたものであることは否めまい。

「王妃」をめぐる悪しき女の物語の結末に現実に関わった新聞関係者たちの感情は、メディアの言語の上に生成された「王妃」への悪意や殺意の具体的現われにほかならない。新聞メディアのなかに醸成された王妃への殺意、王妃暗殺に直に関わった新聞記者たち、事実を黙殺し、王妃への悪意をもとに事件を物語化する日本語新聞。王妃暗殺事件とは、新聞というメディアが多方向から関わったスキャンダルだったのである。

あるいは、メディアにおいて身体が切り刻まれるグロテスクな叙述が反復された点について、マクルーハンが『メディア論』のなかで唱えた「感覚麻痺」に即してとらえることも可能だろう。メディアによって拡張させられた人間の身体が過度の刺激によってストレスを受けると、中枢神経は器官や感覚、機能を切断したり分離して、感覚麻痺の状態に陥らせる、とマクルーハンは述べているが（McLuhan［1964＝1987：43-49］）、こうした事態は戦争報道をメディアによって体験した身体の上にも起きていたと思われる。

大量の身体が殺害され、病死するという出来事を活字メディアの上で経験してしまうこと、それは情報を書き記す側の身体にも読む側の身体にも、過剰な負担と緊張を強いるものであったろうし、感覚を麻痺させねば凌げぬような状況であっただろう。

そしてだからこそ、自らの身体が傷つけられる可能性に過敏に反応するあまり、他者化された身体を詳述しようとする反動が生じることにもなる。第二章でも確認したように、自らの身体をめぐる不安は、他者の身体に投影され、他者を語ることでその不安は目に見えないものへと転化される。男の身体は記述されず、女の身体ばかりが語られる。それと同様の構造のなかから、金玉均暗殺と極刑からはじまる、殺害される個体を描写したがる欲望が生まれてくる。新聞記者の身体は、そうした構造のただなかにあったのだ。

さて、ちなみにその日本語新聞『漢城新報』の「大日本明治二八年一〇月九日」と日付のある雑報欄は、「大院君王宮に入る」とはじめられるが、日本で発行されている他の新聞とまったく同様に、大院君が訓練隊を率いて起こしたクーデターとして事件を報じており、なかには「大君主陛下及び王太子宮殿下は何れも御無事」、「王后陛下は御所在知れずと云ふ」の文字が見える。(36) 対抗言説を意識せぬまま垂れ流された言葉の束は、記者の関わった現実を封印するようにして、事件の真相を見えにくくする。

事件の直後、三浦梧楼は、この事件が大院君を戴いた訓練隊のクーデター、すなわち大院君派と閔妃派の争闘であり、日本の守備隊はその紛争鎮圧のために出動しただけで、日本人は無関係であったという嘘を通そうとした。だが、王宮護衛の侍衛隊教官であったアメリカ人M・ダイ、ロシア人の電気技師サバチンという二人の欧米人が現場にいたため、その証言によって真相が明るみに出て、事件は国際問題と化したのである。大日本帝国側は三浦公使を解任し、関係者と目される日本人を本国に召還して広島監獄に拘置した。一方、朝鮮では金弘集内閣が日本の圧力に屈するかたちで、十二月二十八日に李周会、尹錫禹、朴銑の三人を閔妃殺害の真犯人にでっち上げて処刑する。その結果、三浦ら四八名は全員無罪として釈放されるのである（姜（在）［1998：156-160］）。

それでも、日本人が王妃を殺害した、という噂は拡がり、国母復讐論は激烈に展開される。[37]『韓国新聞史』第四章のなかでは、「独立新聞」創刊の契機となった、内閣総理大臣署理・朴定陽の詔書に、新聞のないために殺害事件が国内外に広く知られずに終わってしまったこと、ゆえに新聞が必要であるとの建議があったことが指摘されているが、[38]その『独立新聞』の英字版には、反復的に「The murder of the Queen」「the terrible affair of last October」といった文字が見受けられる。

言葉の記憶には、闇がはらみもたれる。王妃暗殺をめぐる記憶は、そののちに起こる暗殺というスキャンダルにおいて繰り返し現われ出ることになるだろう。メディアが関わり、その忘却にも加担した出来事は、再び「記者」の「筆」によって記される未来を待っている。

5　皇后の国葬

暗殺事件の後、公けにはその死が秘された段階で「廃后《はいこう》の詔勅」が出て、王后の称号を剝奪された閔妃は「庶人」になる。だが、すぐさま「嬪号《ひんごう》」の称号が下賜されて、さらに「廃后の詔勅」自体が取り消される。そうした出来事をめぐる報道は、閔妃を取り巻く物語を再編成しながら、彼女の死を更新してゆく。

死の直後、大日本帝国側の意向にそって強制的に出された廃后の詔勅は、閔妃の悪を強調するものであった(39)。

王妃を廃する詔勅出たり

朕〔朝鮮国王・高宗のこと〕臨御三十二年治化洽《あまね》からざる内に王后閔氏其親党を引き朕の聡明を蔽ひ人民を剝ぎ朕の政令を紊《みだ》し官爵を売り貧虐地方に普《あまね》く盗賊四起宗社危し朕其悪《そのあく》極るを知り之を罰せざりしは朕の不明に依るも亦其党与《そのとうよ》を呼起せしに依る朕之を圧抑《よくあつ》せん為めに昨年十二月宗廟に誓告し后嬪宗戚《こうひんそうせき》の国政に干渉するを許さずと閔氏の悔悟を望みしに閔氏旧悪を悛《あらた》めず其党与と群小輩を私《ひそか》に引進し朕の同姓を差離し故《こ》国務大臣の引接を防遏《ぼうあつ》し又朕の軍隊を解散すと朕の旨を矯《た》め乱を激し事変起りしに朕を離れ其身を避け壬午の往事を踏襲し尋ぬるも出でず是王后の爵徳に適はざるのみならず其罪悪貫盈《くわんえい》す朕已むを得ず朕が家の故事に謹み倣ひ王后

閔氏を廃して庶人となす　（「廃妃の詔勅」『東京朝日新聞』明治二八・一〇・一二ほか）

並べられた文言は各紙にひとしく引用され、また件の『漢城新報』においても同様の報じられ方をしている。ここに、「王后閔氏」の「悪」は朝鮮国王の名のもとで「罰」せられることになったのである。「嬪号」の下賜、「廃后の詔勅」の取り消しが報道される過程でも、閔妃の悪自体が否定されることはなく、たとえば「朕王太子の孝誠と情理とを顧念し特に嬪号を廃庶人閔氏に賜ふ」という詔勅を伝える記事には「仮令《たとえ》其の罪悪をして天下に貫盈《かんえい》せしむるも廃して庶人と為すに終らしむるは親子の情義に於て忍ぶべからざるのことなり」（『日本』一八九五・一〇・二二）とある。閔妃の「罪悪」が強調され続けることには、彼女の死を因果応報的なものとして自己完結させようとする力学が働いていると言ってよいだろう。

廃后の詔勅が取り消された後には、「国葬の時日は未だ決定せられず。聞くごとくんば、古来当国の例として、およそ六十日をも経過して後挙行あるも、王后閔氏に至りては、崩逝の時より既に日数を経過し居れば、その国葬時日の決定さるゝも近きに至らんと云ふ」（『東京朝日新聞』明治二八・一二・一五）などと、閔妃国葬の延期が幾度も各紙で取りざたされているが、いまだ閔妃の国葬が行なわれずにいる間、日本では英照皇太后が死去し、その報道記事が各紙を満たすことになる。

皇太后陛下には昨十一日午後四時より御脈細く御呼吸御困難にて御疲労を加へさせられ五時三十分頃より御大漸に陥らせ給ひ同じく六時と申すには終に敢《あへ》なく崩御ましましぬまことに国民

挙《こぞ》りて痛悼し奉るべき極《きわみ》になん　（「皇太后陛下の崩御」『東京朝日新聞』明治三〇・一・一三）

「皇太后」の死の描写は、次第に弱まる生命の様子を、適度な距離をもって伝えようとする配慮に満ち、「御大漸」から「崩御」に至る状況の移りゆきが淡々と報道されている。そうした姿勢は葬儀を報じる際にもなんら変わらない。

七条停車場《ステーション》より烏丸通、三條通、堺町通を道楽の声憐れに哀しく粛々としていとも静かに打たせ給ふに道の両側に未明より堵列《とれつ》せる幾千幾万と数限りなき青人草、感愴《かんそう》痛悼の至《いたり》に堪へず忍び音に泣き鼻うちすゝり〔…〕　（「殯宮着御」『東京朝日新聞』明治三〇・二・五）

整然とした哀悼の感情を構成する叙述のなかに、その秩序を乱しゆるがす要素はない。皇太后の葬儀の様子は、静寂に包まれて、厳粛な空気のなかで執り行なわれ、それはいつまでも延期されて行なわれずにいる朝鮮国の王妃の国葬と、極めて鋭い対立をかたちづくっていた。

ところで、英照皇太后の亡くなったその年の末、朝鮮では国号が大韓帝国に改まり、国王が皇帝として即位するのだが、(40)このとき閔妃には「皇后」の称号が与えられ、「明成」の諡号《しごう》がおくられる。

その事実を受けて、皇帝即位の翌月執り行なわれた国葬を報じる記事のなかでは、「故閔后《びんこう》国葬」「明成皇后即ち故閔后の国葬」「韓皇后大葬」（『東京朝日新聞』明治三〇・一一・二七）、「韓国皇后の葬儀」「韓国明成皇后」（『東京日日新聞』明治三〇・一一・二六）などの語が使用されることとなるのだ。

閔妃が「皇后」と呼び換えられることによって、新たな局面が召喚される。

英照皇太后の葬儀と対照を描いていた閔妃の国葬は、実際に報道されるとき、「皇后」の文字に媒介されて、皇太后の葬儀と親和してしまう。「皇后」の記号は、その記号的強度によって、閔妃という女の物語を浸蝕してゆくことになるのである。

先帝時代の英照皇太后の物語は、理想化された女の物語に等しい。

皇太后陛下御慈愛の深くおはしましゝは何事にも限らせ給はず先帝と〔ママ〕陛下との御中《おんなか》いと睦まじく渡らせられ入内より二年目に早や目出度も御懐妊あらせ給ひ程無く嘉永三年十一月四日に御生誕あらせ給ひしは即ち先帝第一の皇女にましまして〔…〕中山邸の御産殿に於て皇子降誕あらせらる祐宮《さちのみや》と称し奉る是即ち今上天皇なり〔ママ〕陛下之を聞召され殊に皇子なるを御喜び遊され此上は御養育に一層心を用ふ可しと宣ひて内親王の御養育の或は御鄭重に過ぎて却て御繊弱に陥らせ給ひしことゞもに鑑み給ひ此度《こんど》皇子御降誕に付ては何卒御健全を得させ給ふ様にと御養育の方法御程度など色々と御心をいれめさせられ皇子女御養育法の御改良を先帝に御勧め遊ばされしかば〔…〕

（「御逸事（四）」『東京朝日新聞』明治三〇・一・二〇）

強制的異性愛制度のなかで、皇后という記号には、家庭内の生殖を目的とする生殖セクシュアリティのみが附着し、その他いっさいの性的要素は取り除かれている（第二章参照）。子供を生み、養育に力を尽くす「皇后」の物語と閔妃の物語が交差したとき、皇后をめぐるイメージが閔妃の物語を上書きせずにはおかないだろう。女をめぐる表象の構造において、もっとも次元が高いのが、理想化された皇后の物語だからである。そうした操作によって閔妃殺害というスキャンダラスな事件のなかの、欲望にまみれた性的要素が塗り潰される。閔妃という文字の携えるグロテスクな記憶が蚕食されてゆくのはこの地点からである。

繰り返すが、閔妃暗殺事件を語る記事のなかには、加害の真相がちらついていた。「京城事変（閔妃事件のこと）に邦人の加はれる者あり、而して閔后会々《たまたま》害に遭ひ、兇刃の下に殪《たお》れしを以て、往々邦人の所為なりと伝へ、廃后の企までを併して邦人の発意に出でしかの如く言囃すものさへあれども」（前掲「廃后の企」『時事新報』明治二八・一〇・二六）、「八日変乱の当時訓練隊中本邦人若干の混じ居たりとの説一部に盛なりしが其後究極したる所に依れば彼等の多数は韓人の和装したるものなるを発見せり」（「韓人の和装」『東京日日新聞』明治二八・一〇・一三）といった記事からは、物語が綻びるように、加害者としての日本人の姿が現われ出てしまっている。だが、罪は「われわれ」を迂回して、「王妃」の側に附着させられる。

すなわち、事件を語る典型は「一朝の事変栄枯地を異にし昨日迄は飛鳥《とぶとり》も落さん勢《いきほひ》ありし王妃も今は無慚の刃の下に非命の横死を遂げたるのみか廃妃の詔勅下ると共に永く祀られざるの鬼となる自ら招くの罪少きにあらざるべきも此悲惨の末路を見る者誰か酸鼻の感なからん」（『時事新報』明治二八・一〇・二二）というものであり、王妃の死は、その直後から王妃自身の責任として記されてゆくばかりなのだ。

　こうした言説のしくみを支えているのが、定型化された物語の力である。死の約一年後、「朝鮮国王の嬖人《へいじん》厳尚宮」を報じる記事のなかで、「男増《をとこまさり》の閔妃」の「妬心深」さや「烈火の如く」の「憤り」は慣れ親しんだ物語をつくる要素として据えられている。

　朝鮮の呂后《りよこう》と呼ばれて威権八道を震ひ動かせし男増の閔妃薨去《こうきよ》の後国王に近侍して後宮の寵を専らにする嬖人《へいじん》二名あり一を厳尚宮《げんしやうきう》と云ひ他を金尚宮と云ふ厳氏は閔妃の存命中既に国王の寵幸を得たるを以て例の妬心深き閔妃は争《いか》でか余所目《よそめ》に見るべき先の嬖人趙氏（義和君の生母）と同様搦め捉へて生命をも失はんとするの色仄《ほのみ》見えければ国王は厳氏を出して民間に身を忍ばせ特更《ことさら》に鄭落鎔なる者を江華府の留守に任じ官銭を以て厳氏の身を賄ひ何《な》に不自由なく其日を送らしめたるが隠すより顕はるゝは無く此事何時《いつ》しか閔妃の許に聞えて烈火の如く憤り鄭を責めて死罪にも行はんとしければ鄭は吃驚《びつくり》して有る丈の智恵を絞り要路の人に賄賂を送りて僅かに免かるゝを得たりと云ふ閔妃の厳氏を悪《にく》むこと此《かく》の如くなれば好機失ふべからずと閔族の輩は是より後己れに不利の朝臣を推退《おしの》けんとする毎に何某《なにがし》は潜《ひそか》に厳氏を助け居る其次第はしか〴〵と有る事無い事引括《ひつくる》めて閔妃に焼付くれば此方は嫉妬に是非善悪の差別《けぢめ》もなき事とて云ふが儘に誅捗《ちゆちよく》を行ひ其効能覿面《てきめん》なりしを以て果は他の族党に対するのみならず諸閔相擠排《せいはい》するにも亦厳氏を口実にしたりとは人情紙の如き彼国に在りて相応しき事なる可し然るに其後局面一変して政府の変更と共に閔妃も果敢《はか》なき最後を遂げ大院君は国王を慰むる為め厳氏を再び宮に

招き今現に国王の寵幸を専らにするに至りければ前に厳氏を助けて閔妃の怒に触れ今漢城府判尹の役目を蒙る鄭落鎔は前因縁を温《たづ》ねて頻に軍務大臣を望み居ると云ふ因果は廻る情実政治の状態奇にして奇にあらず朝鮮宮廷の内情も亦面白いかな

（「朝鮮国王の嬖人厳尚宮」『時事新報』明治二九・九・三〇）

「閔妃」が「薨去」した後の「後宮」を描出しようとする記事には、「閔妃」の「妬心」「嫉妬」が、執拗なまでに幾度も呼び出されている。現在「寵を専らにする嬖人二名」のうち、特筆されるのは「厳尚宮」で、彼女が「嫉妬に是非善悪の差別もなき」状態にある「閔妃」から迫害された様相が「先の嬖人趙氏」と比較検討されるように記述されている。

閔妃の死を「局面一変して政府の変更とともに閔妃も果敢なき最後を遂げ」と挿入した上で、暗殺事件以前に使用されていたのと同じ枠組みで物語が叙述されていることに注意したい。閔妃暗殺という出来事を物語の定型に流し込むことによって、不安定な物語の結末には、もういちど物語の型があてがわれているのである。

ここにおいて「閔妃」の「嫉妬」や「怒」は、紋切り型を安定させる要素に成り果てていることに気づく。「趙氏」と同じように閔妃から抑圧された「厳尚宮」が「生命をも失はんと」した「局面」は過ぎ去り、「朝鮮宮廷の内情」は「廻る」「因果」が終結した地点に立ったのだという認識が、閔妃の物語を過去へと送りだそうとする。「王妃」は「因果」の枠の内奥に閉じ込められ、物語のゆがみは塗りつぶされる。

あるいは、閔妃に皇后の名が与えられ、国葬が行なわれるまさにそのとき、新しい王妃厳尚宮が王子を生んだことが報じられる。

国葬　延引又延引何時《いつ》果つ可しとも思はれざりし国葬も愈よ此度は実行せらるゝ由に聞けり厳尚宮已に王子を生みて貴人の称を受けたれば仮令《たと》ひ別に皇后の冊立あるも又其権力を被はるゝの患なきゆゑ是には最早厳氏の故障も無かるべく従て他の故障も消滅したる可ければ国葬の実行も今度は信ならん

（『時事新報』明治三〇・一一・二七）

厳尚宮　去る二十日王子の降誕ありしが為め宮中にては夫々《それぞれ》例に依りて祝典を行ひ翌二十一日より七日間は刑罰を停め各官衛学校等へは皆休暇を給ふて敬意を表し百宮孰《いず》れも慶運宮に進賀したる由なるが厳尚宮は国王が皇帝の位号を用ふる順序よりして近く皇妃に進めらるゝ筈にて宮中の内儀已に略《ほ》ぼ決定し不日《ふじつ》発表の都合なりと云ふ今日より已に故閔后の再来を観るが如きに至らざる可きかと杞憂を抱く者尠からず

（『時事新報』明治三〇・一一・二二）

ここには「故閔后の再来」を「杞憂」する身振りがある。閔妃の死は、彼女の悪に与えられた報いとして、幾度も幾度も完結させせられる。「皇后」として「国葬」を迎えるとき、閔妃の文字は皇后という記号によって脱色され、身体をめぐる記述の記憶からスキャンダラスな要素は斬り落とされ、書き古された物語ばかりが読みとられる。閔妃という文字のまわりに漂っていた不安やうしろめたさは、閔妃暗殺の瞬間を悪后の物語定型へと括り込むことで封印される。物語は、閔妃の死を因果に拠るものとして過去において完結させせ、歪められた結末を葬ろうとする。

「再来」が「杞憂」される悪しき女の物語は、閔妃を主人公とする苛烈なスキャンダルの特異性を一般化せずにはおかない。事件のリアリティと結びあった描写は、陳腐な物語によって上塗りされ、悪后の物語は、消費され尽くして飽きられ、閔妃という固有名はどこかに行方をくらまして、物語の定型だけが生き延びるのだ。

言葉は降り積もり、ゆっくりと時間が流れ重なり、いつしか閔妃という文字は日本語の物語のなかから姿を消す。

第五章　死者たち

憎しみを一身に負うように「朝鮮」を代行表象し続けた王妃の亡き後、メディアの時空にはスキャンダラスな物語への欲望がゆきめぐる。ナショナリズムや植民地主義と結びあって熱を帯びる物語の力学を、死者の記憶を語る言説や暗殺の報道と関連づけながら検討してみたい。

この章では、「閔妃《びんひ》」の国葬から彼女の再来として語られた「厳妃《げんひ》」の死亡が伝えられるまでの十余年間に焦点を合わせ(1)、メディア上に現われた死と暗殺をめぐるスキャンダラスな物語について考える。それは、日韓議定書(2)、第一次日韓協約(3)、第二次日韓協約(4)、第三次日韓協約、韓国併合条約(5)が結ばれて、大韓帝国が大日本帝国による侵略によって「併合」される時期に相当している。二つの帝国の間に暴力を介した関係が紡がれる過程では、歴史的な出来事が物語によって総括されては、当の物語を構成していたはずの細部が切り捨てられ、忘却されてゆく。

朝鮮をめぐる物語は、主人公を次々ととりかえながら消費されることになる。弄ばれ、飽きられ、忘れ果てられてゆくまでの間には、病の比喩や物語、女性ジェンダー化の作用と女たちの物語、植民地主義的な物語や思考など、見慣れた定型や紋切り型が繰り返し姿を現わす。そしてその紋切り型は、物語の主人公たちに附着してそれを差別化し、有標化し、使い棄ててゆくのだ。物語に登場する主人公は、閔妃から厳妃へ、そして厳妃の子である皇太子へと移ってゆき、それら主人公たちと深い関わりを持った大韓帝国の皇帝や伊藤博文、大日本帝国の天皇もやがて物語の磁場へと引きずり込まれることになるだろう。

スキャンダラスな物語を希求するメディアの欲望は肥大し続ける。

1　王妃なき朝鮮

高宗は、義兵闘争に乗じて起こった親露派のクーデターによってロシア公使館へと移され（いわゆる「露館播遷《はせん》」）、明治三〇（光武元・一八九七）年二月、王妃・閔妃が殺された景福宮ではなく慶雲宮へと還宮すると、八月には年号を光武と改元し、その年の十月には帝政への移行を示すために「皇帝」に即位して国号を「大韓帝国」に改めたのだった（姜(在)［1998：174-76］、海野［1995a：111-113］）。

このとき、日本語の活字メディアの上では、「皇帝尊号《そんごう》」に関する列強各国の「承認」「不承認」が取り沙汰されている。そうした情報とともに大韓帝国の「京城」から特派員たちが伝えもたらすのは、厳尚宮をめぐる話題だった。

厳尚宮王子を生む　国王の最も寵遇を受け宮中の一勢力として隠れなき厳尚宮は昨年以来屢々

懐妊の噂あり殊に此程の如きは既に王子を分娩したりとの風説さへ伝はりしが愈々今度王子を分娩したり王太子義和君外に今又嬖人《へいじん》厳氏に此事あり此後《こののち》宮中の紛糾朝野の党争是等の三王子に起因して益々甚しからんとするは今より予想するに難からざるべし

（「京城特報」『時事新報』明治三〇・一一・二）

「厳尚宮」は、「噂」と「風説」の中心に据えられ、「王子を分娩した」ことは「宮中の紛糾」の新たな要因だととらえられている。「厳尚宮」は、宮中の乱れを生みだす記号として懸念のただなかに置かれるのである。王子の生誕によって現われた事態は、前章でも引用したように、閔妃の国葬を報じる記事に混じり入り、「厳尚宮は国王が皇帝の位号を用ふる順序よりして近く皇妃に進めらるゝ筈にて」、「故閔后の再来を観るが如きに至らざる可きかと杞憂を抱く者少なからず」（「京城特報」『時事新報』明治三〇・一一・二）などと伝えられていた。こうした話題のなかで、問題になるのは、厳妃が閔妃と同じよ

朝鮮王朝の系図

（本書に登場する人物を中心にした朝鮮王朝の系譜で、引用した日本語資料における呼び名も併記した）

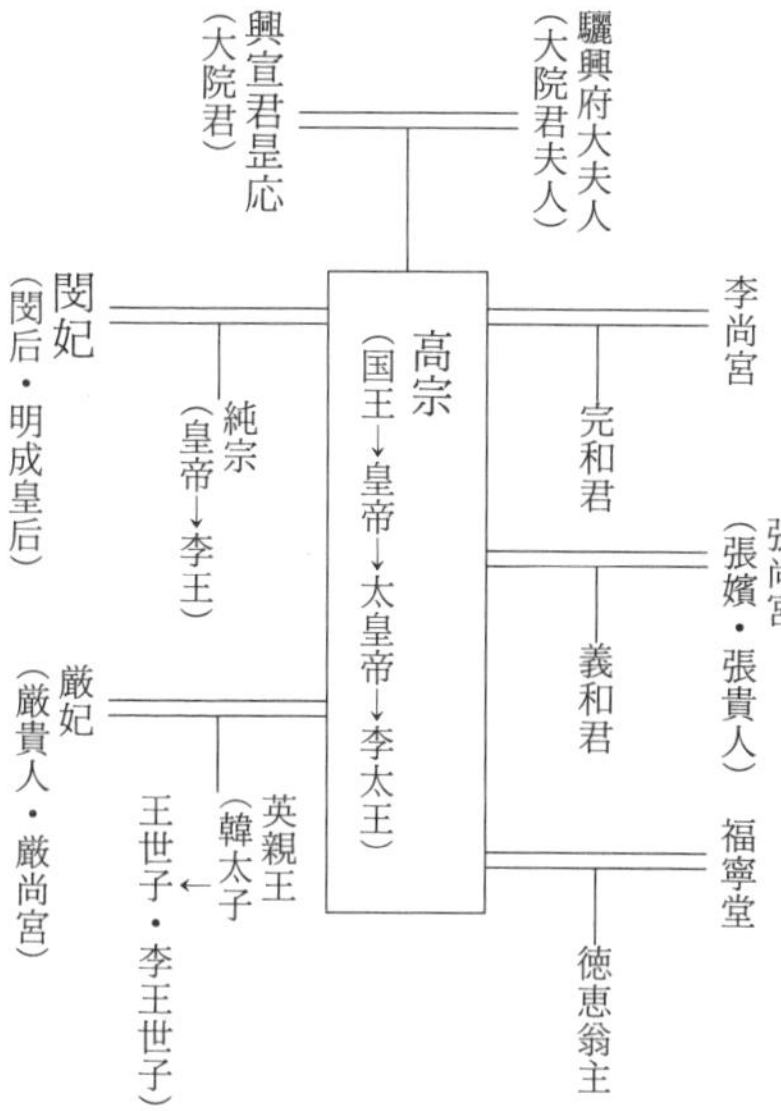

うな立場を得るのかどうかということである。
新しい「妃」の位置が王子の誕生によって安定したので行なわれたとも伝えられた「国葬」は、次のように記述されている。

国葬鹵簿《ろぼ》〔行幸・行啓の行列の意〕〔…〕大小の旗、燈籠を附したる槍、傘等の類にて当国の鹵簿普通なるものは其煩《そのはん》を避て記載を省略す
茲《ここ》に最も記すべきは鹵簿中の官員、下人、拝観の人群、都て《すべ》皆喃々《なんなん》相語り哄然相笑ひワイ〱声を立て其喧噭の状其気楽の様我国に於ける田舎の神社祭礼に於ける光景と一般なり一人の哀悼尊敬の情あるものを見ず、一点の静粛なる光景を留めず唯喧噭《けんがう》雑沓に始て喧噭雑沓に終れりと評せんのみ平素徒らに慷慨《かうがい》悲壮の文字を臚列《ろれつ》し国母の復讎《ふくしふ》を論ずるもの果然唯宮廷に佞媚《ねいび》して官爵を求めんとするに在り他に一片の赤心なきを証するに余りあり嗚呼人心の去る豈《あに》今の韓国より甚しきものあらんや
（「韓国大葬（一）」『東京朝日新聞』明治三〇・一二・一）

「省略」をまぬがれ、「最も記すべき」こととして詳述されるのは、「国葬」に連なる人々の「喧噭の状其気楽の様」からは「哀悼尊敬の情」をうかがい見ることができない、といった点である。この「国葬」と比較されているのは、「我国に於ける田舎の神社祭礼に於ける光景」であるが、差異を刻むものとして暗に参照されているのは、「我国」の「国葬」にほかなるまい。新聞メディアでは、英照皇太后の死後、「延引」されることもなく営まれた「国葬」の「静粛なる光景」が伝え

られたばかりである。国葬とは「哀悼尊敬の情」や「静粛なる光景」によって統御されるべきだという認識が、日本語メディアを通じて情報を交わし合う「われわれ」の共同体には共有されていただろう。

さらにいえば、この「記載」は「国母の復讎を論ずるもの」への警戒に基づいて書かれている。記者が否定しようとするのは、国母復讐論である。記事の上には、だからこそ復讐を意味する「梗概悲壮の文字」を反証するものばかりが「記載」されるといった逆転が読み取れる。注意すべきなのは、こういった記述に「日本人の拝観者に対して韓人の別《〔ママ〕》敵意を表するもの無く皆無事に拝観を得たるは彼我の幸《さいはひ》なりし」（「韓国大葬（二）」『東京朝日新聞』明治三〇・一二・二）といった情報が附記されていることである。そもそも「国母の復讎」は、ロシアと密接に関連づけられて報道されていたのだった。

高宗と厳妃

国母復讐
夫《か》の国母の讐報《しうはう》せざる可からずと
云ふの一議は国王及び韓廷をして
日本に対し敵意を抱かしめ悪感情

を増発せしめんと企図しつゝある露党一派が此上もなき奇貨と恃《たの》み折に触れ機に当り口を此一議に籍《か》りて国王及び韓廷に鼓吹し故閔后の国葬既に終れるの今日に当て尚未だ此一手段の翻弄を已めず以て益々日韓間の交情を離隔せんとするに汲々たる心術の程こそ苦々敷けれ〔…〕
（「朝鮮時事」『東京朝日新聞』明治三一・一・三）

メディアのなかでは、「故閔后」の死の瞬間から「日本人」「日本」が周到に引き離されようとしている。「露党一派」が「日韓間の交情」を「離隔」しようとしているという論理で、閔妃事件の記憶が語り直されているのだ。

たしかに「国母復讐」の「一議」は「苦々敷けれ」という心情に満ちたものではあったのだろう。朝鮮を語る滅亡の物語は、閔妃の死によって思いがけない混乱にまみれ、さらに、ロシアという敵が存在感を増している。それなら、「国母復讐」を「露党一派」と接続させることで、苦々しさの裏にある疚しさをしまいこんでしまえばよい。そうした文脈に、「予想」され「杞憂」される新たな後宮の災いが絡みあうことによって、閔妃をめぐる物語は書き直されてゆくのである。

「閔妃の再来」である「厳尚宮」によって更新された後宮の不穏は「韓宮毒害事件」において結実する。「皇帝陛下及び皇太子殿下并《ならび》に安尚宮以下内侍宦官及宮女等俄《にはか》に一斉腹痛を催ほし甚しく吐瀉し人事不省となり皇帝皇太子の如きも危篤の御容体なりとの説巷間《かうかん》に伝わりし」（「韓宮の毒害事件」『東京朝日新聞』明治三一・九・二一）といった事態が電報欄、雑報欄でさかんに報じられるのである。皇帝も皇太子も一命はとりとめたものの、この「陰謀」「変事」は、「殊に近来彼の厳貴人《げんきじん》が皇子を分娩せし後の宮廷は陰謀魂胆を以て充たされ実に人間界とは思はれざる事ども多し」（「韓宮椿事の毒源」『東京朝日新聞』明治三一・九・二九）と、次第に物語化されるのだった。

韓国皇太子容体

聞く如くんば皇太子は本月十一日中毒の時より以前既に二ヶ月間以上赤痢病の気味合《きみあひ》にて悩み居られ而して中毒後は一時危篤に陥りしことなるが漸次軽快に向はれ殆んど全癒に近き好望なりしに数日来赤痢の病勢復《ま》た加はり疲労に乗ずるに此病勢の増加を以てし昨今病勢は一消一長の小変化あるも其容体危篤に迫り一昼夜間に厠に上らるゝこと三十回以上に及び衰弱苦痛交々《こも》激甚、此際外国人医師の治療を勧むるものあるも皇太子は深く厭嫌《えんけん》して之を諾せられず依然韓医の治療にて薬剤は例の人参湯にて天神地祇《てんじんちぎ》に祈禱すと称し為めに日々費す所の金額は少なからざるも斯くては治癒のほど甚だ覚束無《おぼつかな》かるべしと危《あやぶ》むもの多し（九月二十九日京城発）

皇太子の容体は其後愈々重く為めに本日を以て宮中に挙行あるべき予定なりし皇帝全快の陳賀式も特に詔勅を下して陰暦八月廿日後に更に日子《にっし》を卜択《ぼくたく》せよとて延期せられたり皇太子万一の事ある時は厳貴人の腹に生れたる皇子の一派即ち厳貴人派義和宮派若《も》くは李埈鎔派の間に其紛争の状も想ふべし宮廷は益々魔殿と為りて漢陽政界は愈々陰謀の巣窟となり果つべし（十月一日京城発）

（『東京朝日新聞』明治三一・一〇・九）

この記事は、「毒害」を受けた皇太子がすでに赤痢を病んでいたという情報から書き起こされている。「毒害」による「危篤」から回復して「殆んど全癒」に至ったのにもかかわらず、もともと病み患っていた「赤痢の病勢」によって再び「容体危篤」となったのだという経緯が記される。

皇太子の身体は、病によって細やかに描出されている。その上で、近代的な「外国人医師の治療」を拒む皇太子の態度が、病をめぐる未開と文明の二分法と差別的物語を招き寄せていることがうかがえよう。その物語の延長で、病によって「万一の事」が生じる可能性が想定され、病の物語はスキャンダルへと接続するのだ。

読者に向けて「其紛争の状も想ふべし」と想像力を促す記事は、「万一の事ある時」に生じるはずの「紛争」を仮定する。そして「厳貴人派」と「義和宮派」と「李埈鎔派」三派による「紛争」の予感は、「宮殿」を「魔殿」、「政界」を「陰謀の巣窟」と形容する文脈をつくりだすのである。(6)

非難と憂いとが貼り合わせられた地点に醸成されるのは、宮廷の乱れを大日本帝国が正すべきであるという発想であろう。この記事は、朝鮮の病を日本が治療せねばならない、といった、すでに読者の瞳に馴染みきって定型化した病と植民地の物語を引用しているのだ。

その一方で、「毒害事件」の報じられた明治三一（一八九八）年の初めには、一月に大院君夫人が、二月には大院君が没している。その死亡報道には、「閔后の生前国王の寵を恃《たのん》で放肆専横《ほうしせんわう》の行為ありし日に於ても大院君夫人の忠告は往々閔妃の聞く所と為り其専横放肆を制止し得たる場合なきにあらず」（「朝鮮時事」『東京朝日新聞』明治三一・一・二二）と、閔妃の文字が記されていた。言及されるのは、「閔后の生前」の悪行である。

とりわけ大院君の死が報じられる際の、閔妃の死に関する記憶の叙述方法に注目しておきたい。

大院君事歴〔…〕大院君の摂政たる九年にして而して閉居し政権は国王の外戚閔氏の手中に帰したり大院君憂憤措く能はず機の乗ずべきを待ちしが我明治十五年七月閔氏の一族閔謙鎬と云ふ者兵部大臣の位置に在て公財を以て私恩を売り且軍卒の食料を私するもの数月に及び遂に軍士の怒る所となり其家を囲みて之を破砕し更に大院君に到て衷情を訴へ諸閔《しよびん》を斬殺するの令を乞ふ大院君大に喜び蹶起して名を鎮撫に託し陰《ひそか》に之を指揮して諸閔を殺傷すると共に我公使館を襲撃して其鎖国の志を達せんとしたり是即ち所謂十五年朝鮮の変にして〔…〕其後十七年の変となり又日清戦役後廿八年の乱の如き大院君与《よ》に乗じて宮中に入り遂に国政の大革新をなし又閔后の変死を見るに到る是正《これまさ》に国人《こくじん》の新記憶に存するものなり

(『東京朝日新聞』明治三一・二・二六)

明治一五(一八八二・高宗一九)年の壬午の軍乱[7]、「所謂十五年朝鮮の変」については、「之を指揮して諸閔を殺傷する」という行為が記述され、閔妃殺害事件を指す「廿八年の乱」に関しては、「閔后の変死」と「大院君」とが直結されるような文字の配置がとられている。「閔后の変死」をめぐる物語は、大日本帝国から引き離されて定式化されるのだ。

閔妃に関する物語が秩序立てて整理されてゆくなかで、殺害の主体は「大院君」へ、「国母復讐」はロシアや「露党一派」に結び合わされ、宮廷は病の物語に彩られて災いを孕む。

今回韓廷の一波瀾は表面は郡守選択に関する一事なるも其裏面は厳貴人が自《みづ》から皇后に冊立せられんと欲する野心に原因すること殆んど疑ひ無きものゝ如し〔…〕

昨今厳貴人の勢力に関し或る一韓紳《かんしん》の談話に得たる内情左の如し（第一）皇帝の寵遇浅からざるは申す迄も無きも故閔后が皇帝に対して勢力信任を有し居たるに比較せば厳貴人は未だ其一半にも及ばず（第二）厳貴人にして皇后冊立の目的を達せば皇太子に不利なるは勿論の事なり皇帝は厳貴人を寵愛し給ふも皇太子を慈愛し給ふの情は更に深し殊に故閔后の不慮の崩御を遂げられし以来は皇帝の皇太子を憐憫し慈愛し給ふ情愈々切なる状あり先年嘗て皇帝陛下の過度に政事に煩労し給ふより聖体の健全に害あらんを慮るを名として政権を皇太子に執《と》らしめらるゝ事に為さんとせし陰謀の露顕に及ばんとせし当時も是れ或は父子の間を離間し其間《そのあいだ》に一種の目的を達せんとせし厳貴人一派の苦肉策も混じ居らずやとの推測説さへありし程にて皇帝は常に皇太子の為めを思ひ給ふの情より厳貴人を皇后に冊立する一事には猶ほ頗《すこぶ》る躊躇せる所あるものゝ如し是れ皇帝の心に於て容易に決定し給ふ能《あた》はざる所ならん（第三）には世間にて既に能く知りて伝聞し居る如く厳貴人を皇后に冊立するの一事に対しては勢《いきほひ》の自然として閔泳駿閔泳煥閔泳柱等《ら》の各閔族を挙て皆快しとせず甚だ反対の心情を有す故に厳貴人なるもの果して自から皇后たらんと欲せば名門権家の多数を挙て其敵とするの覚悟なかる可らず皇后冊立問題の前途亦太《はなは》だ困難なり但し厳貴人も中々さるもの平素宮廷内に於て苟《かりそめ》にも皇太子を粗略に待遇する等のこと無く最も親愛の状を表し其挙動此辺《このへん》に抜目は無し云々

（「韓后冊立問題の内幕」『東京朝日新聞』明治三二・四・六）

閔妃の死後に成立した大韓帝国では、死んだ王妃にはじめて「皇后」の名がおくられた。それゆえ、「皇后」の名をもつものは、死者としての閔妃をおいてほかにはいない。それは、大韓帝国の物語が「皇后」のいない空白を抱え続けていることを意味している。だとすれば、その空白を埋めてくれる要素こそが、「厳貴人が自から皇后に冊立せられんと欲する野心」なのだということになるだろう。

換言するなら、報道メディアはその「野心」をそれと気づかず欲望しているのである。みだらなまでに「厳貴人」の「野心」を大きく言い立て、「閔妃」の「再来」としての「厳妃」を主人公に祭りあげようとしている。この先、報道記事のなかで語られる厳妃の物語には、真偽の定かではない噂話や、明らかに誤りを含みつじつまの合わない情報が入り乱れるが、期待されているのはただ一つ、悪后の物語にほかならない。メディア共同体の「われわれ」は、「陰謀」が結実して「宮廷」に「紛糾」が起こることを、憂えるそぶりでその実、期待していると言ってよい。期待されるのは悪后の登場であり、それはもう一度、大韓帝国の滅亡を予告してくれるのだ。

記事のなかで、「厳貴人の勢力」を解説する三点が、いずれも「閔妃」との関係から導き出されていることに留意したい。第一は「故閔后」との「皇帝」に対する「勢力信任」の度合いの「比較」。第二は「故閔后の不慮の崩御」以降の、「皇帝」の「皇太子」に対する「憐憫」や「慈愛」の情の深さ。それはすなわち母親である「閔妃」を失った息子を「思ひ給ふの情」なのだから、この「父子の間」には「閔妃」の存在が介在していることが前提とされている。そして第三には、「閔妃」を中心に台頭していた「閔族」の存在が挙げられているわけである。

裏を返せば、この記事はあらかじめ、「閔妃」との関係を設定してそこから「厳貴人」の「野心」を導き出しており、閔妃の物語を基軸に書かれていると見ることもできる。閔妃との比較の上ではっきりと劣位に据えられつつ、あたかも閔妃と見紛うようなふるまいによって「厳貴人」は、読者に閔妃の記憶のうち、定式化した物語の筋のみをなぞらせる効果を発揮するのだ。

2　皇帝の醜聞

さて、それらいっさいが過去のものとして整然と処理される時が訪れるのは、日露戦争後、第二次日韓協約が締結された後の、ハーグ密使事件に際してである。大日本帝国の侵略行為に対しては、大韓帝国内の各地で義兵が蜂起し、高宗はアメリカやハーグで開かれた第二回万国平和会議に密使を派遣したり、国際裁判所への提訴を企図した。だが、いずれも大日本帝国の韓国支配を承認する欧米列強が大韓帝国に手をさしのべることはありえず、ハーグ密使事件をきっかけに皇帝・高宗は譲位を余儀なくされる（海野［1995a：166-176］）。

報道メディアは一斉に、「此度の事たる、毫《がう》も韓国の政府大臣と何等の交渉なく、全く皇帝の一存に出でたるもの」（「韓帝の行動」『読売新聞』明治四〇・七・一三）と、皇帝を苛烈なまでに批判した。それは「児戯に等しかりし海牙《へーぐ》の一滑稽劇」（『万朝報』明治四〇・七・一四）で、「事の短見浅慮に過ぐるは憫笑するの外なきも、其の日韓協約を蹂躙し、延《ひ》きて統監の威信と日本帝国の面目とを汚辱せるの罪」は「断じて恕す」べきではないのだし、しかもその「非挙」は「韓皇の親断」なのだ（『万朝報』明治四〇・七・二〇）と、激しい口調での非難はおさまらない。

日韓協約の結果として韓国が我保護の下に立つことゝ為り列国に於ても既に其事実を承認したる後に於ても韓人の間には尚ほ其去就方向を誤り動《やゝ》もすれば我国に対して背信違約の挙動を演ずるもの少なからず而して斯《かか》る挙動の由《より》て出づる所の筋道を尋ぬれば源を宮中に発するは隠れもなき事実にして〔…〕種々の陰謀悪計画を絶たず斯る浅墓なる手段を以て日韓の関係を動かさんとするが如き固より小児の戯に過ぎずして意に介するに足らずとは云ひながら之が為めに徒《いたづら》に韓国内の人心に疑惑を生ぜしめ我統監府の施設上に多少の係累を及ぼさゞるを得ず然も事の原因自ら明なりとすれば其責任の在る所を糺《ただ》して禍源を塞ぐの道を講ずること甚だ容易なるにも拘はらず〔…〕

（「韓帝の責任」『時事新報』明治四〇・七・二一）

記事は「日韓協約の結果」発動した保護権を既成事実、既得権益として語り、大韓帝国内の抵抗を「背信違約の挙動」と意味づけている。そしてその「源」が「宮中」に求められ、「宮中」で企図された「陰謀悪計画」の「禍源」として「韓帝」が名指しされるのだ。
「韓帝」の「小児の戯」「児戯」を全力で断ち切らなければならない、といった主張のなかでは、大日本帝国と大韓帝国の関係は植民地主義の物語を引用することによって語られ、親子になぞらえられる。その一方で、「陰謀悪計画」の「禍源」が宮中にある、といった枠組みは、朝鮮をめぐる既成の物語定型を想起させずにはおかないだろう。

事実、大韓帝国皇帝が「譲位」へと追い込まれてゆく過程では、非難の原点に「王妃」の文字が兆している。かつて「宮中」が「禍源」として視線を浴びたときには、その核心に必ず「王妃」の文字があったからである。

▲閔妃の霊　昨夜韓皇の枕上に閔妃の霊現れ韓国の近事に付連《しき》りに苦言する所あり皇帝は今朝来宮巫に祈禱せしめつゝありと取沙汰す　（「京城電報」『万朝報』明治四〇・七・一八）

皇帝の枕上に訪なう「閔妃の霊」。メディア共同体の「われわれ」が思い出すのは、閔妃のもたらす災いの悪質さである。

韓帝の海牙《ハーグ》密使事件は、意外の辺より風雲を惹起し、漢城の天地は今尚ほ暗澹の裡に在るものゝ如くなれども、我邦の方針は、自から一定して動かすべからず、雲霧を排して青天を見るの日も、蓋し余り遠からざることならんが、朝鮮人の遺口には、自から一種の型あり、其型の為に、各国とも従来屢々外交上の失策を重ねたること少なからざるを知らざるべからず。〔…〕彼の大院君を見よ、彼は市井に放浪せる一個の無頼王族たりし頃、好んで其身を韜晦せしが、其子興《ママ》福君（即前帝）〔高宗のこと。なお、高宗の幼名は命福、爵位は翼成君〕をして位に即《つ》かしむるや、忽ち政治の本舞台に現はれ、画策籌謀至らざる無く、名は執政にして其実権は方《まさ》に王位の上にあり、明治七年退隠の後も或は雲峴宮に、或は孔徳里に、陰謀狡計、有らゆる手段を以て政治を攪乱し、十月八日の事変に王妃を殺害せるも、亦た其方寸に基きたるが如き、亦好箇《こうこ》朝鮮式の行動たるに背かず。

彼の王妃に至りては、更に最も甚しきものあり。多智多謀の前帝にして、終始其手玉たるを脱する能はざりしを見ば、以て其一斑を窺ふに足るべく、彼は朴泳孝の利用すべきを見て、俄に之に殊遇を与ふるかと思へば、勢ひ不可なるを察して直に之を遠ざけ、或は支那の事を共にすべきを見ては、之れが機嫌を取り、露国の倚るべきを思ふや、公使ウエーベル氏夫妻を宮中に出入せしめて之れと気脈を通ずるなど、集散常無く、離合時に随つて異なり、情誼もなければ、信義もなし。此間の消息は前帝実に能《よ》く王妃に学ぶ所あり。〔…〕

（「朝鮮流儀」『読売新聞』明治四〇・七・二四）

「韓帝」の起こした「意外」な事件が、実は「自から一種の型」がある「朝鮮人の遺口」そのものなのだという意味づけのもと、「其型」の具体例として「大院君」や「閔妃」の名が挙げられている。「大院君」を「王妃を殺害せる」主体として位置づけた上で、「大院君」に勝る「遺口」で「朝鮮式の行動」をとる「王妃」の「消息」が批判されてゆく。こうした記述からは、閔妃暗殺報道に書き込まれた「日本人」の記号が書き落とされているのが確認されよう。その上で、「韓帝」の「陰謀悪計画」は「王妃に学ぶ所」のものと定置され、閔妃の悪のみが紋切り型によって再現されてゆくのだ。

さらに、皇帝・高宗の譲位と純宗の即位が決定すると、各紙はこぞって高宗の治世四十四年間を振り返り、その歴史を総括するような記事を展開してゆく。たとえば『東京日日新聞』の「半島の四十四年」（明治四〇・七・二三―二九）では、「第一期　大院君時代、鎖国時代」「第二期　閔妃時代、開国時代」「第三期　事大党時代、清人跋扈《ばっこ》時代」と大きく三つの区分が設けられている。「高名なる閔妃其人《そのひと》」については、「妃は才色双絶して、書史に通じ、啻《たゞ》に王寵を傾けたるに止まらず、漸く隠然たる勢力となり、窃《ひそか》に大院君と相忌むるに至り」と記され、「閔妃の時代」は「閔妃及大院君の互に相図る時代」、「共に陰謀を運《めぐ》ら」す時代として整理される（明治四〇・七・二八）。この「半島の四十四年」を締めくくるのは、次のような叙述である。

斯くて半島は、此の前後に於て新《あらた》に扶植されたる露国勢力と清国勢力との暗闘となりたま〳〵金玉均の誘殺、東学党の変より、一時期稍々《やゝ》等閑視せられたる我が勢力と清国勢力との衝突を致し、忽《たちま》ち廿七八年の役《えき》となり、局面一転して、第四期に入り、独立党の時代、我手に於ける独立扶持《ふぢ》の時代となり、一面に於ては、日本勢力と露国勢力との暗闘時代となり、遂に卅七八年の役を起し、局面再転して、第五期に進み、更に日本党の時代、日本後見の時代となり、明治卅七年二月廿三日、日韓協約、四十年七月廿四日の日韓再協約となれるまで、近く炳乎《へいこ》として世の耳目に在れば、今は暫く之を説かざるべし。
要するに韓半島八道の野は、極東禍難の伏魔殿にして、半島の四十四年は、実に内外勢力の限りなき暗闘紛糾を繰返したる悲惨なる一大演劇を演じたるものなりし也（完）

（『東京日日新聞』明治四〇・七・二九）

「局面一転」した「第四期」の叙述には、著しい省略がみられる。「誘殺」された「金玉均」の名が固有名として記されているのにもかかわらず、「高名なる閔妃其人」の死が平然と排除されるのだ。「露国勢力」「清国勢力」「我が勢力」の「衝突」といった大きな勢力図に覆い尽くされるようにして「閔妃」の死は余白に追いやられる。「極東禍難の伏魔殿」「内外勢力の限りなき暗闘紛糾を繰返したる悲惨なる一大演劇」と要約される「半島の四十四年」から、王妃の死は省かれるのである。

また、「韓国の皇室」と題して『東京朝日新聞』（明治四〇・七・二一―二八）に掲載された記事には、「韓国の皇室は由来一箇の伏魔殿なる事は誰人も知る所である、幾多の陰謀も這裏《このうら》に脚色せられ、幾多の怪事も這裏より生み出さるゝのである、其結果遂に今度の如き大事件を醸成して皇帝自ら位を退かねばならぬ様になつたのは畢竟するに自業自得の結果で如何にも笑止千万である」とあり、「先帝の登極」「大院君の摂政」「閔氏の立后」「李閔の党争」「閔妃の禍根」「韓皇の性格」「厳妃の寵愛」「厳尚宮の秘事」「皇帝の隠し喰ひ」「皇太子の御病弱」等々の項目が「伏魔殿」での出来事として紹介されている。「閔妃」については、「才色兼備の婦人で外面如何にも温和従順なるが如くにして其実《そのじつ》は詭譎《きけつ》百端機知縦横巧みに有髯男子を翻弄する所は古《いにしへ》の呂后《りよこう》、カタリナに優るとも劣らぬ女傑である」（「閔氏の立后」明治四〇・七・二二）と形容された上で、その死についてはまたしても、省略を受けることとなる。

是より後我明治十五年に所謂壬午《じんご》の変を醸して閔族を斥け一旦大院君が政権を回復したるも間もなく袁世凱の為めに捕へられ清国に送られて保定府に幽囚せられた事や、十七年に金玉均等《ら》が閔族《びんぞく》を倒さんとして失敗した事や、閔族が刺客を遣はして金玉均を暗殺した事や、二十八年十月乾清宮に於て閔妃の殺された事など看来れば何れも両派の軋轢に外ならぬのであるが是は皆人《みなひと》の知る所であるから爰《こゝ》には略すが、閔妃は初め清国に頼らんとしたるも同国が較《やゝ》もすれば干渉の態度に出るを物憂く思ひ他の大国の力を藉《か》りて之を制せんとし〔…〕露国は漸次に朝鮮に手を出し、遂に清露の衝突となり、日清の衝突となるの端を惹き起し禍根を後々に残した事丈《だけ》は是非記載して置く必要があると思ふ。（「閔妃の禍根」『東京朝日新聞』明治四〇・七・二三）

「閔妃の殺された事など」は「皆人の知る所であるから爰には略す」ことができる――「皆人」のいまだ判然と覚えている有名な出来事として、それほど間近にある過去として、「韓国の皇室」の歴史から「閔妃の殺された事」は取り除かれる。

死をめぐる情報は疎外され、そう断わった上でしたためられるのは、その後の「清露の衝突」や「日清の衝突」の「端を惹き起し」た「禍根」を「閔妃」がつくりだしたのだという指摘である。つまり、悪や災いそのものとしての「閔妃」の姿のみが特権化され、死をめぐる記述はつねに後回しにされ、不可視の場所に閉じ込められようとしているのである。高宗の退位が「自業自得の結果」であるのと同様、閔妃の死も、悪行による「自業自得の結果」として物語化されて、日本語メディアの「われわれ」は物語との間に距離を得ることになるだろう。閔妃の死の詳述を避ける文脈にあって省略されずに書き記されるのは、「厳妃」をめぐる出来事である。

> 前皇は一寸《ちよつと》写真でお見上げ申してもお鼻の下は余り短くない様であるが婦人に掛けては随分とお惚《のろ》い方で殊に前王妃閔氏の如きは前にもいふ如く才色両全と来て居るから其御睦ましさは一通りでなく、遂には牝鶏旦《あした》して陛下は唯だ拱手《きやうしゆ》成を仰ぐといふ有様で御夫婦の関係よりも寧ろ褓母《ほぼ》の関係に近い程であつたといふ事だ。
> 然るに明治二十八年十月図らずも閔妃は人手に掛りて果敢《はか》なき最期を遂げ給ひ、馬嵬ヶ原の哀みを今茲《こゝ》に香魂呼べども再び還らず、爾来鬱々として国家の政務も懶《ものう》しと嘆きに暮れてのみ坐したるが爰に数多《あまた》ある後宮の内厳貴人《げんきじん》といふものあり、是亦《これまた》閔妃に劣らぬ才色優れし婦人であつた所から閔妃横死の後は三千の寵を一身に集め旦《あけ》ても暮れても厳妃なくては用を弁ぜぬ有様にて、此の厳妃も本来中々の曲者なれば旨《うま》く皇帝を嗾《そゝの》かし、其結果度々皇后に冊立の内議があつたれど是れには幾多の反対もあつて再三挫折するに至つたが事実厳氏は正妃も同じ待遇勢力を持つて居るのである。
>
> （「厳妃の寵愛」『東京朝日新聞』明治四〇・七・一三）

大韓帝国の宮廷を舞台とする物語のなかでは、性をめぐるゴシップがことさらに強調されている。閔妃の死を語らずに、皇帝の「婦人」問題を前景化することで、閔妃をめぐるスキャンダルは、女をめぐる皇帝のスキャンダルへと置換されるのだ。「お鼻の下は余り短くない様である」、「婦人に掛けては随分とお惚い方」などと描写される「前皇」の「寵愛」が過度に演出されることで、「閔妃」と「厳妃」は並列される。そこに「此の厳妃も本来中々の曲者」と、「厳妃」を「閔妃」に対照する記述を加えることにより、固有名としての「閔妃」は「皇帝を唆か」す女へと一般化され、死に関する忌まわしい記述は後景に退かされることになるだろう。なにしろ、「閔妃」の死そのものに、「厳妃」の「秘密」が被せられてゆくのであるから。

此厳妃に就てはマダ色々秘密話があるが先づ第一に前皇帝が厳妃にお目を懸けられたは時もあらうに丁度彼の閔妃の殺された其晩の事で、皇帝は思ひ掛けなき妃の不幸に深く憂愁に沈んで途を失ふて居らるゝ際君の御心を慰め奉らんが為め侍臣共の計らひにて厳氏を御側《おそば》に差し出せし処《ところ》厳氏は兎や角と甲斐々々しく御介抱申上げたのがお気に召して其儘御寵愛の身となつたのである。デ其時迄は厳氏は日本では女嬬《によじゆ》とか命婦《みやうぶ》とかいふ至つて軽い女官であつたのが一躍して厳嬪《げんひん》となり遂に正妃冊立の内議さへ起るに至つた次第で此事は今日迄まだ誰れも知らぬ事実である。

(「厳尚宮の秘事」『東京朝日新聞』明治四〇・七・二四)

新しい「秘密」として明るみに出されるのは、「皇帝」と「厳妃」の出会いが「閔妃」の殺された日の夜だった、という点である。この「秘密話」の暴露は、「閔妃の殺された其晩」における力点を、「閔妃」の死それ自体から「厳妃」の登場へと移行させようとするだろう。「其儘御寵愛の身となつた」登場人物「厳妃」は、「思ひ掛けなき妃の不幸」、つまり「閔妃」の「不幸」に逆照射されるようにして輝きを増す。

その他、特筆されるのは、「皇帝の閔妃に内証で隠し喰ひをした」「柳といふ美人」についての、「丁度閔妃が殺害に遭ふた時から十年も昔の事」である「一件」や、その際の閔妃の「神経質の、ヒステリー性の癖として雪の様な額際《ひたひぎは》に絹糸の様な青筋を幾つか出して目の色さへ尋常ならず」といった様子、「閔氏にも亦余り大口の利けぬ弱点」があるという「素行」、「韓国の弊たる早婚と荒淫の結果」として呈示される「新帝」の「生殖器不能」などである。記すべきものとして選定されているのは性的なスキャンダルへとつながる事件であり場面であり、全体にはネガティヴな色調が膜を張り、それらは結局のところ、「大韓帝国皇室」の先行きの危うさを予兆させるのだ。

この「厳妃」の幸運は、「厳妃」自身の幸運というよりはむしろ、大韓帝国をめぐる物語の新たな吸引力を得た、日本語メディアの共同体の側が得た幸運だったと言うべきだろう。だからこそ、「韓廷将来の御家騒動」を予言するかたちで結ばれる連載の末尾は、「厳妃」をその主人公の位置に押し上げている。

先にも記せし如く厳妃は先帝の寵を受たる後間もなく懐胎の身となり我明治三十二年王子を分娩したのである、是れが先皇の第三子で御名を英王《えいわう》〔ママ〕振〔英親王の名は垠〕と称し一般に英親王《えいしんのう》と申す御方である、此の新王子の誕生以来野心深き厳妃は益《ます》〳〵其野心を逞しくし、同時に義親《ぎしん》王《のう》母子を亡きものにさへしたなら皇太子はアノ態《ざま》故結局世子となつて其跡が取れるであらうといふ不敵の望みを起してより陰に陽に之に危害を加へんと種々陰謀を企てし痕跡もあり、夫《そ》れかあらぬか義《ぎ》和《わ》宮《きう》の生母張妃《ちやうひ》の死も其実《そのじつ》は厳妃の毒手に罹つたものだといふ説もあつて現に我国にも其事実を小説的に綴つた「張嬪」といふ書物さへある位で、従つて義和宮の之に対する警戒の厳重も決して尋常一様ではないのである。
トコロで此の厳妃の生んだ英親王といふのは当年九歳の小童なれど性質中々活発伶俐にして殊に書を能《よ》くし先皇帝も非常に寵愛してゐらるるので厳妃は益得意でゐた処今度譲位の御沙汰があつたので年来の宿志たる皇后冊立の望みも絶れたると同時英親王の敵たる義和宮が伊藤侯の後援を受くる時は我生みの子を世に出す事さへ出来ぬので、今度の事件にも窃《ひそか》に雑輩を使嗾《しそう》して反対を唱へしめたといふ噂もある、兎に角今日の儘で行けば韓廷将来の御家騒動は必ず此の厳妃に依つて脚色《しくま》れるであらうとの事である。（をはり）
（「新帝の同胞」『東京朝日新聞』明治四〇・七・二八）

「厳妃」は「新王子の誕生以来」、自分の生んだ「王子」を「世子」にしようと「種々陰謀を企て」ている――こういった筋書きはまさに、「閔妃」亡き後の大韓帝国をそのような物語で埋めたいと願うメディアの側の「不敵の望み」なのだと言いかえられはしないだろうか。
記事が言及する「張嬪」とは、第四章で取り上げた福地源一郎の小説作品であるが、この書物の出版されたのは明治二七（一八九四）年十二月、閔妃の生前のことであり、それは既に述べたように、「義和宮の生母張妃の死も其実は厳妃の毒手に罹つたものだといふ説」を「小説的に綴つた」ものなのではなく、「閔妃」が「張嬪」を嬲り殺す場面をクライマックスに頂いた、いわば閔妃の毒手を描いた物語であった。つまりこの記事の書き手は、知って知らずか、「閔妃」と「厳妃」を取り違え、混同し、その錯誤において両妃を混じり入らせて同一化しているのである。

「朝鮮の呂后」「牝雞《ひんけい》晨《あした》を告る」などの語に象徴されていた閔妃という悪后の物語をもう一度整理し直してみよう。物語の結末部は、后によって傾いた国家の滅亡によって閉じられることが予定されている。そしてそれが確認された後、暗に期待されるのは、新たな国家体制がとられたとき、女から男へと権力のジェンダー転換がはかられることであっただろう。つまり、物語を享受するメディアの読者共同体の「われわれ」は、朝鮮を代表してきた閔妃という女から大日本帝国という男性ジェンダー化された主体へと、朝鮮をめぐる権力が移譲されることをひそかに望んでいたわけなのだ。ところが、物語の結末は「われわれ」の側の疚しさや不安によって引きちぎられ、さらに現実には、朝鮮半島の利権をめぐって、ロシアという敵が存在感を増し、大日本帝国の「われわれ」の欲望を切り崩したのだった。

連載記事「韓国の皇室」が執筆されたのは日露戦争後のことである。すなわち、列強から朝鮮半島の支配を容認された段階にあって、物語がもう一度強く悪女の到来を求めているのだということになるだろう。今度こそ、滅亡した体制を正統に受け継ぐために、厳妃は閔妃と同一化されなければならない。悪后の物語は、厳妃という主人公によって反復されるのだ。

「今日の儘で行けば韓廷将来の御家騒動は必ず此の厳妃に依つて脚色れるであらう」。閔妃はもはや過去の人となり、あらたに物語の欲望を刺激することはない。

連載記事の最後に述べられるのは「厳妃の生んだ英親王」で、この「当時九歳の小童」は翌月、さまざまに報じられた「宮中の紛争」の果てに、皇太子に冊立されることになる。その瞬間から、「同親王の日本留学に就きては予《かね》て前帝の御希望もあり新帝も同一の御希望なりと云へば、格別の支障なき限り早晩事実に現はるゝならん」(「韓国皇太子留学説」『万朝報』明治四〇・八・一〇)と、日本留学の噂が囁かれる運命を負っている。「厳妃の生んだ英親王」は、こののち「厳妃」を凌ぐ勢いでメディア空間を席捲することになるだろう。

3　大韓帝国の皇太子

大韓帝国皇帝(高宗)が退位するに至った明治四〇(一九〇七)年の夏、皇帝の譲位報道と相俟って伝えられたのが、大韓帝国の皇太子、英親王の日本留学である。大日本帝国の嘉仁皇太子の韓国行啓と引き換えに提案されたともいう英親王の留学だが、実際に来日するのは譲位報道が一段落した後の十二月上旬のことになる。このとき、メディアは「留学」をめぐる経緯を「韓国将来の文明進歩に、少なからざる関係あるべき」「英親王殿下に、充分なる教育を施し、以て賢明なる皇儲《こうちょ》たらしめんとの叡念」などと、「教育」や「文明」の文字を強調するように報道する。「御留学の決心益々強く、一日も早く日本に渡航したしとの御志、最も切なるものあり」という「英親王」へのこの上ない好意が紙面を埋めたのだった(「韓国東宮、大使の来朝」『読売新聞』明治四〇・一二・七)(8)。

現実には、英親王の留学に対し、大韓帝国内では母である厳妃をはじめとして激しい反対の声があったとされ(9)、現在の視点から解釈するなら、留学という名目での「人質」「拉致」に等しかったと言うべきだろう(10)。事実、のちに「日鮮融和の礎として」英親王と結婚することになる李方子(11)の回想には、「まだ御両親にあまえたいお年ごろに、いわば人質のようなお立場で日本へこられたと聞き、『お気の毒に……』と、宮中なの《マヽ》で遠くからお見あげしたこともあった」という記述があり（李(方)[1973：38][1984：37]）、また、戦後しばらくして一市民として大韓民国に戻ったとき、韓国の新聞はこぞって「人質から帰った王様」と書き立てたという（李王垠伝記刊行会[2001：121]）。

英親王（韓太子）と伊藤博文

こうしたことから、当時の紙面を覆い尽くした好意や賛辞によって、「留学」の否定的側面は、文字の上に表層化するすれすれのところで押しとどめられていたと考えられる。

もちろん、「韓国の政権を我に掌握するを以って残酷の挙なりと思惟するもの、及び韓国民に純然たる独立自由を与ふべしと云へる社会主義者の説の如きは頗《すこぶ》る謬見《びうけん》の甚しきものにして」（「対韓謬見を排す」『万朝報』明治四〇・八・九）といった記事は、日韓協約の締結から皇帝譲位の過程も含めて、大日本帝国の侵略行為を批判する向きが皆無ではなかったことを逆説的に証立てているだろう。(12) だが、各紙を満たす「欣賀」のムードは一様に、「韓国東宮」の「教育」と「韓国の教育」を相似させてゆく。

なかでも特筆されるのが、大日本帝国天皇の「御仁心」である。たとえば『東京朝日新聞』には「御留学になる端緒と云ふべきは賢くも〔ママ〕聖上陛下の御仁心より出たるものである〔ママ〕陛下の仰せらるゝには如何に英明なるものも教育制度不完全なる韓国に置くと駄目だから若し皇太子が日本に留学するとあらば必ず我皇太子の如く教育して見せると仰られたからである」（明治四〇・一二・一二）という逸話が紹介され、「畏《かしこ》くも天皇陛下が我皇太子殿下を臠《みそな》はし給ふと同様の御慈みを以て将来の御指導を垂れさせ給ふべき韓国皇太子英親王」（『時事新報』明治四〇・一二・二二）といった形容が後を絶たない。

そうした叙述を受けるようにして、宮中での明治天皇と英親王の対面の様子もまた、細やかに描出されている。十二月十八日、「愈々御参内の日」、「皇儲殿下」は「常より勝れて御機嫌麗はしく」、「平素は随行の諸員に御戯れあるに似給はずこの日ばかりは最《い》と御慎み深く」、「御馬車の中にて多少御心配気」で、「いぢらしく」見受けられるのだった。

天皇陛下には特に御入口廊下まで出御《しゆつぎよ》遊され同所にて御握手あらせられ殿下には稍々《やゝ》俯向き加減になられ〔ママ〕陛下の御誘引の儘に鳳凰の間に入り給ひ同所にて御待受けの〔ママ〕皇后陛下に御対

面あり音声爽かに御挨拶遊ばされ〔…〕

(「可愛らしき御対面」『東京日日新聞』明治四〇・一二・一九)

この場面の描出は各紙で行なわれているが、『時事新報』(明治四〇・一二・一九)では「我天皇陛下には御廊下まで出御ありて微笑を洩しながら親しく英親王の楓の如き御手と御握手あり」、「御待受けの我皇后陛下にも活発なる殿下の御風姿を御覧あるや御微笑を以て迎へさせられ御挨拶あり」と記述され、不安におののく「皇儲殿下」の「御心配」が、「天皇陛下」や「皇后陛下」の配慮や「微笑」によって和らげられてゆく様子が読み取られる。

『時事新報』では、「恐れ多くも我天皇陛下」の見せる「懇待優遇」が特記され、「深き御慈愛を含ませらるゝ御有様は左ながら親子の間柄も及ばざる程」だと説明される。そうした記述が行き着くのは、「我国の韓半嶋を保護して一国の文化を導き其皇室の尊厳を維持」する「政策」への礼賛、「保護政策の運用は之を約言すれば劣等文明に対して高等文明を誘導し不秩序なる政治に対して秩序ある政治を執行」することだ、という宣言である(「日韓の保護関係」『時事新報』明治四〇・一二・二二)。

また、この二日後、「韓太子《かんたいし》」を訪れた「天皇陛下」は「殿下とは握手の御交換あらせられ」、「金時計」を「贈進」する。

夫《それ》より国分秘書官の通訳にて打解けたる御物語あらせられ〔ママ〕陛下には『引続き御元気にて結構

至極なり、此離宮は御気に叶ひたるや如何に、先達《せんだつて》の釣魚には獲物ありしや』など仰せられたるに殿下には厚く御尋問の御礼を申述《まをしの》べられたる後『先達の釣には一尾の魚をも獲ざりし』とて共に打笑ませられ御交情の御濃《こまや》かなる事陪席の人々も坐《そぞ》ろに感涙を催したりとか、〔…〕

（「陛下と韓太子」『万朝報』明治四〇・一二・一二）

実際のところ、明治天皇の英親王に対する配慮は、宮中における最初の対面時の直接の出迎えを含め、下賜品や対面の多さなど、「破格のもの」であったとされ、「我が子、我が孫以上に優遇」したとも言われているが（李王垠伝記刊行会［2001：83, 120］）、問題にしたいのは、そういった交流が語られることによって生まれる、言説上の効果についてである。

「親子の間柄も及ばざる程」の「天皇」の「懇待優遇」に関する叙述は、「韓太子」を大韓帝国そのものと接ぎ合わせるのと同時に、皇帝や厳妃のつくりだす朝鮮の物語から引き離し、「韓太子」を「天皇」の「子」として表象しようとするものにほかならない。つまり、「韓太子」は大日本帝国と大韓帝国との養子関係を表象するのにこれ以上ないほど相応しい記号だったのである。(13)

そうした構図があるからこそ、メディアの好意はふくらんでゆく。「健気の目的」をもった「愛らしく勇ましき殿下」の、「色白く頬豊かなる」「御容貌」は、「最《い》とも愛らしく拝せられて御元気で（「韓太子御入京」『東京朝日新聞』明治四〇・一二・一六）、その韓太子を迎える「肩書のない歓迎の群衆」は「肩書のないだけに腹から歓呼の声を上げ」、「口々にお可愛らしいといはぬはない」。「此のお可愛らしい殿下を斯《か》くまで盛に歓迎し奉たことがどれ位韓国の民心を和らげ日韓両国の関係を改善するかと考へて見ると嬉しくて堪らぬ」と、記者は記している（「韓太子を迎ふ」『東京朝日新聞』明治四〇・一二・一六）。このように「韓太子」を彩る「お可愛らしい」の語は、入京以降、幾度も反復されてゆくことになる。

一方で、母である厳妃は次のように表象されていた。

曩《さ》きに韓国皇太子御遊学の事、一たび韓廷の内部に起るや、御遊学の利あることは、何人も之を認めながら、一《いつ》には是まで未だ斯《かゝ》る先例なかりしと、一には前帝厳妃が、深く皇太子の身の上を慮かり、此幼少なるものを手放して、若し万一の事ありては、再び取返しの附く可くもあらずと、反対には非ざるも、容易に決定せらるゝに至らず、〔…〕扨て愈々御出発となりても、尚ほ此の疑念は去る可くもあらず、或る一二の韓人中には伊藤太師が皇儲を拉《らつ》し去るは、其《その》間《あひだ》に込入りたる仔細なくては叶はじなど根も無き流言を放つものさへあり、厳妃の心痛一方《ひとかた》ならず、遂に朝鮮流儀に密偵を派遣し、日本が如何に皇太子を取扱ふかを視て、之が情報を発せしむるに至れり、猜疑に富みたる韓国の常としては、無理も無きことながら、実を云へば余りに、猜疑に過ぎたる仕業なりしなり。

（「韓国皇儲御来遊の影響」『読売新聞』明治四〇・一二・一四）

「厳妃」の「疑念」は皇太子の留学を滞らせる。「伊藤太師が皇儲を拉し去る」といった「一二の韓人中」の「流言」は「厳妃の心痛」と直に結び合った上で、「朝鮮流儀」「猜疑に富みたる韓国」

の語句に連なってゆく。「厳妃」が「韓太子」との関係において、朝鮮の否定的側面を代表していることがうかがえる。

その上で「厳妃」の抱いた「疑念」は、「沿道到る処の我同胞が、韓国皇太子を歓迎するの状は、宛《〔あたか〕》も自国の皇太子を歓迎するの状に異ならざるを視て、密偵等も今は疑心氷釈し」という記述によって、メディアの上では解きほぐされることになる。「我同胞」の「歓迎」は、朝鮮の物語を受容する日本語メディアの「われわれ」の好意とダイレクトに結びつき、物語の質を変転させてゆこうとするだろう。

母と子の切断は、朝鮮をめぐる物語の主人公を交代させる重要な儀式でもあった。

> 太皇帝、厳妃は太子を咸寧殿前に迎へられしが厳妃は親《みづ》から太子の御手をとりて陛下の御座所に伴ひたまひ離れがたなの御思ひを籠めさせられたる溢るゝばかりの御愛情を一言一句に忍ばせられつしみ〴〵と御語らひ尽くべくもあらざりけり太皇帝は太子に向はせられ日本へ参りなば気候の変り目など殊に気をつけ国の為めに修業を励み天晴れ皇儲として恥しからぬ成業の冠を戴きて帰れかしと懇《ねんご》ろに御諭《おさとし》あり厳妃は流石に御別離の情に堪させられず涙ながらの御物語りくりかへし〳〵たまふにも御慈《おんいつくしみ》の程のほの見えて侍臣の面々いづれも袖を霑《うるほ》しぬ
>
> （「韓国太子の御告別」『東京日日新聞』明治四〇・一二・八）

「太皇帝」「厳妃」「韓太子」の間に醸成されるのは暖かな家族のイメージである。記事の副題に

は「慶運宮の御別離」「厳貴妃の御慈愛」と小さく記されているのだが、とりわけ母である「厳妃」の「情」が強調されていることがわかる。子を思う母との別れの物語は、[14] メディアが韓太子を招き入れ、物語の新しい主人公に据えるために不可欠であったと思われる。なぜなら、韓太子が表象することになるのは、大日本帝国の教育により、来たるべき将来、文明化するはずの朝鮮だからである。新たな主人公となるために韓太子が別れるべきなのは、女性ジェンダー化した朝鮮であり、病んだ朝鮮であり、スキャンダラスな物語が生まれる朝鮮なのだった。

こうした報道においてつねに注視されているのは、「韓太子」の「日本語」についてである。「殿下には未だ御日課を定めさせられざるも日本語の御研究には頗る御熱心にて折あれば務めて日本語を御使用あらせらるゝ由」(「韓太子御消息」『読売新聞』明治四〇・一二・一五)という情報を裏づけるようにして、「韓太子」の喋る「日本語」は折に触れ叙述されてゆく。たとえば、皇太子の「韓皇太子の御訪問に対する御答礼」の場面は、「韓皇太子殿下」の日本語によって象徴されている。

韓皇太子殿下には御玄関に御出迎ひありて直《たゞち》に西洋館の楼上なる御居間に御案内申上げ扨て日本語にて「先程は失礼致しました」と御挨拶ありしかば我が殿下にも「失礼しました」との御答へあり両殿下は韓国御訪問以来の御馴染みとて別して御心置きなく種々の御物語りあり〔…〕承る所によれば韓皇太子殿下には最早能《よ》く日本語を覚えさせ給ひ我皇太子殿下との御対話中にも折々「あなた」「私」「大層お寒う御ざいます」「暖う御座います」「御飯は済《すみ》ましたか」などの日本語を挿ませられたりと申す

（「廿一日の韓東宮殿下」『時事新報』明治四〇・一二・二三）

韓太子の喋る日本語は、教育の成果を証明する指標として受け取られたであろう。それ以上に、韓太子という記号が日本に同一化してゆく過程を表象する効果があったはずである。「殿下の御聡明」（『東京朝日新聞』明治四〇・一二・一八ほか）が言い立てられる一方で、「韓太子」の「補導」をつとめる伊藤博文は、その「聡明」について解説を施している。「航海中の韓太子」の「元気」で「快活」な要素を報告する「伊藤統監の談話」は、次のように結ばれている。

殿下は数え年の十一歳なり韓国の風習として其妃《そのひ》を立つること予《よ》に屢《しば〳〵》勧められたり由来韓人は十四五歳迄は聡明なるも早婚の為め皆智徳が無くなるものなれば今殿下が日本に在らるゝことゝなれる以上最も完全なる発達を得させらるゝを信ず云々

（「航海中の韓太子」『東京朝日新聞』明治四〇・一二・八）

「韓太子」の記号は、幾重にも大日本帝国の植民地主義が正しいことを保証してくれる。「十四五歳迄は聡明なるも早婚の為め皆智徳が無くなる」のを防ぎ、その「聡明」に「完全なる発達」を与えるためには、大日本帝国で教育を受けることが必要だという見解は、大日本帝国こそがいまだ子供に等しい大韓帝国を教え導かねばならないとする植民地主義的論理とぴたりと重なっている。

朝鮮の物語は、「韓太子」という主人公を得て、新たな軌跡を描きはじめる。

4　伊藤博文の暗殺

明治四二（一九〇九）年八月には、伊藤博文と英親王が東北、北海道を「巡啓」する様子が「何といふお可愛いお方でせう」（「韓太子巡啓（一）」『東京朝日新聞』明治四二・八・四）という声に装飾されながら報じられた。「韓太子と藤公」の「師弟の関係」（『東京朝日新聞』明治四二・八・一九）や、「殿下が伊藤太師を慈父の如くに尊敬し衷心より深く御敬重あらせらるゝ趣」（『東京日日新聞』明治四二・八・二二）が強調されつつ、二人が歓待される様子はくまなく描き出されている。

大韓帝国の「保護国」化を牽引してきた伊藤博文が暗殺されたという情報が紙面を埋めつくすことになるのは、その二カ月後のことであった。(15)

満州よりの報道は伊藤公に関する最大凶報を齎らしたり、曰《いわ》く、公が昨朝ハルビン停車場に着するや、韓人と覚しき者公に対して狙撃を試み、狙撃の結果公は重傷を負ひたりと、後報に曰く、重傷の結果公は遂に絶命したりと、凶報に接して吾曹《ごそう》〔われわれ〕一たびは驚き一たびは疑ひ、其の虚伝ならんことを希望したりしも、各方面より伝へらるゝ急報を総合するに及び、吾曹は遂に此の一文を草せざる可らざる不幸に際会したり、〔…〕吾曹は唯凶報に接して茫然自失、明治元勲の第一位を占め、上下の信頼を一身に負へる伊藤公、及び公の代表せる帝国のため、長嘆息を禁ずること能はざるのみ、〔…〕

（「嗚呼伊藤公」『東京日日新聞』明治四二・一〇・二七）

記事に記されているとおり、十月二十七日付けの新聞各紙には、「伊藤公遭難」に関して届けられた電文を構成する「狙撃」「重態」「生命危険」「生死不明」「即死」「絶命」等々の文字が、大きく入り乱れている[16]。「加害者は韓人」という情報は、「常に最軟論を主張し、最軟主義を実行し、韓国の為めに、将《は》た韓人の為めに謀りて最も忠なりしは、伊藤公其人なりし也、是れ内外人の等しく認めたる所にして、伊藤公は之が為めに其の信頼せる同胞の不平と、反対とをすら買ひたりき、従つて総ての本邦人が韓人の怨恨を受ることあるも何人も伊藤公のみは其の除外例たる可しと信じたるなり」、「自国の恩人を非命に終らしめたり」（「今後の統監政治」『万朝報』明治四二・一〇・三一）と、「韓人」「韓国」への非難を伴って大きく伝えられた。

「自国の恩人」「韓国の恩人」「朝鮮の恩人」「忘恩の韓国人」といった言辞は群れ合った記事のなかに散見される。だが、そこから浮上して見えるのは、暗殺犯や大韓帝国に向けられる批判という以上に、伊藤博文への「不平」「反対」の文脈である。とくに本章二節でも触れたハーグ密使事件の折には、「従来伊藤統監が対韓政策の手鈍かりしは、吾人（われわれ）の憤慨措く能はざりし所」（『万朝報』明治四〇・七・一四）、「根が柔弱なる伊藤統監」（『万朝報』明治四〇・七・二七）といった非難を伴った見方が顕著だった。「密使事件」は、「帝国の体面を毀損したると共に、個人的に統監の技倆能力を否認」したものであり、「韓皇に無限の御信任あり」という「伊藤統監」の「年来の自負」は「裏切り」を受け「侮蔑」にまみれたのであって、「統監の為めには、新協約の締結を以て補ふ能はざる精神上の一大負傷」と表象されていたのである（『万朝報』明治四〇・七・二八）。「柔弱伊藤統監」の「心情を動し」て「狡知」「陰謀」を企てる「彼等」は、「保護者たる日本帝国の面目を汚辱」し、「伊藤統監」の「威信」を「損傷」させた（「乗せらるゝ勿れ」『万朝報』明治四〇・七・二五）。これまで何度か言及したとおり、「精神」とは「国民精神」という概念と結合した用語であり、国民国家の物語を支える根本的な記号であった。その意味で、「精神上の一大負傷」という比喩は象徴的である。つまり、初代統監としての伊藤博文の「精神」は、大韓帝国に対して大日本帝国を代表しつつ、「毀損」され、「負傷」し、「損傷」を受けたものとして記述されていたのである。

「公の代表せる帝国」と、暗殺された伊藤博文に帝国を代表させる枠組みは、非常に脆弱なものであったと言わなければならない。殺害された伊藤博文の身体をめぐる記述には、そのような転倒が刻みつけられている。

「銃丸は不幸にも四発迄公の身体に命中し一発は肺部を貫き二発は深く腹部に入りたれば此の第一声の肺部貫通弾こそ遂に致命傷たるべきものならんと云ふ」（「伊公遭難の模様」『時事新報』明治四二・一〇・二七）という叙述からはやがて、音と傷とがクローズアップされてゆく。「突然ポン〱と爆竹又は煙花らしき音起る一刹那弾丸三発公爵の右腹の肺部に命中せる」（「伊藤公遭難詳報」『東京朝日新聞』明治四二・一二・二八）と、被弾した際に聞かれた音が強調される。そして、「弾丸」によって開かれた傷跡はさらに、「弾丸は（一）右上肺外面より内面皮下を去る五サンチの所を通過し第七肋骨間に向け水平横行に竄入《ざんにふ》す（二）右肘関節外側烏喙凸起より同側上膊外面を過ぎ稍々内側に向て第九肋骨に射入《しやにふ》し肺及び横隔膜を通過して左肋下に留弾《りうだん》す（三）上腹膈上の中央より射入し筋の間に留まる此三ヶ所の内二ヶ所は既に致命傷にして術の施すべきなしと云ふ」（「伊公凶変詳報」『東京日日新聞』明治四二・一〇・二七）と、医師の目を通して詳述されることになる。

日が重ねられるにつれて暗殺の情報がふくらみ、描写の文字量が増大する様相は、金玉均、閔妃の暗殺報道と同様である。しかし、血にまみれた身体が叙述された金玉均や閔妃の場合と、撃ち殺された伊藤博文の傷をめぐる記述の間には、大きな差異が刻まれている。

伊藤博文に同行していた室田義文[17]の談話として「肺部の貫通は多量の出血を来して余の今着せる外套にも斯《かく》の如く染まりたり」（「室田義文氏談」『時事新報』明治四二・一〇・三一）といった言葉が見られたり、「高貴を極めたる血の彼地の草木に灑《そゝ》がれたるは則ち此迄は無かりき」、「此血は必ず東洋の此局面の平和を永遠に養ふ可き本《もと》たらざるを得ざるなり」（「伊藤公の遭難」『東京朝日新聞』明治四二・一〇・二八）、あるいは「哈爾浜《ハルビン》は今又日本の宝とも云ふべき此大功臣藤公《とうこう》の血を嘗めました」（「物騒な哈爾浜」『東京朝日新聞』明治四二・一〇・二九）といった比喩は見受けられるものの、多くの報道言説のなかでは、事後、血が流されてはいないことが、執拗なほどに強調されてゆくのである。

公爵は右手に黒の山高帽を脱し左手に小松宮より賜はりし頭を純金にて包める洋杖を携へプラツトホームに立ちたるが三箇所を貫通せる銃丸中肺部を貫けるもの致命傷らしく内部に出血したる為めか血は外面に流るゝことなく極めて奇麗なりき

（「伊藤公の最期」『東京日日新聞』明治四二・一一・二）

「血は外面に流るゝことなく極めて奇麗」で、貫かれた傷口から血が流れ、見る者の眼を赤く染め抜くことはない。死を象徴するのは、流れゆく血の視覚的イメージではないのだ。

「伊藤公を介抱して其最期まで侍した中村満鉄総裁、室田貴族院議員、龍居満鉄秘書の一行」は、「恍として一場の夢の如き」「大事件」について、「突然パチ〳〵パチ〳〵と支那の爆竹の様な音が聞え」「銃口から白い煙がポツ〳〵と出る」のも「能く見えた」と語るが、その一方で、傷口から流れる血の情報については否定している。「血汐が外套に染み出したなどの電報もあるが夫れは間違で、プラットホームに一滴の血も流れぬは勿論公爵の外套にもフロックコートにも血は少しも出て居なんだ」（「悲劇の一瞬間」『東京朝日新聞』明治四二・一一・二）というのである。

暗殺者と暗殺される身体を一瞬触れあわせるのは、血や傷の表象ではない。むしろ「弾丸」が身体を貫いたときの音の方なのだ。

ところで、伊藤博文の死について大隈重信は、「我が最重最貴の政治家」が亡くなったことを「国家の損失」と呼んだ上で、「公の最期の血が韓国人に依て濺《そゝ》がれたるは、即ち公が最後まで韓国の事に尽したるものとして聊《いさゝ》か慰むるに足らん乎《か》」（「大隈伯泣く」『万朝報』明治四二・一〇・二七）と述べている。そのほかにも、「国家の一大損失」（『読売新聞』明治四二・一〇・二九）、「我国民には補充すべからざる欠陥を生ずるものなり」（「伊藤公の奇禍」『万朝報』明治四二・一〇・二七）といった記述が紙面にはちりばめられる。

だが、このような「此人を喪ふ何人も公の為に其不幸を悲しむと同時に国家の為に其損失の大なるを嘆ぜざる可からず」といった記事は、多くの場合、「公は齢七旬に近しと雖《いえど》も心身極めて壮健、意気壮者《そうしゃ》を凌ぐの概《がい》あり」などの表現とともにある（「伊公凶変の影響如何」『時事新報』明治四二・一〇・二九）。「公の政治思想は常に世界の時代精神に接触し」（「伊藤公の薨去と憲政」『東京日日新聞』明治四二・一〇・二九）と、「精神」の強調が随所に見られるのであって、こうした文脈の上に、伊藤の最期が「一糸乱れざる森厳たる態度」「崇高沈着」「流石に胆を武士道に鍛へたる大丈夫」と形容され、「嘖嘖《さくさく》称賛」されてゆく（「伊公最後の態度」『読売新聞』明治四二・一〇・三〇）。

国家の「損害」「損失」として表象される死と「傷」に、生前の精神や身体の「壮健」が重ねられることで、伊藤博文への非難はゆるやかに閉じ込められ、綴じ合わせられてゆくのだ。

『万朝報』の「言論」欄、「小説的なる伊藤公の死」と題された記事では、「此際伊藤公に手向くるに、公生前の美事、或は公の功勲に対する感謝を雨降らさんとするは、人情に於て然るべし、公より其の一切の瑕疵《かし》を引き離して、其の人物をさらに廓大《くわくだい》せんと力《つと》むるものあるもまた人情に於て当然なり」、「小説的の死なるが故に、同情のこれに向つて集注され、一切を忘れて彼の下手人を憎悪し、黒幕裡の或者を呪ひ、韓国其物の存在をすら呪はんとするが如き感情に駆らるゝもまた当然なり、此等の感情は凡て皆な正当なる理由に基くが故に、必ず満足たる決着に依て報酬されざるべからず」（明治四二・一〇・二九）と述べられている。

ここに、小森陽一が指摘する日露戦争時の戦死報道をめぐる構造を重ねてみたとき、伊藤博文の身体が血のイメージによって描写されないことの意味はより明瞭になるだろう。日露戦争時には、

「激しい戦闘場面や、英雄的な行動、そしてなかでも壮絶な死に方についての描写に筆が費され」、「兵士の死が尋常でなければないほど、その情報は拡大され、かつ再生産されていくことになる。変死としてのグレードが高ければ高いほど、そこに情報価値が見出されていったのである」（小森［1994］）。変死への欲望を基軸に「軍神」神話が構成されていったのであるなら、「血」を流さない「伊藤公」の「一糸乱れざる」死は、同時代的な認識の布置からすると、決してグレードの高い英雄的な死ではありえないということになる。

他方では、このようにメディアのなかで有標化される「変死」のスキャンダルは、つねに女性ジェンダー化の作用を伴ったものだとみることができる。この点については第六章で検討するが、血のイメージにはたえず女性身体の表象が交錯せざるをえず、また、死は滅亡の物語のなかで、女とゆるやかに結び合っているからである。

「大連」で「全身にホルマリン液を注射」された「伊藤公の遺骸」は、「葬儀当時迄は生前同様の肉色を保ち得べし一体に公の容貌稍《やゝ》笑を含み眠れる如く」（「生前の如き肉色」『読売新聞』明治四二・一〇・三〇）という観察を受けている。そうして「到着」した遺骸は「朝野」に「涙を以て」迎えられてゆく（『読売新聞』明治四二・一一・二）。しかしながら、「我国民には補充すべからざる欠陥」「国家の一大損失」という比喩で語られた「伊藤公」の身体が受けた「弾丸」は、実際のところは「伊藤公」の「瑕疵《かし》」を指し示し、だからこそ、「血」は死にゆく「伊藤公」の体内に呑み込まれなければならなかったのだ。

その一方で、新聞各紙は「伊藤公を亜父《あふ》とし公の扶養に依つて我国に御留学中の韓国皇太子殿下」の動向を、「万里の異境にありて御幼弱の身に杖とも柱とも頼み給ふ老公を失ひたる太子殿下の御嘆きは実に拝察するに余りあり」（「韓太子の御驚愕」『東京日日新聞』明治四二・一〇・二七）と報じている。

メディア上の文字は、韓太子を間近い場所から細やかに描写する。「何事も御承知無く」「安らかなる一日を送」った「殿下」に関して、「藤公の霊定めて廿六日夜の御夢には何事をか告げまゐらするならん」、「藤公既に亡しと聞召《きこしめさ》せらるゝ日殿下の御愁傷さこそと涙催さるゝ次第なり」と伝える記事は、韓太子の夢にまで踏み込んでいる（「韓国皇太子の御嘆」『読売新聞』明治四二・一〇・二七）。「御嘆き」「御愁嘆」を想像させながら、メディアは「亜父」を失った韓太子を注視し続ける。

> 公の遭難を言上したるに殿下は御驚きの余り御椅子を飛離れ給ひ言葉忙《せわ》しき韓語にて何人ぞ何人ぞと連呼し兇漢の誰なるかを問はせ給ひ其の韓人なる旨を聞し食《め》して「何我国人《わがこくじん》とや」と最《い》と御口惜げに見えさせ給ひしが畏くも御顔の色も只ならず御涙をさへ浮かべさせ給ひ〔…〕恐れ多けれども殿下と公は下様《しもざま》の爺と孫との如き御間柄にて公の殿下に仕へ奉ることの厚く深きは云ふに及ばず殿下も亦大師々々と懐かしがり給ひしに今一朝にして此凶変あり殿下の御胸中拝察し奉るだに涙の種なりかし　（「韓太子殿下の御愁嘆」『東京朝日新聞』明治四二・一〇・二八）

「日頃唯一の御師父と頼み給へる人を失ひたる其上に兇行者は兎も角も殿下の臣民中より出でし事を聞召されて殿下の御深憂拝察に余りあり」という御用係の言葉の引用など（「韓太子学課御休

止」『時事新報』明治四二・一〇・二九)、類似した記事は氾濫している。「韓太子」の近くから「洩れ承はる」情報をもとに構成されたこれらの叙述は明らかに、「韓太子」を「われわれ」の共同体が待つ物語の中心へと誘うことになるだろう。

伊藤博文暗殺をめぐるメディア報道は、その裏面に朝鮮の物語を貼り合わせることを怠りはしない。メディアは、韓太子を仲立ちに、「涙」に潤んだ朝鮮の物語を再び上演する。女性ジェンダー化され、病の物語に縁取られた朝鮮と別れてきた韓太子は、今度は精神に「損傷」を被った「亜父」と別れることになるのだ。

別れを経るごとに、韓太子は日本語メディア共同体の待ち望む場所に近づいてゆく。韓国の皇室をめぐって、「韓廷の錯愕」といった大きな文字、あるいは「太皇帝は今夕晩餐の際伊藤公不慮の変報に接し韓人の為めに暗殺せられたりと聞くや大に狼狽し殆ど色を失ひ箸を投じて為すことを知らず茫然自失すること暫時懊悩頻りに至り遂に侍臣を呼び薬を用ひ寝床に入りたりと聞けり」(「太皇帝の懊悩」『時事新報』明治四二・一〇・二七)、「伊藤公の凶変に際せる韓国皇室は愁雲深うして満廷一語なく寂々寥々何《いづ》れも真面目に東洋の偉人の死を悼み韓国の恩人を失へる事を痛哭したり」(「韓国大使の入京」『東京朝日新聞』明治四二・一一・二)といった記事が並ぶなか、「韓太子」の身に及ぶ危うさを案じて大きく浮かび上がるのは、ほかならぬ「天皇」の記号である。

天皇陛下には伊藤公の凶変に対し恐多きまで軫念《しねん》を労させ給へるが目下鳥居坂御用邸に御滞在御勉学中の韓太子の御身上にも聖慮を悩まし給ひ二十七日特に岩倉宮内大臣を御用邸に差遣さ

れ

教育総裁伊藤博文は今次兇手に殪《たお》れ愁傷の程察するに余あり左れど今は最も学業を励まるべきの秋なれば之が為に一日たりとも学業を廃さるゝが如き事なき様せられたく日ならず朕は適当の材を得て総裁たらしむべし

との意味の御沙汰を伝へさせらりとぞ　（「韓太子御慰撫」『時事新報』明治四二・一〇・二九）

朝鮮の物語の主人公、大韓帝国の皇太子は、女性ジェンダー化して病み患う朝鮮から切断され、精神を「毀損」された仮の父から隔離され、大日本帝国の天皇と正しく接合されてゆく。「昨日の国葬の時、並《ならび》に去一日の新橋着柩の節、麻布におはす韓国皇太子殿下の見えさせられざりしは、或は万一に我国民の怒りを避け玉はんとには非ざりしかと推想して、吾人《ごじん》は却て涙なきこと能はず」という心情を語る記事は、「韓太子殿下の日本内地旅行に際して、我東北の人民は殆ど我〔ママ〕皇太子殿下同様に送迎したる事なり」と結ばれる（「韓国皇帝来日説」『東京朝日新聞』明治四二・一一・五）。大日本帝国の「国民」が「韓太子」に見るのは、「成長」した朝鮮が将来実現するはずの理想的な姿にほかならない。

誤っていた過去と別れることによって成長する子供という構図、それこそが朝鮮をめぐる新しい物語構造である。物語の「瑕疵」も「欠落」も、「可愛らしい」子供の未来が埋めてくれるはずである。それを見守って涙する日本語メディアの共同体は、物語を自らの欲望に沿わせて変化させ、修正をほどこしながら受容していると言ってよい。

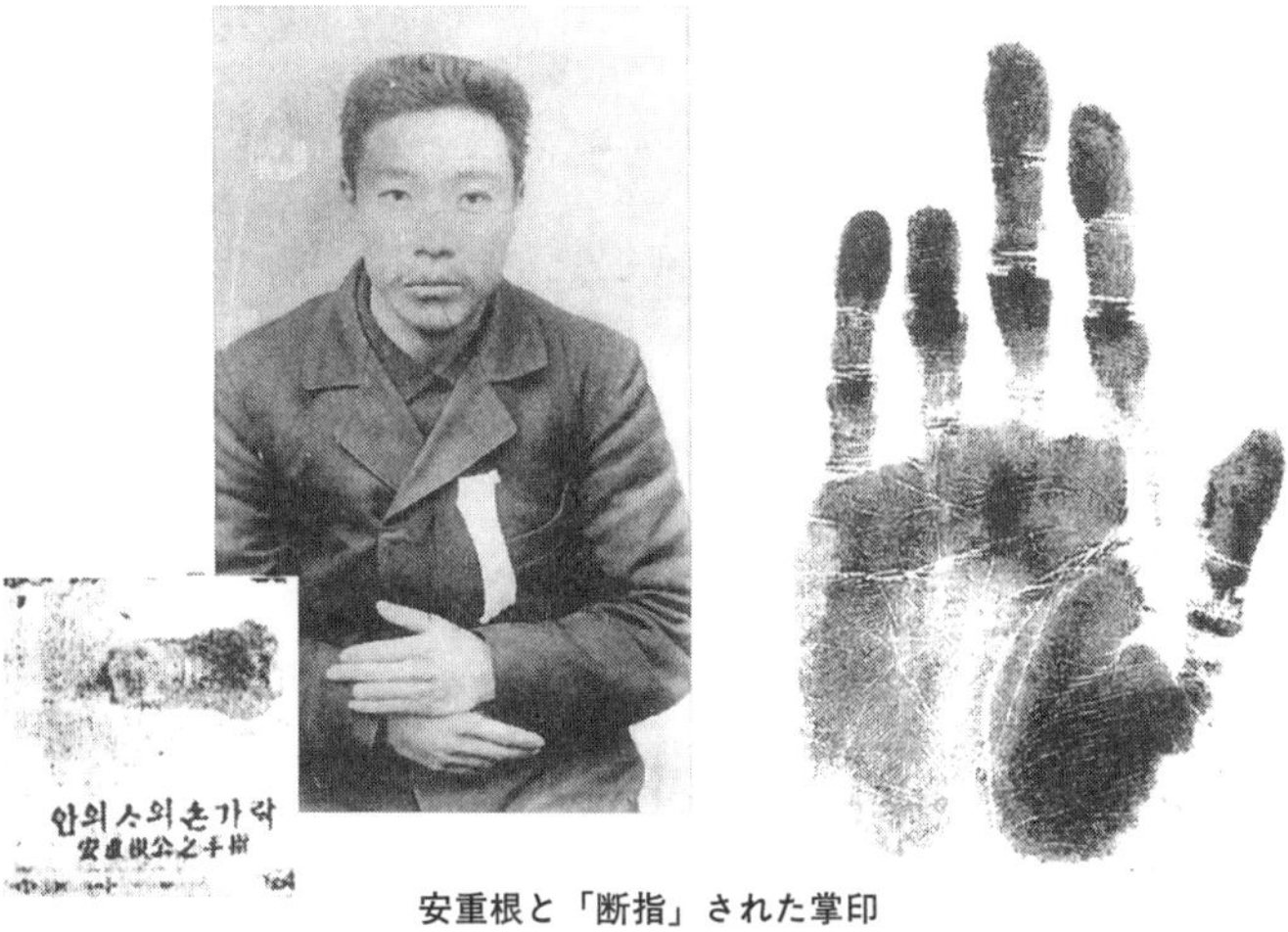

安重根と「断指」された掌印

5　誤解される安重根

さて、一連の暗殺報道のなかで、「凶変」の直後は「其素性の如何なる者なるかは未だに知るに由なし」（『東京朝日新聞』明治四二・一〇・二九）と伝えられていた「犯人」像は、ほどなく明らかになる。「兇漢は未だ自首せず平然として伊藤公の失政を列挙し自己の所信を公言し居れり」、「犯人安応七は偽名なりし旨《むね》其筋に来報ありたり」、「其本名は予審中のことゝて堅く秘密に附し居れる」（『東京朝日新聞』明治四二・一一・三）といった記事が連なって、最終的に、判然とすることが期待されたその「素性」は、「京城特派員」の筆によって次のように明かされた。

兇漢安応七の戸籍面に依れば本名は安重根なる者なる事判明せり間島に於ては露国に帰化して露国の公職をさへ帯べり同人は崔歳享を崇拝し其指揮

を受けつゝありたり、昨春之等《これら》一味の徒党（四人とも云ひ十人とも云ふ）が伊藤公を殺害せんと謀り其決心を誓はん為め左手の無名指を切落したる事あり今回の犯人安重根も矢張り左手無名指を切落せり

（「安応七の素性」『東京朝日新聞』明治四二・一一・四）

「切落したる」「左手の無名指」については、この後開かれた公判で、「裁判所より薬指の半ば切断せるは如何との問に対し彼は得意然として是れこそ即ち我等義軍の同志が昨年露領（カリー）に集合し韓国独立の為めに如何なる困難に遭ふとも必ず目的を決行すべしとの誓ひを立て同志団結の誓約を為し又同志の血を以て我国旗に大韓国独立と大書したり」（「安重根の自白」『東京朝日新聞』明治四三・二・九）と、安重根自身の言葉として再現されることになる。(18)

「安重根の性格」に関しては、「幼時より彼の性格を知悉せる某韓人の実話」として、「惨忍粗暴の性質にて幼時常に生物を殺傷する事を楽みとせる為め自から狙撃に妙を得其技《そのぎ》に長ぜり」といった逸話や「虚栄心強く」という見方が紹介されたり（『東京朝日新聞』明治四三・二・七）、「被告に接見したる鎌田弁護士の談」として「安重根の意気は頗《すこぶ》る壮とすべきも往々其度《そのど》を過ぎて端《はし》たなき憾《うら》みあり彼は誇大妄想狂即ち一種の精神病者なり気狂なり罪悪を犯し刑辟《けいへき》に触れたりとの観念少しもなし」（『時事新報』明治四三・二・九）といった談話が伝えられている。判決後の「蓋《けだ》し昨冬伊藤公が哈爾賓《はるびん》に於て非命の死を遂げたるは我国人一般に痛悼して措かざる所、随《したが》て犯罪者に対する憎悪の念其極《そのきょく》に達したるも当然の次第」（「安重根の判決」『時事新報』明治四三・二・一六）という言辞を引用するまでもなく、「安重根」が大日本帝国側の「憎悪の念」を引き寄せているのは明らかで

ある。「切落したる」「左手無名指」もまた、「凶変」を否定的に装飾する「安重根」の「猛々しさ」や「残忍粗暴」に連鎖したものと見ることができるだろう。

しかしながら、「切落したる」「左手無名指」は、メディア上の物語に二重の影響を与えている。まず第一にそれは、暗殺され、その身体に切断のイメージをひきずる朝鮮王妃の記憶と結びあったものだと言わなければならない。なぜなら、安重根その人が挙げた「伊藤公暗殺の理由」の冒頭には、「王妃の暗殺」の文字がはっきりと現われているからである。

地方法院に於ける安重根の予審終結し、重罪公判に移されたり。公判はたぶん傍聴を禁止さるべし。彼は伊藤公暗殺の理由十五箇条を申し立てり。曰く、（一）王妃の殺害、（二）三十八年十一月の韓国保護条約五箇条、（三）四十年七月、日韓新協約七箇条の締結、（四）韓皇帝の廃立、（五）陸軍の解散、（六）良民殺戮、（七）利権掠奪、（八）教科書焼棄、（九）新聞購読禁止、（十）銀行券の発行、（十一）三百万円国債の募集、（十二）東洋平和の攪乱、（十三）保護政策の名実伴はざること、（十四）日本先帝孝明天皇を弑害したること、（十五）日本及び世界を瞞着したること等なり。

（『東京朝日新聞』明治四二・一一・一八）

この「伊藤公暗殺の理由十五箇条」は、たとえば『万朝報』においては「兇漢安応七は、伊藤公暗殺の理由と題し、王妃殺害、韓国保護条約、日韓新協約の締結、韓皇帝の廃立等都合十五ヶ条の理由を列記せる陳弁書を提出したるが、右の中には言語に〔絶《ぜっ》し〕[19]たる想像を理由として明記しありと云ふ」（明治四二・一一・九）と伝えられており、「王妃殺害」は省略されずに文字化されていることがわかる。

そしてメディアに与えた第二の影響とは、伊藤博文の暗殺された身体と、安重根の身体との対比である。「柔弱」といった非難を含んだ「奇麗」な死体に対して、「切落したる」手指から血を滴らせた安重根の身体は、国家を語り、「王妃殺害」を語る。「自分が今回公爵を暗殺したる理由を世界の人に誤解されぬ様意見を述べたしと請ひ」、安重根はこう述べている。

伊藤公を殺害したるは個人の資格を以て行ひたるものにあらず韓国義軍の参謀中将として国家の為に東洋平和の為にしたるものなりと前日事実の審問当時に述べたる如く日本は日露開戦の当時宣言に背けること及七箇条の日韓協約は強圧的なる日本は東洋攪乱者なること伊藤公は前年閔妃を殺したる主謀者なること又公爵は韓国の外臣なるにも拘《かゝは》らず我皇帝を欺き先帝を廃位したり故に伊藤公は韓国に対し逆賊なると共に日本皇帝に対しても大逆賊なり彼は先帝孝明天皇と言ひ掛るや裁判長は陳述の中止を命じ被告の陳述は公安を害する虞《おそれ》あれば公開を禁じ傍聴人の退廷を命ず時に午後四時十分

（「所謂暗殺の理由」『東京朝日新聞』明治四三・二・一一）

この安重根の言葉が伝えられる際には、「安は得意となり左の如く述たり」という前置きがあるし、同じように、同日の公判内容を伝える『時事新報』（明治四三・二・一〇）のなかでも、安重根の「弁明」は、「得意気なる政事論」といった語句で修飾され、「左も得意気に傍聴人に聞けよがしに滔々述立てんとする」と形容されている。

しかしながら、「負惜みの大言を吐けり」（『東京朝日新聞』明治四三・二・九）、「自暴自棄の壮語を吐けり」（『東京朝日新聞』明治四三・二・一四）と記されはするものの、安重根は伊藤博文との対比において、上位に区分され、男性ジェンダー化されずにはいないのだ。実際のところ、「検察官の論告」では、「安は本件の首謀丈《だ》けありて韓国人としては立派の性格なり」、「性質極《ごく》強情にして意志最も強し」と評される（『東京朝日新聞』明治四三・二・一二）。その「立派な性格」へのあからさまな称賛を周倒に避けつつも、「安重根」の記号の周囲には、ホモソーシャルな絆が立ちこめてゆく。(20)

朝鮮の物語や表象を安重根という記号は乱し、ほころばせている。安重根の弁明を「誇大妄想狂」としての「豪語」、「得意気なる政事論」、あるいは「自暴自棄の壮語」と位置づけようとする力学は、彼の認識を誤ったものだと意味づけねばならない、言説上の危機とともにあるのだ。

結局、安重根は明治四三（一九一〇）年二月十四日に出された判決で主犯として死刑を宣告され、そのニュースが紙面を飾ることになる。判決の出される前後に書かれた、メディアの混乱や不安を象徴するような社説記事の一部を引用しておこう。

然るに被告をして彼の決意を為さしめたる其政治的識見は、徹頭徹尾誤解なること亦明かにして、只人をして此《かく》までも誤解すれば誤解し得らるゝものかと驚かしむるのみ。安の如きは、韓国に於ける凡ての誤解の代表としても不可なからん。いかに誤解を以て満されたる韓人中にも、安の如く誤解を以て凝り固まりたるものは、恐らくは他に之ある可らず。此に於て吾人は安の生命を絶つを以て惜しゝと為さゞるを得ざる也。之を生存せしめて、彼が如何に其政治的誤解を解くかを見たしと思ふなり。〔…〕安の意地の強き事は、検察官も既に之を認め居るが如し。畢竟意地強き男なればこそ、彼の如く誤解にも凝り固まりて、而して遂に彼の如き兇悪の行為にも及びたらんが故に、彼にして若《も》し翻つて誤解せざる事に凝り固まるに至らば則ち彼の力は他を救ふにも及ぶ可し。

（「安重根等の公判」『東京朝日新聞』明治四三・二・一五）

この記事には、引用部の前後や省略部分も含め、「誤解」「誤解を解く」の語が執拗に使用されている。「安重根」という記号には、「韓国に於ける凡ての誤解の代表」の意味が附着させられるのだ。すでに検察官への反論として安重根が述べた「決して誤解に出でたるものにあらず」（『東京朝日新聞』明治四三・二・一二）という発言を否定しつくそうとでもいうように、しつこく多用される「誤解」の文字は、強迫観念的でさえある。「意地強き男」の表象は、賛辞と非難を混じり合わせ、非常に両義的であることが読み取られよう。

だが、この「誤解」の文字にまみれて、メディア上の物語が被った二重の混乱は無理矢理閉じられる。執筆していた「東洋平和論」を完成させるため、安重根が死刑執行の猶予を請願していることが報じられていたが、三月二十六日には早くも死刑が執行される[21]。

本日愈々安重根の死刑を執行す朝来暗雲天を閉ざし微雨蕭《しよう》々として下る頑強なる彼安重根は

終に宣教師と会見したる以来己れが兇行の非なりしを悟り神に懺悔して自から心の修養を怠らず只管《ひたすら》死後の至るを待《まち》しが本日は天亦《また》彼の死を悼むに似たり軈《やが》て午前十時四分溝淵検察官栗原典獄等《ら》立会の上愈々死刑を執行す彼は韓国より死装束として送り来りたる白絹の朝鮮服を身に纏ひ心静かに最後の祈禱を捧げ更に悪びれたる状《さま》もなくして刑場に臨み絞台に上りて刑の執行を受け十一分にして絶命せり恰《あたか》も本日は伊藤公の命日にて時も亦同時刻なりき遺骸は旅順監獄墓地に埋葬する事となれり〔…〕彼が獄中執筆なりし東洋平和論は序文のみ脱稿したるも二三日以来筆を執らず祈禱にのみ耽りたり死期に近《ちかづ》ける彼の態度食事睡眠共に平日と異なる所なく悠然たるものなりしと云ふ

（「安重根死刑執行」『時事新報』明治四三・三・二七）

「悠然」と死に向かう「頑強なる彼安重根」の表象には、メディアの両義的な気分が反映されていよう。「悪びれたる状も」ない安重根だが、記者は「天亦彼の死を悼むに似たり」と記さずにはいられない。切断された安重根の「左手無名指」と結びあってせりだしたはずの閔妃の死体の記憶は、「誤解」という言葉をかぶせられ、周到に掃き去られてしまう。

「王妃」の物語は厳妃の文字に上塗られ、朝鮮の物語は韓太子によってもはや新しいステージを迎えている。「王妃」という文字は、暗殺という出来事に触れても増殖することなく、忘却の方向をたどりはじめているのだ。

6　妃たちの病気と物語の更新

伊藤博文の暗殺死、暗殺を実行した安重根の刑死に加速させられるかのように、明治四三（一九一〇）年八月には、大韓帝国は大日本帝国に「併合」されることになる。「併合」の論理と「韓太子」の関わりの詳細については次章に譲ることとして、ここでは、明治の終わりが予感されつつある明治四四年の夏、「併合」によって「李王世子」と呼び変えられることになった「韓太子」の母、厳妃の死をめぐるメディア報道について検討したい。

甲信越地方への「見学旅行」を予定していた「李王世子」のもとに、「厳妃殿下予《かね》て御危篤中なりしが療養叶はせられず遂に御逝去相成りたり」という電報がもたらされるのは明治四四年七月二十日のことで、「京城発至急官報」としてその情報は示されたのだった（『読売新聞』明治四四・七・二二）。新聞紙上では、「有名なる閔妃の後正式の冊立はなかりしも李太王殿下〔高宗の改称後の呼称〕の王妃として今の王世子殿下の御生母として勢力ありし厳妃は過日来下痢して悩み居られしが二十日朝遂に薨《こう》ぜり或は窒扶斯《チブス》にあらずやとの疑ひあり」（『東京朝日新聞』明治四四・七・二一）と報じられるが、「臨終の前後」を精読するなら、その死が防げたはずの過失として呈示されていることがわかる。

藤田総督府医院長の談に曰く「今朝三時徳寿宮より厳妃危篤、直《たゞち》に来診を請ふとの電話あり洗面する暇もなく森安博士、亀岡医官を伴ひ王宮に駆付け拝診せしにこは如何に最早治療の余地なき有様、直に主治医朝鮮人典医を招きて経過を聴取したるも体温表すらなく全然要領を得ざれば更に近侍の者に就て聞くに去る八日頃より発熱下痢ありしも重患に非ざりし故李太王の御命に依り鮮人典医に治療せしめつゝありしに昨日来病勢急変し肥満の体格に熱度高く遂に心臓麻痺を起して逝去されたるものゝ如し目下糞便を検鏡中なるが全く腸窒扶斯《ちぶす》に相違なし蓋《けだ》し王宮は保守的にて殊に婦人の病気を朝鮮医以外のものに診察せしむるを好まざるが故遂に斯かる始末を見るに至りたるものならん厳妃病気のことは閔長官すら之を知らず宮中は今朝大清潔法を行へり李太王は御無事なり云々

（『読売新聞』明治四四・七・二二）

本章第一節で論じたように、明治三一（一八九八）年に「韓宮毒害事件」が報道されたときにもやはり、外国人医師の診察を拒絶して容体を悪化させる皇太子の病状は、朝鮮の病は日本によって治療されなければならない、という植民地主義的な物語をとおして叙述されていた。そのときと同様に、「王宮」の「保守性」は「朝鮮医」の不手際と相俟って「厳妃」の死の直接的な原因として注視されている。

こうした枠組みは「厳妃薨去詳報」（『東京朝日新聞』明治四四・七・二二）にも共通していた。「厳妃は去る八日頃烈しき下痢を患ひ居りしが宮中には朝鮮人の侍医のみにして断じて日本人に診察せしむる事を好まざりし結果終に二十日朝に至り窒扶斯《チブス》に加ふるに心臓麻痺を発し薨去《こうきょ》したり」と、「日本人」に「診察」されたのであれば治癒可能だったという暗示が見受けられる。「危篤」の

報を受けて「拝診」した「日本人」の「博士」や「医官」の目の前で、「最早治療の余地なき」病は厳妃の身体を蝕み、死に追いやるのだ。

思い起こしておきたいのは、「韓宮毒害事件」よりむしろ、第一章五節で焦点をあてた東宮妃のチフス感染をめぐる報道の方である。それは同じ明治四四年三月の末から伝えられた出来事であった。

メディアの時空には、病から医師の診察を介して生還した大日本帝国の東宮妃の身体と、「日本人」に「診察」されることを拒んで手遅れになった厳妃の「肥満」した身体が、相前後して現われたのである。二人の妃の身体は、病んだ女の身体へと一般化され、病と女の物語を呼び寄せる。

留意しておきたいのは、病の物語が女の身体において再認識された時期である。医者によって「いぢり廻」されることを受け容れた東宮妃は生還し、医師に触れられることを拒絶した厳妃は死を迎えた。では、この翌年病死する天皇の身体は、どのような物語によって表象されることになるのだろうか。この点については次章で考察するが、二人の妃の病は、明治天皇の死の直前というきわめて興味深い時期に、女の身体と病の物語を交差させている。

さて、記事上では、「朝鮮人の侍医」には、日本人の医師との対比ではっきりと劣等性が刻まれ、さらに「殊に婦人の病気を朝鮮医以外のものに診察せしむるを好まざる」という指摘が重ねられている。つまり、「厳妃」の身体は、大日本帝国と大韓帝国の間で、ジェンダー構造のなかで、そして健康と病、文明と未開、生と死といった二項対立の上で、複綜する劣等性をまとわされていることになるだろう。

その「厳妃」の生涯は「波瀾」の語に彩られながら紹介される。たとえば内田良平は「李太王の寵を受け為に閔妃の嫉妬に遭ひ」、宮中を離れ、「非常に困難を嘗められしが偶《たまく》閔后薨去《こうきよ》ありしを以て再び京城に入りて」、のちに「李太王は厳氏を納《い》れて皇后となさんとせしも其出《しゆつ》貴からざるの故を以て屢《しばく》妨げられしも遂に妃殿下と仰がれ英親王は立てられ皇太子となり」と語る（『読売新聞』明治四四・七・二二）。あるいは、加藤増雄は「女官出の賤しい身分で尚宮まで昇進した時陛下（今の李太王殿下）のお手がついた為め閔妃皇后の嫉妬を受け遂に放逐されて足掛け八年流浪した」という「困難」、「宮中で大院君と閔妃の勢力争ひから例の王妃事件となり厳妃は大院君の手で僻遠《へきえん》の地より探し出れて妃に直《なほさ》れ」たこと、「或時は陞《しよう》皇后運動まで起つたこともあつた」が「公然の皇后では無かつた」点を挙げている（『読売新聞』明治四四・七・二二）。厳妃の物語のなかでは、閔妃との関係が重要な転機となっていることがわかる。「波瀾多き御生涯」の原点には、「閔妃の嫉妬」が刻印されているのである。

こうした「厳妃の生前」や「御生涯」をめぐる記事には、「今や朝鮮の併合成りて既に一年に垂《なんな》んとし」、「今日、吾人は再び当年の伏魔殿裡に行はれたる幾多権謀術数の歴史及び魑魅魍魎《ちみまうりやう》の一跳梁史を繰返さんと欲するものにあらず」といった姿勢が共有され（「当年の厳妃」『東京朝日新聞』明治四四・七・二二）、いずれにあっても必ず「閔妃の妬心」により「宮中より放逐」されたことと「閔妃の殂落後」再び宮中に戻ったことが記されている。

だが、注意を引くのはむしろ、「厳妃の悲しさは外戚に囲繞せらるゝ閔妃の勢力に比すべくもあらず」、「厳妃は半島の梟雄《けうゆう》大院君に対抗せる閔妃の如く辣腕家ならずとするも聡慧怜悧稀に見るの女傑」と、閔妃との比較が行なわれ、劣位に据えられてゆく操作に見受けられる、曖昧な称賛の方である（前掲「当年の厳妃」『東京朝日新聞』明治四四・七・二二）。換言するならそれは、物語の登場人物としてのスケールにおいての比較である。悪を代表する閔妃に劣る厳妃は、物語を消費する「われわれ」のメディア共同体をおびやかさない範囲で、筋書きの面白さに寄与させられてきた。彼女は、「デップリ肥《ふと》つた人で容姿才識共に到底故閔妃の比ではなかつたが、併し天性利巧で意志の強い一種の女傑である」（告天子「厳妃の涙」『東京朝日新聞』明治四四・七・二五）。かつて「閔妃の再来」と怖れられたが、結局は皇后になれなかった閔妃以下の存在。厳妃はそうした意味づけのもと、葬りの儀式を迎えさせられている。

しかも「閔妃の圧迫を陋巷《らうかう》に嘆きたる厳氏は、今又毎夜夢に通ひたる最愛の王世子を、此世の名残りに、一目見て死にたい〳〵で其のまゝ空しくなられた」のだった（「厳妃の涙」『東京朝日新聞』明治四四・七・二五）。この「厳妃の涙」は「王世子」の物語を装飾して、朝鮮の物語を「成長」させる効果をもつだろう。

訃報を受け、大韓帝国に一時帰国した王世子は、「五年の間に見違ふばかり成長せられ憂愁に充てる眉宇《びう》の間にも規則正しく文明教育に依り伝へられたる元気好き御様子」といった描写を受ける（『東京朝日新聞』明治四四・七・二五）。父との対面は、「互に手に手を取交して暫く言葉もなく悲喜交々至りて号泣の声外に洩る」（同前）と暖かく記されるものの、「当夜は二時間ばかりの御対話で父王は咸寧殿に御引揚げ『帰つて来たらば呑せよう食べさせやう』と用意されたる品々は、何《いづ》れも成長したる王世子には余りに不調和の物となつて了《しま》つた」（告天子「王世子の帰省（下）」『東京朝日新聞』)。メディアは、「文明教育」の成果と、王世子と朝鮮との距離を描出する。

王世子は五年間見ざりし故郷の初帰省、其眉宇には如何にも深き感慨を湛えたが正体澄目《せいたいちょうもく》シャキンと落付いて構へて居らるゝ態度の立派さ、是を見た日本人が先づ驚いた。伊藤公時代から下らぬ風説に迷はされて居た鮮人共は王世子の成長と御様子の劇しき変化に、中には彼《あ》れは別人だらうと叫んだ者もあつた位。兎に角何《いづ》れを見ても懐かしさうな顔色。
▲『人情ですわネー』と内地婦人の出迎者は暗涙を浮かべる。行く時には伊藤公に手を取つて引かれて行つた王世子、何故帰る時に寺内伯〔寺内正毅・朝鮮総督〕が彼の可愛い人の手を取つて馬車に同乗《どうじょう》せないのだらうか。『威厳に関するからサ』と巡査の説明。『朝鮮人が何《ど》れ程喜ぶだらうに、分らねえ寺内さんだ』と肴屋の熊公までが云つた。
▲幼き者の作法にならひて端然たるを見るは一種の悲壮美である。鮮人千二百万中、真に日本的修養を加へて、同化の魁《さきがけ》を為し、同化の模範を示せるもの、王世子を措いて他に一人もあるまい。蠢爾《しゅんじ》たる半島民が、新政治の恩恵に浴して蘇生の喜びを表す前に、先づ母国大君の仁慈厚き露に咲き出でたる名花一輪、王世子は実に鮮人の明星である。〔…〕
▲要するに王世子の御帰省は旧思想を以て充満した草ッ原へ新思想の自動車が突入した様なもので、周囲は事毎《ことごと》に驚愕を以て満されたが、而も轍《わだち》の印する処、皆之に靡《なび》いて少からざる覚醒を促進したのである。今回王世子帰省の模様を見て、予は朝鮮人の同化は総督の尽瘁《じんすゐ》と共に将来王世子の双肩に懸る責任の重大なるを感じた。即ち王世子は朝鮮統治上少くとも総督などゝ

同じ程度の要因たるべきものと信ずる。

（告天子「王世子の帰省（上）（下）」『東京朝日新聞』明治四四・八・五―八・六）

閔妃が殺され、厳妃が病死したいま、朝鮮をスキャンダラスな物語から切り離すのが、「真に日本的修養を加へて、同化の魁《さきがけ》を為し、同化の模範を示せる」王世子である。「王世子の成長と御様子の劇しき変化」は、朝鮮の物語が更新されたことを象徴する。「王世子」を「可愛い人」と見る「内地婦人の出迎者」「巡査」「肴屋の熊公」たちの視線は、記者と同じ結末を期待している。その目線は明らかに、「王世子」の「成長」と「朝鮮」の「将来」とを重ねてまなざしているだろう。

韓国併合に至る日韓関係の比喩に「〈海を越えた明治維新〉という時代の〈物語〉」の反映が読まれるという指摘を併せて考えるなら（三谷［2003］）(22)、記事上には明治維新期の「幼冲《ようちゅう》の天子」像が仮託されているのかもしれない。新政府は、クーデターのさなかには、理念的根拠の象徴のように「幼冲の天子」を擁していたが、権力を手にした段階では政敵に天皇を「幼冲」（幼いこと）と言い立てられぬように、天皇を成人として扱わなければならなくなった。(23)同じように、いまだ不安定さを払拭できぬ「保護国」との関係を、不安と欲望を入り混じらせながらまなざす「日本人」は、象徴として「可愛い人」「お可愛らしい韓太子」を必要としていたのである。

大日本帝国に「併合」された大韓帝国は、「同化」という安定した方向に進むはずである。その正しさは、「韓太子」から「王世子」と呼びかえられたその子どもの「成長」によって証明されるにちがいない。構成された文脈からは、明治という時代が始まった際の大日本帝国の過去が、歪曲されて王世子の上に被せられている様相が見えてくるのだ。

くしくも「内地婦人の出迎者」が浮かべた「暗涙」は、「厳妃の涙」と親和して、ひとつの物語を棄却して、新しい物語を送りだすだろう。「併合」によって、「将来」において皇帝となるべき未来を奪われた大韓帝国の皇太子は、日本語メディアが織り紡いだ物語の犠牲になった。延命したのは物語の定型だけである。こののち韓太子もまた、日本語メディアの時空のなかで、忘却されることになるだろう。

第六章　天皇と暗殺

一つの時代の終わりを刻むはずの天皇の死をすぐそこに控えて、明治の最末期には、大韓帝国の「併合」と大逆事件という、二つの歴史的事件が生じている。

併合と大逆と、いずれも天皇の死ぬ二年ほど前にあたる明治四三（一九一〇）年に起こった出来事であり、一方は「未曾有の国体の変化」、他方は「国体を汚辱する未曾有の犯罪」として新聞紙上を賑わした大事件である。

大韓帝国併合は、明治四三年八月に公布された条約によるもので、保護国化という名目での植民地主義を推し進めた大日本帝国が、まさに「保護の極」（『東京日日新聞』明治四三・八・二八）に達したことを示す出来事だったと言えるだろう。とはいえ、日露戦争後ほどなくして、強硬論者のなかからは併合を主張する声があがり、はやくも明治四〇（一九〇七）年のハーグ密使事件に際して、対韓強硬論者の衆議院議員小川平吉、河野広中、玄洋社の頭山満《とうやまみつる》など六人が提出した建白書には、大韓帝国皇帝が主権を日本に「禅譲」するかたちで両国が合併するという案が上策として明記されていた（海野［1995a：199］）。

ゆえに、たとえば伊藤博文暗殺直後の明治四二年の末、大韓帝国の親日団体、一進会の合邦論[1]が当初は「革命」「反乱」「喜劇」といった言葉に装飾されつつ報じられていたとしても(『東京朝日新聞』明治四二・一二・七)、翌年には時期尚早論が言い立てられ、次第にそれは時間の問題として知覚されることとなる。併合は、それが発表される頃には「我国人中、其決行に対して一人の異議を唱ふるものある可からず」(『時事新報』明治四三・七・二五)とまで述べられるような、既定の出来事と見なされていたのである。

つまり大韓帝国併合とは、いずれ「朝鮮」は大日本帝国の思うままになるべきなのだ、という、近代の活字メディアの誕生以来、振幅はありながらも、陰に陽に一貫して廃れることのなかった植民地主義的な欲望の結実として訪れたものにほかならない。[2]だから新聞紙面は、ひとしなみに願望の実現に歓喜し、露骨にその欲望を語る場を用意する。

このような併合の報道の前後に、「無政府主義者」「社会主義者」による「大陰謀」が伝えられる。のちに「大逆事件」と呼ばれた、社会主義運動への大弾圧事件である。幸徳秋水、管野須賀子《かんのすがこ》[3]以下二六名が検挙され、刑法第七三条「皇室ニ対スル罪」に問われ、大審院における特別秘密裁判によって二四名が「大逆罪」で死刑(うち一二名は宣告の翌日に無期懲役に減刑)、二名が爆発物取締罰則違反で有期懲役一一年と八年に処せられたこの事件が、実際には社会主義者の徹底的撲滅をはかるために山県有朋、桂太郎ら政府関係者によってフレーム・アップされた事件であることは、つとに諸研究に明らかである。[4]だが、そうした政治的事情に加え、「王殺し」に通じる大逆事件は「日露戦後において必然的に惹起」されたものなのだという絓秀実の指摘を念頭にメディアの言語を見渡せば（絓［2001：262-304］）、当時、すでに海外の無政府主義者によるいくつもの暗殺事件が報じられ(5)、「無政府主義者」と「暗殺」の文字がこの上なく親和しきったものであったことが読み取られる。

ならば、天皇暗殺という無政府主義者の「大陰謀」は、日本語メディア共同体の「われわれ」にとって、いきなり訪れた変事ではありえまい。それはほとんど予期されたものであったはずなのだ。現に、「無政府主義者」の記号はとくに明治四一（一九〇八）年の赤旗事件(6)以降、つねに犯罪と隣り合うように位置づけられていた。夏目漱石『それから』（東京・大阪両『朝日新聞』明治四二・六―一〇）に引用されていることでも知られるが(7)、杉村楚人冠の「幸徳秋水君を襲う（上・下）」（『東京朝日新聞』明治四二・六・七―八）には、「無政府主義の大将幸徳秋水君」を訪れた記者が、平民社の前に「巡査の詰所」である「天幕《テント》」が立てられ、「秋水君の一挙一動来訪者の誰彼悉く見張られて居る」のを目にしたと記されている。記事のなかに、「『皇室に危害を加へる恐れがあるとでも思つてゐるのだらうが誰がそんな馬鹿な真似をするもんか』と秋水君は笑つた」という記述の挿まれている点を強調しておきたい。引用された幸徳の台詞は、「無政府主義者」の「幸徳秋水」がつねに「皇室に危害を加へる恐れ」を持った存在だとみなされていることを逆証している。それは幸徳秋水自身によって、具体的に否定されなければならない事態であったのだ。

翻って明治三九（一九〇六）年六月、幸徳はアメリカから帰国して「直接行動論」を提唱していたが、その頃、「無政府党鎮圧（古今の滑稽、天下の迂愚）」と題する文中に、「無政府党鎮圧の会議を開かんとや！　我れ之を聞きて噴飯絶倒す」、「無政府主義が決して暗殺其物に非ず、狙撃其物

治三九・八・五)[8]と記している。

明に非ずして、実に今の学術知識より醞醸し来れる大思想たるは争ふ可らず」(『光』一巻一八号、明治三九・八・五)[8]と記している。

「無政府主義が決して暗殺其物に非ず」と述べなければならないのは、「無政府主義」が「暗殺其物」だと認識されていたからである。幸徳が「無政府主義」の「鎮圧」を指して「古今の滑稽、天下の迂愚」と呼ぶ身ぶりは、「皇室に危害を加へる恐れがあるとでも思つてゐるのだらうが誰がそんな馬鹿な真似をするもんか」という言葉と時を隔てて響きあったものだと言えるだろう。だが、「滑稽」と指さして「噴飯絶倒」し、「馬鹿な真似」と言い捨てて「笑っ」てみても、否認それ自体が「無政府主義」と「暗殺」を結びつけてしまうことは否めない[9]。

もしかしたらそれはいつか現実におこるのかもしれない、という不安の種は、その訪れをひそかに希う願望や好奇心と軌を一にしてゆくだろう。というのも、「無政府主義」の文字は、いくつもの魅惑的な比喩と物語要素とを引き寄せていたのだし、つなげてひとつの物語として読みたいという欲望をそそりたてずにはおかない状況のなかにあったからである。

すなわち、併合と大逆とはともに、遠くない未来におこりうる事象、あるいはいつかはおこるべき事態として予期され、心配され、いわばメディアにおける期待の地平(Jauss [1970=1976])の両極にひそかに据えられていたのである。明治の最末期に「未曾有」の事件として語られる、あらかじめ期待されていた二つの物語。メディアの表皮を飾り立てていたのが併合という賑わしい物語であったとすると、裏面にはりつき、メディア上で醸成されてきた悪意や殺意を充足させるべく構成されたのが、大逆事件であったと言えるだろう。

大逆も併合も、物語の行き着く当然の帰結として、欲情する「われわれ」の目に供されるのだ。

1　大韓帝国併合

大韓帝国の併合に関する詔書と条約（『官報』明治四三・八・二九号外）は、新聞各紙を埋め尽くしている。

韓国併合条約

詔書

朕東洋の平和を永遠に維持し帝国の安全を将来に保障するの必要なるを念ひ又常に韓国が禍乱の淵源たるに顧み曩《さき》に朕の政府をして韓国政府と協定せしめ韓国を帝国の保護の下に置き以て禍源を杜絶し平和を確保せむことを期せり

爾来時を経ること四年有余其の間朕の政府は鋭意韓国施政の改善に努め其の成績亦見るべきものありと雖韓国の現制は尚未だ治安の保持を完するに足らず疑懼の念毎《つね》に国内に充溢し民其の堵に安ぜず公共の安寧を維持し民衆の福利を増進せむが為には革新を現制に加ふるの避く可らざること瞭然たるに至れり

朕は韓国皇帝陛下と与に此の事態に鑑み韓国を挙て日本帝国に併合し以て時勢の要求に応ずるの已むを得ざるものあるを念ひ茲に永久に韓国を帝国に併合することとなせり

韓国皇帝陛下及其の皇室各員は併合の後と雖相当の優遇を受くべく民衆は直接朕が綏撫《すいぶ》の下に立ちて其の康福を増進すべく産業及貿易は治平の下に顕著なる発達を見るに至るべし而して東洋の平和は之に依りて愈々其の基礎を鞏固にすべきは朕の信じて疑はざる所なり朕は特に朝鮮総督を置き之をして朕の命を承けて陸海軍を統率し諸般の政務を総括せしむ百官有司克《よ》く朕の意を体して事に従ひ施設の緩急其の宜《よろし》きを得以て衆庶をして永く治平の慶に頼らしむることを期せよ

御名御璽

明治四十三年八月二十九日

各大臣副署

条約

日本国皇帝陛下及韓国皇帝陛下は両国間の特殊にして親密なる関係を顧ひ相互の幸福を増進し東洋の平和を永久に確保せん事を欲し此の目的を達せんが為めには韓国を日本帝国に併合するに如かざる事を確信し茲に両国間に併合条約を締結する事に決し之れが為め日本国皇帝陛下は統監子爵寺内正毅を韓国皇帝陛下は内閣総理大臣李完用を各其の全権委員に任命せり依て右全権委員は会同協議の上左の諸条を協定せり〔…〕

引用部に続いて「第一条　韓国皇帝陛下は韓国全部に関する一切の統治権を完全且永久に日本国

明治五年創刊 … 明治四十三年八月三十日 火曜日 THE TOKYO NICHI-NICHI SHIMBUN 第一萬二千百十八號 年中無休刊

東京日日新聞

○韓國併合條約

詔書

朕東洋ノ平和ヲ永遠ニ維持シ帝國ノ安全ヲ將來ニ保障スルノ必要ナルヲ念ヒ又常ニ韓國カ禍亂ノ淵源タルニ顧ミ曩ニ朕ノ政府ヲシテ韓國政府ト協定セシメ韓國ヲ帝國ノ保護ノ下ニ置キ以テ禍源ヲ杜絶シ平和ヲ確保セムコトヲ期セリ

爾來時ヲ經ルコト四年有餘其ノ間朕ノ政府ハ鋭意韓國施政ノ改善ニ努メ其ノ成績亦見ルヘキモノアリト雖韓國ノ現制ハ尚未タ治安ノ保持ヲ完スルニ足ラス疑懼ノ念毎ニ國内ニ充溢シ民其ノ堵ニ安セス公共ノ安寧ヲ維持シ民衆ノ福利ヲ增進セムカ爲ニハ革新ヲ現制ニ加フルノ避ク可ラサルコト瞭然タルニ至レリ

朕ハ韓國皇帝陛下ト與ニ此ノ事態ニ鑑ミ韓國ヲ擧テ日本帝國ニ併合シ以テ時勢ノ要求ニ應スルノ已ムヲ得サルモノアルヲ念ヒ茲ニ永久ニ韓國ヲ帝國ニ併合スルコトトナセリ

韓國皇帝陛下及其ノ皇室各員ハ併合ノ後ト雖相當ノ優遇ヲ受クヘク民衆ハ直接朕カ綏撫ノ下ニ立チテ其ノ康福ヲ增進スヘク產業及貿易ハ治平ノ下ニ顯著ナル發達ヲ見ルニ至ルヘシ而シテ東洋ノ平和ハ之ニ依リテ愈ミ其ノ基礎ヲ鞏固ニスヘキハ朕ノ信シテ疑ハサル所ナリ

朕ハ特ニ朝鮮總督ヲ置キ之ヲシテ朕ノ命ヲ承ケテ陸海軍ヲ統率シ諸般ノ政務ヲ總轄セシム百官有司克ク朕ノ意ヲ體シテ事ニ從ヒ施設ノ緩急其ノ宜キヲ得以テ衆庶ヲシテ永ク治平ノ慶ニ賴ラシムルコトヲ期セヨ

御名御璽

明治四十三年八月二十九日

各大臣副署

條約

日本皇帝陛下及韓國皇帝陛下は兩國間の特殊にして親密なる關係を顧ひ相互の幸福を增進し東洋の平和を永久に確保せん事を欲し此の目的を達せんが爲めには韓國を日本帝國に併合するに如かざる事を確信し茲に兩國間に併合條約を締結する事に決し之れが爲め日本國皇帝陛下は統監子爵寺内正毅を韓國皇帝陛下は内閣總理大臣李完用を各其の全權委員に任命せり依て右全權委員は會同協議の上左の諸條を協定せり

第一條 韓國皇帝陛下は韓國全部に關する一切の統治權を完全且永久に日本國皇帝陛下に讓與す

第二條 日本國皇帝陛下は前條に揭げたる讓與を受諾し且全然韓國を日本帝國に併合することを承諾す

第三條 日本國皇帝陛下は韓國皇帝陛下太皇帝陛下皇太子殿下並に其后妃及び後裔をして各其の地位に應じ相當なる尊稱威嚴及名譽を享有せしめ且之を保持するに十分なる歲費を供給すべきことを約す

第四條 日本國皇帝陛下は前條以外の韓國皇族及び其後裔に對し各相當の名譽及待遇を享有せしめ且之を維持するに必要なる資金を供與する事を約す

第五條 日本國皇帝陛下は勳功ある韓人にして特に表彰をなすを適當なりと認めたる者に對し榮爵を授け且恩金を與ふべし

第六條 日本國政府は前記併合の結果として全然韓國の施政を擔任し同地に施行する法規を遵守する韓人の身体及財產に對し十分なる保護を與へ且其の福利の增進を圖るべし

第七條 日本國政府は誠意忠實に新制度を尊重する韓人にして相當の資格あるものを事情の許す限り韓國に於ける帝國官吏に登用すべし

第八條 本條約は日本國皇帝陛下及韓國皇帝陛下の裁可を經たるものにして公布の日より之を施行す

右證據として兩全權委員は本條約に記名調印するものなり

明治四十三年八月二十二日 統監 子爵 寺内正毅

隆熙四年八月二十二日 内閣總理大臣 李完用

列國政府に對する宣言

李太王殿下

李王殿下

○併韓奉告祭

○朝鮮勅使

○韓國併合所感 △後藤男爵談

韓国併合を伝える紙面（『東京日日新聞』明治43年8月30日）

皇帝陛下に譲与す」、「第二条　日本国皇帝陛下は前条に掲げたる譲与を受諾し且全然《ぜんぜん》韓国を日本帝国に併合することを承諾す」とややまわりくどくはじまる八つの条文が並んでゆくのは、すでに第二次日韓協約によって大韓帝国を保護国化している大日本帝国が、被保護国である大韓帝国を武力的に征服し、「『強制的併合』を通じて滅亡させることは論理的にでき」ず、それゆえ国家間の合意形式をとらざるをえなかったからだということになろう（海野［1995a：222］）。併合を伝える記事のなかでは、「保護」を行なう日本の立場から欧米の植民地主義が手厳しく批判され、「今度の合併は決して征服の意味に非ず」（『時事新報』明治四三・八・二五）と、大日本帝国の行為は侵略ではなく、保護の延長である併合なのだという点が繰り返し説かれることになる。

さて、この併合条約だが、何といっても「詔書」の冒頭に、「東洋の平和」「禍乱の淵源」といった文字が使用されている点を見落としてはなるまい。「禍源を杜絶し平和を確保」することを目指した「保護」政策の「革新」が「併合」なのだという論理の原点に、「東洋の平和」を損なう「禍乱の淵源」としての韓国といった構図が置かれていることは、極めて興味深い事実である。

つまり、この条文のなかでは「朕」もまた、「禍乱の淵源」としての朝鮮をめぐる物語を共有していることが見て取れるのだ。

この「詔書」に、小村外相の演説中の「東洋の禍乱が較《やゝ》もすれば其源を韓国に発し往々にして累を帝国に及ぼすの事実に鑑み如何にもして此禍根を断絶せんことを切望し」（『東京朝日新聞』明治四三・八・三〇）といった一節、あるいは「詔書を拝読するに、韓国保護の成績未だ能く聖意に副《そ》ふに至らず、治安の保持完《まつ》たからず、疑懼の念国内に満ち、韓国が東洋禍乱の張本たること依然たる」（『東京朝日新聞』明治四三・八・三〇）という社説、「事実を云へば京城の宮廷は嘗て日本に対する陰謀の策源地なりき、密使事件の如何にして起りたるかは世人の熟知する所にして、無頼の徒を指嗾して伊藤公暗殺の悲劇を演ぜしめたるも、実は宮中の大策士其の発頭人なりと伝へらる」（『万朝報』明治四三・八・二五）といった記事を接続させてみるなら、構図はよりはっきりする。「朕」は、大韓帝国皇室をめぐる「禍乱」にまみれた物語のすべてを想起するよう、読み手に促しているのである。

併合の理由は、「特殊にして親密なる関係」にある「日本国皇帝陛下及韓国皇帝陛下」の「欲する「相互の幸福」と「東洋の平和」を、乱してしまう原因をいつも「韓国」がつくっているから、ということになっており、この「韓国皇帝陛下」の文字は、「陰謀の策源地」である韓国皇室をめぐる物語の一切を吸い上げずにはおかない。かつ、その物語の登場人物たちは、紙面の別の場所で、具体的な描写を受けることになるのだ。物語を産出し続けてきた韓国宮廷での最後の「御前会議」は、次のように叙述されている。

▲皇帝陛下〔ママ〕は暫し憮然として黙想に耽られたるが軈《やが》て御声を曇らせ朕は卿等の誠忠を嘉す在位四年未だ千万の蒼生を雨露の恵みに浴せしむる能はざるは朕の不徳の致す所なり想ふに韓国の前途大に憂慮すべきものあらん卿等須《すべか》らく朕の意を体して国民の為めに尽せよと痛はしげなる勅諚を拝聴しては何れも大鉄槌の頭上に落下せるが如く覚えたりと云ふ〔…〕李総理趙農相は

▲徳寿宮〔ママ〕に参内し太皇帝に其事を言上せしに朕過てり大韓国を亡ぼすは卿等の責に非ずして朕が罪なり朕何を以て冥府の皇祖に見えん〔…〕願はくば日本政府に一任して自国の安寧を計れと流涕ながらに仰せられしと云ふ〔…〕（「漢城最後の一幕」『時事新報』明治四三・八・二八）

「太皇帝」、すなわちかつて、閔妃に朝鮮をほしいままにする権力を与え、その再来としての厳妃を寵愛してきた高宗の流す「暗涙」は、「定めし当年の事共偲ばれたるものならん」（『時事新報』明治四三・八・二五）といった語句によって装飾されてもいるのだが、「皇帝」や「太皇帝」の様子が具体的に叙述されることで、大韓帝国の皇室を象る物語の負の側面が鮮やかによみがえるだろう。

一方、条約のなかで「大韓帝国皇帝」と対をなす「大日本帝国皇帝」の側は、「聖恩洪大」といった定型句によって抽象的に称えられるばかりで、決して具象化されることはない。紙面からは、「特殊にして親密なる関係」としてこの上なく深く触れあっているはずの大韓帝国と大日本帝国の皇室をめぐる叙述の、奇妙な差異が明瞭に読み取られる。

条文に続けてさまざまな解説や論説、談話を掲載した、併合直後の新聞・雑誌に見られる論理は、いずれも条約を支持し、美化する論調に満ちたものだった。[10] それらの論理は侵略の事実を覆い隠すために機能しているが、他方では明らかに、怯えにも似た感情に縁取られている。「如何なる準備に比しても、先《ま》づ最も必要なりと感ぜらるゝは、日本人の韓人を愛することなり」（『読売新聞』明治四三・八・一九）という記載にみられるように、最優先の必要事項として、「愛」が要請されている。記事のなかには「韓国人」の「感情」に対する配慮と注意とが、執拗に書き入れられているのだ。

此際吾人は韓国皇室に対する処置及び韓国民に対する態度に就ては最も慎重なる注意を要す唯韓国人をして速かに忠実なる国民たらしめん事を求めざる可らず本国民に対する韓国民の感情にして嫌悪に陥らしめんか容易に快復は出来得ざるべく為に忠実なる国民を失ふの損失あるべし〔…〕此際多数の新帝国民と本国民との感情融和に勉むるは当路者随一の責任なり

（「合併と世論」堀田正養談、『東京日日新聞』明治四三・八・二四）

「日本人」の側の「愛」や「慎重なる注意」が急務であるという主張は、「韓国人」から「嫌悪」の「感情」を受けることを極度に恐れているかに見える。このような過剰な警戒や配慮の延長で、祝賀を自制するよう促す議論も現われている。

韓国併合は本邦の既定事実に属するのみならず今次の根本的解決の如きも至仁至愛なる〔ママ〕聖上陛下が深く極東の和平と韓国の将来とを軫念あらせられ兼て韓国皇帝及び其の国民の衷情を察し給ひ茲に愈愈決定せらるゝに至れるものなるべければ其の事実は至善至美を極めたるものにして任侠義に勇む我が大和民族の理想を実現せるものに外ならずされば此の空前の大典を祝すべく凡《あら》ゆる手段と方法とを尽して其の及ばざらん事を懼るゝは是れ亦吾人赤子の止め難き至情なるべしと雖も今回の事たる其の性質普通の戦捷其他の祭事等と自ら其の意味を異にするもの

あれば祝賀の度を越えて正径を逸し以て環視列国の為めに大国民の襟度気魄を疑はれ又は爾今愛撫すべき韓民の頭脳に面白からざる印象を与ふるが如き事なきを期せざるべからずと

（「祝賀は慎重なれ」『東京日日新聞』明治四三・八・二八）

「既定事実」とされる韓国併合は、美辞に彩られつつも、一点において不安に曇らざるをえない。「爾今愛撫すべき韓民の頭脳」は、場合によっては「我が大和民族の理想」にひびわれを生じさせてしまうかもしれないからである。このような祝賀慎重論は「政府当局者」の「今後の韓国統治上に祭騒ぎ的祝賀は望ましからず」という方針に呼応したもので、次のような主張に連なっていた。

願くは此機会を善用して、朝鮮の蒼生に対する全日本人の愛情を流露せしめよ、而して同時に新しき運命を担へる大国民としての最高義務心を煥発せしめよ。斯くして始めて新日本人たる鶏林八道の庶民をして、真に精神的融和を成就せしむるの大勢を馴致し得可きなり、政治的合同の根本生命実に繫りて茲に存す。合邦記念は単なる過去の記念に止らず、又現在の記念に止らず、高大悠遠なる日本帝国「将来」の光栄と幸福とを庶幾するの記念たる可き者なり。

（「日本国民の真光栄　合邦記念の最善なる方法」『東京日日新聞』明治四三・八・二九）

何より強調されているのは、大日本帝国の側からの「愛情」である。むろん、こうした「愛情」や、「愛情」ゆえの慎みを求める議論と対をなすのが、「反日」「排日」の動きへの恐れであることを確認するのはたやすいだろう。「韓民の暴動」について「吾人は死せる韓国は要せず活ける韓国未来ある韓国を欲するが故に韓国民たるもの此際大に発奮する亦頗る妙なるべし」（『東京日日新聞』明治四三・六・一八）と言ってみたところで、合併に反対する「朝鮮人の抗議」（『東京日日新聞』明治四三・九・五）の声はさまざまなかたちで報道され続け[11]、それを完全に封殺して安堵することは難しい。「愛情」は、「我が大和民族の理想」が描く物語が破れずに守られる根拠として、「過去の記念」「現在の記念」を超え、「日本帝国『将来』の光栄と幸福」を保証しようとするが、物語はあちらこちらでほころんでしまうのだ。

そのようななかで、「愛情」によって媒介される「理想」「将来」の着地点として見出されるのは、ほかならぬ「韓太子」であった。伊藤博文の暗殺時と同様に、「韓太子」には熱い注目が集まり、「王世子《おうせいし》」へと呼び変えられることになる「韓太子」をめぐる記述は、憂慮をなだめる効果そのものと化している。

「未だ日韓合邦の事はまだお耳に入れませんが判つたつて別にお驚きになりますまい」（「韓太子御動静」『読売新聞』明治四三・八・二五）という侍従武官の言葉があらかじめ伝えられていたとおり、韓太子に「併合」の事実が告げられる場面は淡々と写しとられる。

昨日の王世子邸
▽極めて寂寥
昨日より王世子李垠殿下とならせられたる前韓太子の鳥居坂邸は未曾有の国体の変化ありし昨

日も更に平日と異なる処なく〔…〕寂寥なりし邸内は一層静かに梢を渡る秋風と虫の声のみ耳につきぬ

▲承知しました　殿下は御機嫌麗はしく平日の如く御起床遊ばされ午前十時半頃京城の父君李王殿下より日韓条約無事成立したる旨の電報到着したれば高太夫より殿下の御覧に供し間もなく古谷御用係伺候して「委細の事は伊藤公爵〔伊藤博文の養子・伊藤博邦〕よりお聴取り下さい」と申上げ置き伊藤公爵は十一時半古谷御用係と共に殿下に官報号外を差上げ簡単に合併の内容を御聴に達したるに殿下は「承知しました」と仰せられたり公爵は重ねて「本日より一同引続き殿下の御用を承るやう陛下より御命令がありました」と申上げたるに殿下は「宜敷く」との御言葉あり古谷御用係も同様御挨拶をなせしに殿下は軽く打頷づき御会釈あらせられたり〔…〕

▲朝鮮人は楽観　垠殿下を始め奉つり御附諸氏の感想如何を古谷御用係に就て聞くに氏は曰く「何分殿下はまだ御幼少ですから格別の御感想もあるまいと思はれます高太夫其他諸氏の感想はまだ何とも込入つた話もありませんが日韓の合併と云ふ事は統監政治を布いた時から略《ほゞ》判つて居る事ですから今更改まつての感想もありますまい朝鮮の方でも少数の頑固党の中には反抗の態度を示す者のないとも限りませんが朝鮮の人民は到つて正直で温順ですから内地人が気遣ふ程危険な考を持つて居る者はないでせう恐く多数の人民は此の併合を却て楽観して居る位です〔…〕

（『読売新聞』明治四三・八・三〇）

「韓太子」が「前韓太子」となり、呼び名が「王世子」へと変更される場面は、「静か」な「寂寥」によって統括されている。御用係の「何分殿下はまだ御幼少ですから格別の御感想もあるまいと思はれます」という言葉によって「王世子」の内面は空白にされ、「われわれ」の物語によって埋められることになる。「承知しました」の返答も「宜敷く」の語も「軽く打頷づき御会釈」といった仕草も、どれも「合併」を受容する姿勢を表象して、「王世子」のその態度によって、「朝鮮の人民は到つて正直で温順」「危険な考を持つて居る者はない」という言葉が証明されるのだ。

こうした模様は、「何分にも未だ十三歳に達せざる御幼年の事」だから「政治上の事は御会得なさらざる模様なり」といった報告にも等しく読まれる（「一昨日の王世子」『東京朝日新聞』明治四三・八・三一）。また、「今回の併合に就ては少しも関はらせられざるも御内心は窃に御憂慮ありて」と記しもする『東京日日新聞』（明治四三・八・三〇）でも、「官報号外」を見た「王世子」の様子は「既に御存じの事とて別に驚かせられたる御模様なく『愈々発表になつたナ』と軽く首肯せられたり」と伝えられ、「王世子の御満足」が強調されている。「殿下には別に何等の御言葉もなく又平生と御変りもなかつたそうである」、「別に御気色も変りはなく」、「他意見えず」、「御機嫌至つて麗はしかつた」といった語句が「王世子」の周囲を取り囲むのだ（「世子殿下御動静」『時事新報』明治四三・八・三〇）。新聞紙上に叙述された「王世子」の変わりない機嫌の良さ、幼さゆえの無知に含意されているのは、沈黙による了承の姿勢である。

同時に報じられるのは、「関西地方御巡啓」を終えた「韓国皇儲《こうちょ》御参内」の模様であり、「具《つぶ》さに御物語り」する「韓国皇太子殿下」と「種々御慰藉の御言葉」や「御下賜」の品々を与える「両陛下」との親しい交わりである（『東京日日新聞』明治四三・八・二七）。「何分にも、陛下が王世子を慈しみ給ひ其御待遇の手厚き事は殆ど想像外にて細大となく一々御沙汰を下し給ふ程なれば王世子も亦深く御思召に感じ常に、陛下の御仁徳を称へ居り、近頃は日本語も御上達の事とて御対面の時などは御丁寧なる御言葉にて御物語あり」と叙述されるとおり（前掲「一昨日の王世子」『東京朝日新聞』明治四三・八・三一）、天皇、皇后と王世子との絆は、「想像」を絶するほどの強さを携えているのだ。

「本邦の韓国に於けるは大人の小児に於ける如く」（「伊藤公の功績」『東京日日新聞』明治四三・八・二九）といった直喩が証立てているように、大日本帝国と大韓帝国とは親子の比喩で語られているのだから、次に並べる二つの記事を読み比べるなら、韓太子／王世子に期待された役割がはっきりと見える。

有繋《さすが》に老巧なる君主も時利あらずして屑《いさぎよ》く権謀の禍根を捨てゝ東洋平和の為め且つは十三道民衆の為め談笑の間に統治の主権を日本天皇陛下に捧げられたる隆熙帝の英断は今更ら容喙す可くもあらず且つ遠く世嗣と相別れて心愈々切なる厳妃の慫慂に促されて本意なくも主権を譲与するは単に朕が不徳の致す所なりと雄々しくも諦められし太皇帝は爰《こゝ》に全く野心を捨てゝ平和に余喘を送らんものと決心の臍《ほぞ》は堅けれど〔…〕爾来太王は深き憤恨に沈み食を廃して李朝の末路を慨せらるゝとは憐然の極みならずや〔…〕

（「李太王の絶食」『時事新報』明治四三・九・二）

△故国宮中の殿下　実は昔の皇族や大名などの奥向きと云ふものは一般に子供の教養など婦人の手にかゝることが多いので、韓国宮中などは殊に然《さ》うであつた、殿下も亦其の時迄は全く宮女の手で惰弱に甘やかして育て上げられてあつたので、〔…〕健全の養育はなかつたらしい、其の中から俄に女の手を離れ而も未だ嘗て宮殿内を離れたことのなき小児が万里の波濤を渡つて海外に出らるゝのであるから、伊藤公も頗る心配して右に云つた如き駄目も押したと云ふ次第である、然るに元来殿下は余程聡明にあらせられ亦天稟の骨格も健全であるが故に渡海以後の結果は殆ど予期以上に良好であつた〔…〕

△愛撫父母に優る　此の御有様は独り天皇陛下のみならず、皇后陛下にも凡そ同一御慈愛であらせられた、吾輩は断言す我が両陛下が殿下に対する御情愛は決して表面の儀式的のものでなく実際御親愛あらせらるゝ訳と窃に察し上げ奉る実は人情より申せば未だ御幼少の殿下が一身の教育、修業の為とは申せ父母の膝下を離れて海外の日本に御滞在の事故《ことゆゑ》、其辺の事情は深く御憐察あり、我が御子同様に御愛撫あらせられ自ら代つて父母となるの叡慮にあらせらるゝことゝお察し申上げる、而して此の辺の状況は殿下にもよく御了解に相成り居り殿下も亦屡我が両陛下の御慈愛は我が父母に優るも劣らずと云ふ御口気を洩らされたやうに存ずる、〔…〕

（「聖上陛下の李王世子に対する御愛撫」『東京朝日新聞』明治四三・一一・五）

前者は「王世子」の父、「李太王」（高宗）の嘆きを叙述した記事、後者は「王世子」の前「御養育掛」であった末松謙澄の談話をもとに「我が聖上陛下が如何に李王世子殿下に多く御心を注ぎて御愛撫あらせらるゝか」を整理した記事で、「之を読まば独り吾等臣民が陛下の御徳に感泣するのみならず、遙に朝鮮にあらせらるゝ李太王、李王殿下にも為に御涙を催させ給ふなるべし」とリードがつけられた上で、逸話や観察が配置されている。

注意しておきたいのは、「李太王」をめぐる記事に登場する「厳妃」の位置である。厳妃については、死亡記事でも「厳妃殿下は取別け日本に心を寄せ給ひ、日韓合併も殿下の御力に依る所いと尠なからずと承はるに今薨去の報に接す、悼ましとも悼まし」（『万朝報』明治四四・七・二一）と、「親日派」であったことが特筆されていたのだが、[12]「厳妃」が合併を「慫慂」したというエピソードが挿入されることにより、悪妃によって国が傾くという定型が想起されることになるだろう。「太皇帝」にかぶせられた「権謀」「禍根」の語は、かつての数々の出来事を彷彿させずにはおかない。メディア上に編成された併合をめぐる物語は、「朕」の呼びかけに呼応し、大韓帝国の過去を悪妃の物語によって彩るのである。

後者の「李王世子」に関する記事では、「韓国宮中」の女性ジェンダー化と、韓太子の体験したジェンダー転換とが露骨に遂行されている。女性ジェンダー化された「故国宮中」は、「健全の養育」を阻害する場所として描き出され、「王世子」の留学は「小児」が「女の手を離れ」るという意味に解釈されている。大日本帝国は男性ジェンダー化され、「小児」の男の子らしい成長が、女から男へのジェンダー転換の正しさを証明することになるのだ。留学当時から期待され続けてきた「韓太子」の物語は、「併合」によって韓太子が王世子へと呼び変えられたとき、予期通りの結末を獲得するだろう。「我が両陛下の御慈愛は我が父母にも優るも劣らず」という「李王世子」の言葉は、それを象徴する証である。

このように、「王世子」を媒介にして大韓帝国皇室と大日本帝国皇室とが結び合わせられるとき、大韓帝国の側は過去、あるいは背景に押し込められ、現在進行形のメインストーリーとして前景化するのは天皇・皇后と王世子を包みこむ新しい家族のイメージである。これは併合される大韓帝国と大日本帝国との関係を「朝鮮の士民を真実同胞兄弟と認め」（『時事新報』明治四三・八・二五）、「我の朝鮮に対する、其関係は征服者と被征服者の関係にあらずして、姉国と妹国の関係也」（『万朝報』明治四三・八・二五）と、「兄弟」「姉妹」になぞらえる比喩、あるいは「嘗て伊藤公の唱道したる日韓一家説は此《こゝ》に事実となり」（『万朝報』明治四三・八・二四）と、家族にたとえる比喩に見られる、日鮮同祖論と結びあった文法から直に導き出されたものだと言えるだろう。

メディアの希求し続けた朝鮮の物語は、併合によって完結するのだ。それゆえ、物語の主人公は完結の地点に結び置かれ、あとは不要になるまで消費され続けるほかはない。

だが、物語を切り裂き、破綻させる契機はどこにでもある。

> 朝鮮人は一概に悠長であると云ふが、中々以て左様ではない、矢張日本人同様神経質な所もあり気概もある、これは宗教や教育の影響でなく本来相似たる所である、彼の頻々として暗殺の行はるゝ如き其気概あるを示すもので、又日本人に対して一種の敵愾心を抱いて居る者のある如き、丁度開国当時の日本人が西洋人を睨み付けて通つたと同様である、此気概ある所が寧ろ

頼母しい所で、打たれても叩かれても反発するなき太平の民ならば甚だ荷厄介な次第である、〔…〕（「朝鮮人は日本に同化し得る乎　海老名弾正氏の談」『東京朝日新聞』明治四三・八・二五）

この談話が暗に示すのは、併合への抵抗や反対として暗殺事件が頻発することへの憂慮と、それが「感情」の問題として処理されていることである。「吾々は新日本人を決して虐待してはならぬ朝鮮人は非常に善良なる民である彼の暗殺の如き暴動の如きは歴代の政治を誤った為め自ら官吏を悪《にく》み政府を恨むに到ったに過ぎぬ」（「朝鮮人を歓迎せよ　大隈伯談」『読売新聞』明治四三・八・二五）、「暗殺陰謀等は本邦人の最も憂惧する所なるも由来暗殺の動機を見るに多くは国際的関係よりは寧ろ個人間の感情に依り勃発せるもの多きが如し故に今回の合併に就ても何等不穏の挙に出る事なかるべし」（「合併後の要務　犬養毅氏談」『東京朝日新聞』明治四三・八・二五）などと、メディアは「暗殺」の可能性を言い立てずにはいられない。いずれの記事にも共通するのは、暗殺の原因として「朝鮮人の感情」が想定されていることである。暗殺をめぐる記事は、先に触れた、「新日本人への愛情」の必要が強調される文脈と織り重なっているわけだが、いくらその可能性を否定しようとしても、暗殺という文字は過去の暗殺事件と結びついて、未来の不安をかきたててしまう。「暗殺」は朝鮮の物語に何度も現われた要素であり、併合に際して過去を振り返る文脈には、「暗殺」の記憶がそこかしこに浮上する。

こうした記事の延長には、埋葬されたはずの記憶がよみがえる。かつての朝鮮を回想する井上馨は、公使としての自分が去った後に再び政界で力を発揮しようとする大院君の思い出話の最中に、

「王妃事件」（閔妃暗殺事件）に際して自らが「皮肉な接待」を受けた記憶について、思わず語ってしまう。

▲待遇一変す　余は王妃事件の後を善くする為めに渡韓して直に国王に謁見し先づ我帝室の御見舞を言上したるが国王の余に対する待遇振り何となく余所余所しくなり又嘗て王妃が三浦子を只何となく恐ろしき人物なりとして畏怖したる事の不知《しらず》不識《しん》をなして無惨の最期を遂げ給ひしことなど追想し実に気の毒千万にて国王の御機嫌甚だ面白からざりしも決して無理からぬ事なりと思はれたり

▲皮肉な接待　右述ぶる如く当日国王の御機嫌甚だ面白からざりし故余はソコ〳〵に御前を退きて控所に至りたるに侍従来りて御内苑拝観を差許されたる趣を伝達せられたり迷惑には思ひたれども辞退もなり兼ねしかば導かるゝ儘内苑に出でたり内苑の中央には池ありて小舟の用意さへ整ひ居たり池中に小島あり小舟は此島につけられしかば余等は其処に上り一小亭に憩へるに侍従は彼所《かしこ》こそ王妃の寝殿にして王妃は寝殿を逃れ出て其処の隅まで落ち延びたる処に忽《い》ち此処より日本兵現はれ出で無惨や王妃は終に殺害の不幸に遇ひ給へるなりとて最と詳細に当時の惨状を語られたるには気の毒にも又心苦しく感ぜられしが実に此日位皮肉なる待遇に出会ひたることは余の生来未だ嘗て覚えざる所なりき

（「井上侯の朝鮮談（下）」『東京日日新聞』明治四三・九・二）

「王妃事件」を「実に気の毒千万」と言い、事件後の「国王」からの「待遇」が「何となく余所余所しくな」ったことを、「決して無理からぬ事」という井上は、持て余してしまうほどの居心地の悪さを直接に感じたのであろうし、そういった感覚は明治二八（一八九五）年十月当時、第一報に接した日本語メディア共同体に一瞬感知されたはずのものでもある。

「寝殿を逃れ出て」「落ち延びた」「王妃」が「日本兵」によって殺害されたことについて、「詳細に当時の惨状を語られ」てしまい、「気の毒にも又心苦しく感ぜられ」たという井上の気まずさは、忘れ得ないものとして記憶されている。同じように、「韓国人」の「頭脳」や「感情」に拘泥せざるをえないメディアの言語の深奥にはおそらく、簡単には拭い去ることのできない疚《やま》しさが根を下ろしているように思われる。

しかもそのような批判に満ちた「皮肉」は、過去に属するものとは限らない。「今回の併合問題に対し朝鮮留学生の動静に併せて其の感想を叩かん」とした記者は、「彼等留学生の態度は極めて静粛にして何等注意すべき危険の行動を見ず」と記しながらも、やはり皮肉な対応を受けたことを告白せざるをえない。

士族中央大学生金益三（二十七）を訪ひて彼等学生間の消息を聞くに同人は冷静なる態度にて今度の問題に就ては吾々学生は何も言ふことは有りません政治上の事は学生には無関係です縦令《たとひ》考《かんがへ》が有つたにしても能力が有りませんからと冷かなる笑《わらひ》を泛《うか》べ将来は如何《どう》なるか知りませんが今の所は成行に委《ま》かせるより外仕方が有りません国民として国を思はない者は恐《おそら》く無い

でせうが吾々は能力が有りませんから大概意中はお解りでせう——と再び冷笑を洩らす——〔…〕吾々が柔順《おとな》しいと言ふのも畢竟能力が無いからです兎に角学校を卒業する迄は帰国しません今日日比谷公園で皆さんが祝賀会を開くさうですが当然《あたりまへ》でせう今の所吾吾は何うといふ考へもありません一体に吾々国民は無能力で無神経ですから何にも感じ無いでせう」と忌味《いやみ》を並べ居たり　（「留学生の忌味《いやみ》　△考へはあつても能力がない」『東京日日新聞』明治四三・八・三〇）

取材を受けた韓国人留学生が、日本語メディアの言語に精通していることは一目瞭然であろう。「冷静なる態度」でこの学生の口からこぼれるのは、「国民として国を思はない者は恐く無いでせうが吾々は能力が有りませんから大概意中はお解りでせう」といった言葉である。「韓国人」「朝鮮人」は国を思う「国民精神」が欠如した「人種」であり「民族」であり、自ら独立する「能力」がないと書きたてる、メディアの植民地主義的な物語のコードを、この留学生は熟知している。そのような彼の「能力」を、結果としてこの記事は照らし出すことになる。「柔順《おとな》しいと言ふのも畢竟能力が無いからです」、「一体に吾々国民は無能力で無神経ですから」といった、「冷笑」を伴うフレーズが重ねられれば重ねられるほど、「留学生」の言葉はその知性を露わにし、記者に感じとられる「忌味《いやみ》」の質は高まってゆく。

この「感想」を聞きながら記者は、眼前の相手から「忌味」と「冷かなる笑」を差し向けられて、やはり「心苦し」い時間の持続を感じたにちがいない。それを「忌味を並べ居たり」と表現してしまえるのが書く側の権力ということにもなるだろうが、記者と同様に、記事に接した読者もまた、一抹の「心苦し」さをわかちもたされてしまうことになる。

文字の記憶は、思いがけぬきっかけで、いつどんなときに再帰してしまうかわからない。だからこそ、「天皇陛下」が「王世子」を「愛撫」する家族の物語と、兄弟姉妹のように「日本人」が「韓国人」を「愛する」という構図とが、強く必要とされたのである。

2　天皇制とセクシュアリティ

さて、メディアが大韓帝国併合に沸いた明治四三（一九一〇）年、併合の報道を前後からはさみこむように、六月には「無政府主義者の陰謀」が一斉に報道され、二十六名が「刑法第七三条」に問われた裁判は暮れの十二月十日から行なわれたのだった。大逆事件がどのような物語として受容されたのかを考えるにあたって、まずはこの「無政府主義」の語をめぐるコンテクストについて検討しておきたい。

「無政府主義」の語は、「無政府」の赤旗が振り回されたことから命名された明治四一年の赤旗事件以降、幸徳秋水、堺枯川ら直接行動派の社会主義者を指して使用されることになる。それ以前の段階では、欧米の社会主義のなかでも最も危険な思想だとみなされており、世紀末、テロリズムに傾いた無政府主義者たちの起こした暗殺事件は、日本とは直接関係しない欧米の問題として報道されていた(13)。

そのような言説状況が変容する赤旗事件の前後には、「無政府主義」の語は犯罪と隣り合うかたちで紙面に入り乱れている。金子明雄が指摘しているように、明治四一年には出歯亀事件や、のちに煤煙事件と呼ばれることになる平塚明子（らいてう）と森田草平の心中未遂事件が報道されており、「出歯亀」「自然主義」「社会主義」あるいは「無政府主義」は、メディアのなかで、性や犯罪と親和するスキャンダラスな記号として関連づけられていたのだった（金子［1994］）。

その赤旗事件のときには、拘引された「無政府党員」のなかに「妙齢の佳人」が交じっていたことが、「騒動の渦中に数名の婦人あり一人は年十七八撫肩のすらりとしたる優姿なれど眼は爛々たる光を放ちて胸中の確信を現はせり」などと特筆された。「危険の卵子《たまご》」である彼女たちは、その場に居合わせた「一書生」から「日本も段々露西亜のやうに成るねえ、あんな婦人が沢山出て来ちや大変だ」と評されている（「日本の露西亜化」『東京朝日新聞』明治四一・六・二三）。このとき、「無政府主義者」をめぐる「危険」な物語は、女という記号によって印がつけられるのである。

また、取り調べの際の女たちの様子は、「鋭き眼光を射る抔女性《などによしやう》とは受取れぬ態度ありと」と書き記される（「無政府主義社会党員騒擾続報」『東京朝日新聞』明治四一・六・二四）。「無政府党員」の女たちは、理想化された女性ジェンダー像から逸脱したものとして表象されているのだ。(14) そうした逸脱は、さらに性的堕落において有標化されることとなる。

昨紙に一寸《ちよつと》記した如く幼稚な時代遅れの社会主義を振廻して革命だの無政府だのと標榜する柏木一派の連中が生活の状態何うで碌な物でなき事は判つて居れど事実は想像より一層烈しく宛然破戸漢《ごろつき》共の寄合同様頗る大乱痴奇を極めて居る

▼堕落学生の末路　彼等の中の所謂遊食の連中は悉く青年で而も殆ど堕落学生許りである

〔…〕

▼日常の動静　斯の如き連中の集合であるから其生活も中々面白い、先づ其一例を挙げれば管野すがが荒畑と野合して柏木に家を持つた時の事だ、朝は十時頃になつて起き出で終日何をするともなくゴロ〳〵してゐる、其中《そのうち》に夜になると風体の怪しい書生風の男がドヤ〳〵集つて来るさうすると家の中は全然覆へるやう歌ふ、怒鳴る、地鞴《ぢだんだ》を踏む、議論をやる毎晩二時から三時迄沸《に》え返る様な騒ぎ、近所の人は夫《それ》が為に安眠を妨害されるので苦情続出、自分で引越すか然らざれば差配から立退きを命ぜられる、迚《とて》も三月と一ヶ所に止まつて居る事はない相だ。

▼財産平分、細君共通説　徒食して多数の彼等が到底一二の人々によつて得る報酬のみで足りやう道理がない、勿論他に収入の道がある即ち財産平分の実行である。其手段が頗る振るつて居る彼等の連中に居る婦人は色々の人々と容赦なく喰付《くッつ》く、そして凄い腕を振つて其男から金を絞り上て夫を以て会員に注ぎ込むのだ相だ、彼等は是を財産平分と称し是が信実ならば吾人は是を色と慾との二筋道油断のならぬ辻君《つじぎみ》の仕業だと云ふ中には又随分乱暴な連中もある財産の共通と共に仲間で細君の共通を行はんとする説である、西川一派(15)と分離したのも裏面には此関係があつたので現に是は非常な熱心と勢力を持つて唱導されつゝある相であるが、彼等の主義未だ貫徹されず実行しつゝあるのは無いと云ふ話だ然し彼等の称する夫婦関係なるものが悉く野合の結果である事は事実である、彼等は主義の一致で夫婦になると云ふ、然し同主義でありながら長く続くのは殆どない。〔…〕名を社会改善に藉りて小にしては風教を害し大にして

は国家を毒する彼等柏木団の一群こそ先づ宜しく唾棄すべき者である。
（「無政府党柏木団の醜陋」『東京朝日新聞』明治四一・六・二五）

「社会主義者」のなかでもとりわけ「幼稚」で、「革命だの無政府だのと標榜する柏木一派」の「何うで碌な物でなき」「生活の状態」が、「想像より一層烈し」い「大乱痴奇」として叙述されている。(16)「想像」を絶する「事実」の重心にあるのは女という記号である。一般の「夫婦関係」を否定するような「野合」が非難されるとき、注視されるのは男ではなく女、つまり「細君」たちの方である。「一例」として挙げられた「管野すが」は、「色々の人々と容赦なく喰付《くッつ》く」、「凄い腕を振」るう「婦人」、あるいは「共有」される「細君」、「野合」など、性的な「堕落」のイメージを代表させられている。

ここでは、「悉く青年で而も殆ど堕落学生許り」である「無政府主義者」の「末路」は「学生」の延長上にあるものとして把持され、いまだ成熟とは程遠い「幼稚」な印象によって意味づけられていることがわかる。もちろん「彼等」の「幼」なさは、かの「王世子」の物語の対極にある。「堕落学生」は、道を踏み間違え、育ち損なってしまったという物語によって、「女学生」の物語と同じ構造を描くだろう。

最終的に、乱交のイメージは、「小にしては風教を害し大にしては国家を毒する」といった結論へと導びかれてゆく。国家と家族を相同化する家族国家観の論理から、家族や国家を乱す「堕落」が批難されているのである。

あるいは、拘引されて留置場にある「社会主義者」の様子を記した、「殆ど狂人の如く大声を揚げて社会主義の歌無政府の歌を唄ひ時々無政府万歳と叫び警官の近《ちかづ》くを見れば聞くに忍びざる罵詈を逞しうし室内を糞尿に汚して泣くあり笑ふあり羽目を叩き床板を踏み鳴らし声を涸らして騒ぎ立て」(「社会主義者の狂態」『東京日日新聞』明治四一・六・二四)といった叙述、「其様《そのさま》実に正気の沙汰とは思はれねば如何なる事の出来せんも知れず」(「社会党員の醜体」『万朝報』明治四一・六・二四)という疑念は、「無政府党柏木団の醜陋」の具体性を傍証することにもなろう。

しかしながらその一方で、『東京二六新聞』は、獄中での苛烈な拷問の様子を伝えている。

▲無政府党員の取調べ　神田署にては二十二日午前二時より更科警部主任となり既報の社会主義者数名に厳重なる取調べを行ひたるが大杉栄は何の為めか左胴腹を靴にて蹴飛され又荒畑寒村も同様蹴られて遂に悶絶して発狂の態となり堺利彦は檻房中にて唯昏睡し居り小暮は房内にて突然癪を起して苦しみ居るをも何等の手術をも施さず其儘に打捨て置き西川〔神川〕、大須賀、菅野の三婦人には生傷の跡歴然たるものありこれ取調べの際に数人して拷問せしためなりといふ

▲留置所内の無政府党　水も湯も飯の時に一椀に限られ居れば渇を医《い》する事も充分に出来ず便所へ行き度いとても却々《なか》行くを許さず一定の期限迄は是非共我慢せざるべからず小便の近いものは殆んど堪へ切れざるに至り苦悶せる上に顔なり頸なり手足なり所嫌ず南京虫に虐められ居れば何《いづれ》も腫物の如く疥癬の如くなり弱り果てゐたり〔…〕

（「拘留中の社会党拷問され悶絶す」『東京二六新聞』明治四一・六・二四）

記事のなかでは、大杉（堀）保子が面会した際、四人の婦人たちが「着物や金子《きんす》の差入などは何うでも好い、今朝以来受けし拷問の苦痛に対して必ず復讎して戴き度い」と「涙ながらに憤慨」して訴える様子も伝えられている。「拷問の苦痛」によるふるまいに、「醜体」や「狂態」という語が被せられて、メディア上では「社会主義」「無政府主義者」をめぐる醜聞が複雑に強化されるのだ。さらにそこには「暗殺」の文字が書き込まれてゆく。

爾《さ》うして大杉の細君は又記者に向つて管野スガ子さんは肺病ですよ夫れを警官が蹴つたと云ふぢやありませんか之れは事実ですから事実を書いて下さい若し爾うでなかつたら貴君の顔は知つて居りますから暗殺しますよと臆病なる記者は何だか首筋が冷《ひや》りツとしたので早々に逃げ出さうとすると〔…〕

（「昨日の神田警察　社会主義者の身寄押し寄せ盛んに気焔を吐く」『国民新聞』明治四一・六・二四）

もちろん「大杉の細君」が本気で記者の「暗殺」を企図したわけではあるまいが、(17)この「暗殺」の語が「社会主義者」「無政府主義者」と結びつけられてしまうことに注意を払っておきたい。「なんだか首筋が冷《ひや》りツとした」という感触は、メディア共同体の「われわれ」に共有される物語の期待へと結びつくだろう。そしてそれは、文字の連なりにじわりと浸み渡り、「無政府主義」の語を

「暗殺」の方位に傾斜させずにはいないのだ。

このような枠組みを編成した赤旗事件関連報道を受けて、次第にクローズアップされてゆくのは、管野須賀子と幸徳秋水の関係に向けられる非難であった。(18)「無政府主義者」の記号は、二つの固有名によって代行されてゆくことになる。

たとえば、赤旗事件後の「女流」主義者の消息を伝える記事は、二人の女を登場させ、くっきりしたコントラストを与えている。赤旗事件で服役中の堺枯川の妻、堺為子の「女髪結となりて義子を養ふ」という美談に対応させられるのは、同じく入獄中の「夫」である荒畑寒村を欺き、寝返るようにして幸徳秋水と「自由思想の実行」を行なう管野須賀子である。

同じく赤旗事件にて入獄中の寒村事荒畑勝三の妻元毎電記者菅野須賀（二十七）は同事件にて予審免訴となりて後は柏木辺の社会主義者の家を其処此所と渡り廻り居りしが去る三月彼等の首領自由思想の本元秋水事幸徳伝次郎氏の許に寄寓したり、秋水氏の前妻は千代子（三十四）とて十年来連れ添いしものなるが夫婦の間に主義の一致なきは不都合なりとて離別したれば千代子は尾州中村なる姉の縁先に身を寄せ居れり而して一方秋水氏は菅野須賀を引き入れて雑誌「自由思想」の発行署名人となせしが秋水氏の此振舞に対しては同主義者間にも議論あれども本人は自由思想の実行のみとて取合はず

（「社会主義者の妻」『東京朝日新聞』明治四二・六・二八）

管野須賀子と幸徳秋水（明治42年撮影）

引用部の後には「其他の婦人」の動向が附記されるように添えられているばかりなので、報告される「社会主義者の妻」の中心を堺為子と管野須賀子が担っていることが見取られる。二人をめぐる叙述の裏には、軍人未亡人に関する両義的コードが影を落としているが[19]、為子をめぐる物語はここで、一夫一婦制をめぐる理想的な女性ジェンダー役割を担わされ、それに対して管野須賀子の方は、スキャンダラスな物語の主人公として選び取られているかのようだ。

しかも、「社会主義者の妻」と題されたこの記事にあって、「寒村事荒畑勝三の妻」と「十年来連れ添いし」「秋水氏の前妻」とが書き並べられるに及び、「菅野須賀」は、二重の意味で家庭を踏みにじる「妻」として批難の標的になる。「主義」と「女」を代行表象する「菅野須賀」は、荒畑と幸徳、二人の男にかかわることで、二つの夫婦関係を壊しているからである。二つの家庭は、「主義」とその「主義」に充たされた女の身体とによって切り裂かれるのだ。「義子を養ふ」良き「妻」と、「妻」として二つの家庭を破壊する女を対照的に配置してみせる構図のなかで、「秋水氏の此振舞」もたしかに問題にされてはいるものの、「堕落」を代表し、スキャンダルを始動するのは、女の方なのである。
二人の関係をめぐる不評は、「同主義者間にも議論」を生じさせ、上司小剣の小説として『早稲田文学』誌上に現われている。当時、運動から離れていた守田有秋から得た話を素材に書かれたという短篇『閑文字』は（絲屋［1970a：151］）、モデルが管野、幸徳だと知られていたため大きな反響を呼んだらしく、幸徳攻撃の論拠とされるに至ったという。[20] この作品は、「私塾の英語教師Kから無職業で困つてゐるAの許へ、二人の友人で且つ先輩とも云ふべきH――仮りに『東』としておく――の私行を攻撃した手紙が頻りに来る」といった書き出しからはじまる枠小説で、「A」に宛てて「K」のしたためた手紙が小説の内容を構成している。その手紙は「君、東はM女史と怪しいぞ。君も知つてるだらうM女史は愛人田原の入獄後S子（S夫人？）と一緒に神田で支那人の素人下宿をしてゐるが、この頃は始終東の家へ泊り込んで、S子にテンテコ舞をさせてばかりゐるさうだ」といった疑念から書き起こされており、「H（東）」は幸徳秋水、「M女史」は管野須賀子、「田原」は荒畑寒村、作品末尾で「女髪結を始めた」とされている「S子（S夫人）」は大杉栄の妻、大杉保子と、堺枯川の妻、堺為子の両者がモデルとなっている。[21]
「立派で男らしく、あの黒い顔の鋭い眼から放つ光に異様の輝きがあつて、身長《せい》の低い痩男が大層大きく見えた」という講演会での「東」の「風采」に「特別に感服して仕舞つた」のが「M女史」だったのだ、という報告に続けて、読者の「A」に読まれるのは「東」と「M」に対する非難である。

何よりも先づ、事の順序として知らしたいのは、M女史とS子との絶交と、これに伴ふ支那人相手の素人下宿の閉鎖（落城？）だ。其の理由は新しく説明するまでもあるまい。全体S子も悧好な女で、齢から云つてもMよりは上だが何しろMはあの通り宛《まる》で処女のやうに見えても何《ど》うして〳〵海に千年、山に千年、あの齢にしては珍らしい経歴を有つたしたゝかものだけに小才が利いて少々旋毛の曲つてるくらゐのS子なんぞ繰つて行くのは何でもないさ、MとSでは確に役者が一枚違うからね。しかし東のところへ勉強に行くやうになつてからは、流石のMもSを操ることが出来なくなつて、衝突が起つたのだ。Mが東の許で泊つて翌日の朝帰ると、Sが膨れて物も云はない、Mは平気で二た言三言巧《うま》いことを云つて、膨れを収縮させやうとするが、Sも馬鹿ぢやない、どちらかと云へば先づ眼から鼻へ突き抜けると云はれる方だからね、其の手は喰はんさ。其処で到頭分離廃業、Sは内縁の夫（矢張△△会館事件で入獄中）の姉で本郷の通りへ古本の店とかを出してる寡婦の家へ同居するし、Mはいよ〳〵東の家へ転げ込みさ。それから、東夫人はずツと前からMが嫌ひで英語の稽古に来るやうになつてからは怒つて家を出て親類を泊り歩いてたさうだが其の後何うしたか気の毒なものさ。

　君、Mは首ツたけ東に惚れとる。Mが自分よりも齢の若い田原を愛人にしたのは年増芸妓が子供役者に対するやうな好奇心――道楽――からだらうか、東に夢中になつたのは婆ア芸者が鳶頭に浮身を窶すやうなもので、一苦労して見たいのだらう。Mの方はそれでもよいとしたところで、東は連中の先輩ぢやないか、怪しからん男だね。以下後便。

君、僕は思ひ切つて東に詰問書を送つたよ。○さうして『足下の返答如何によつては絶交する』と書き加へて置いた。すると直ぐ返事が来た。曰く万事足下の推想に任す。M女史が予と同居するに至つた事情の経過に就いては、足下の言の尠からず誤つてゐるのを見るが、それを一々指摘するのは弁解に類するから敢て云はない。予の妻は予と主義思想を異にする上、身体虚弱の為めに予の仕事の手助けにはならぬ。（無論予も足下の知れる通り生来多病なので、両人の間には今や全く事実上の夫婦関係の無いことを明言して置く。）この点に於いて予は偶然の機会が予とM女史とを同居せしめて予の為めには有力なる一セクレターを得るに至つたことを感謝する。附言予とM女史との関係が仮りに足下の推想通りとするもそれを理由として予と絶たんとするは、平素恋愛の自由を口にせる足下に取りては恥辱多き行為ならずや。予は益友足下の如きを失ふの不幸を恨むよりも、先づ足下の為めに絶交書の理由の空零なるを惜まんと欲すと斯うだ。気取つたものぢやないか。

君、我々が世間から兎や角と誤解されて、新聞などに『営養不良にして放縦無頼なる青年』なぞと罵られるのも、つまり先輩の東なんぞが、こんな大胆な放言を敢てして憚らないに因るのだね、〔…〕以下後便。　（上司小剣『閑文字』『早稲田文学』明治四二年六月）

引用部でまず第一に気づくのは、二項対立化による女性表象の定型が臆面もなく反復されていることである。否定的な傾きが勝るものの、「M」という女にはあいまいな両義性が与えられている。

つまり、「処女のやう」に見えるが実は「海に千年、山に千年」の「したゝか」な「婆ア芸者」のようなものだ、といった比喩によって、「処女」と「芸者」、家庭の女と娼婦的な女といった二元構造を、対極から対極へと大きく行き来するような言葉の運動が描かれている。「M」という女は、女性表象に課された矛盾を一身に背負わされているのである。

しかも「M」は、「MとSでは確に役者が一枚違うからね」と、いったんは「S」の上位に置かれながら、「東」との恋愛関係が進むのにつれて「S」を「操ることが出来なくなつて」しまう。「M」の「海に千年、山に千年」の「したゝか」さには、比較によって瑕疵が附与されるのだ。

一方、「僕」(「K」)の「詰問書」に対して「東」が書いた「返事」には、「東」と「妻」の病をめぐる情報が綴られている。新聞報道が敷いた構図同様、「主義思想」それ自体と、無政府主義者の女によって、「夫婦関係」が破滅させられたことが示されたその上で、身体をめぐる問題系が浮上する。病んで性的関係をもちえなくなった「夫婦関係」の間に入り込んだ「M」という女は、過剰な欲望をまとった娼婦的セクシュアリティによって有標化されていると言えるだろう。「M」と「東」との間をつなぐ「自由な恋愛」や性的関係は、規範化されたセクシュアリティから幾重にも逸脱したものとして位置づけられることとなる。

はじめ「立派で男らし」いと称賛されてもいた「東」は、「恋愛の自由」を機に、「M」に与えられた瑕疵に比例するように、「怪しからん男」と意味が再編されている。「僕」(「K」)の憤慨の基底にあるのはホモソーシャルな絆を女によって切り裂かれたことに対する女性嫌悪である(Sedgwick [1985=2001])。その女「M」との恋愛が強制的異性愛制度の範囲外にあって不正を刻印されたものである以上、「友人」である男への憤りとその裏にぴたりと貼られた女への厭悪は、倫理的根拠という強みをもって、規範の外にある「M」と「東」を、スキャンダラスな物語の方へ近づけることになるだろう。現に、無政府主義者たちが「新聞などに『営養不良にして放縦無頼なる青年』なぞと罵られる」という構造は、メディアの時空に広くわかちもたれている。その最前線にせりだした管野・幸徳の恋愛関係は、セクシュアルな醜聞の中心となり、二人は物語の主人公にまつりあげられるのだ。

こうした構図と表象に、荒畑寒村が管野との「結婚」を題材に「病み疲れている妻への幻滅、若い女に対する『肉の欲求』を描いた」(森山［1980：200］)[22]短篇『恋ざめ』(『新聲』明治四〇・一〇)が田山花袋の作品と類似していることまで含め、大逆事件とは「『蒲団』と花袋の物語をさらに大がかりに反復」したものだという絓秀実の指摘を重ね合わせるなら(絓［2001：223-262］)、スキャンダラスな意味づけが文学的言説領域まで大きく射程に入れて醸成されていたと見ることができるだろう。

セクシュアリティが強調されるコンテクストにあってとりわけ重要なのは、「東」が「病弱と年長」といった語で修飾され、病の要素が前景化していることである。幸徳の幼い頃から病弱であったことについては一般に知られるところでもあろうが[23]、『週刊平民新聞』に掲載された「平民日記」(明治三七年六―十二月)に「朝疾く医師を迎へて診を乞へるに、是は疾病軽からず、静臥して寸歩も動く可らずといふ、情けなき哉」(明治三七・六・一九、全集［5：153］)とあるのをはじめとして、「予は愈々去廿八日から、柏木村なる寓居に病骨を横たへました」(「柏木より」『直言』明治三八・

八・六、全集［5：371］）、「僕宿痾を抱て故郷土佐に返る」（『熊本評論』明治四〇・一一・二〇、全集［6：367］）と、自身によって報告される病の叙述は枚挙にいとまがないほどである。同様に、先に引用した記事のなかで大杉保子が「管野スガ子さんは肺病ですよ」と述べていた通り、管野もまた、病のイメージに取り巻かれている。

では、その病はどのような描写に切り結ぶのだろうか。『東京朝日新聞』の社会部記者、松崎天民による連載記事「東京の女」のなかで「社会主義の女」として紹介されたとき、管野須賀子は次のような女性として描き出されている(24)。

> 新宿停車場から二丁足らず、橋の通りを左へ曲ると間も無く、左側に「平民社」とした黒塀の一構へ、未見の幸徳秋水、管野須賀子の両氏は、こゝに病軀を横たへながら、無政府共産主義のために奮闘して居る、楚人冠の名刺に添へ自分のも差出して、「幸徳さんは、入つしやいますか」と云ふと、一人の青年が出て取次ぐ、「何うぞ此方へ」と、今度は血色の良くない一人の女性が出て挨拶する〔…〕
>
> 血色の良く為《な》い女性は、管野須賀子女史である、〔…〕社会主義に投じて、華々しい運動に従事したは、例の赤旗事件が最初であるが、社会主義的の思想は、久しい以前から此の放浪的女性の胸に萌して居た「監獄に入りましてから、こんなに痩せたんですよ」と須賀子女史は先づ淋し気に微笑むだ
>
> 平民社から発行して居た「自由思想」は一号が発売禁止、二号が発行禁止になつた、須賀子

女史はこれを秘密に発送したとて新聞紙法違反に問はれ、七月十五日囚はれの身となつて、九月一日まで四十七日間、東京監獄の未決監で過した、「肺病と脳病とで、多くは病監で過しました、赤旗事件以来二度目の入獄ですから、顔馴染もありました〔…〕社会主義の婦人は、東京市内だけで十名位は御座いませう、最《も》少し婦人の社会主義者が出ますと、婦人問題なども妾《わたし》どもの方から唱道して、面白い運動が出来やうと存じます、社会主義の方は良妻賢母主義とは、全然正反対なんですから」と語る〔…〕

（「東京の女（十六）社会主義の女」『東京朝日新聞』明治四二・九・一三）

「幸徳秋水、菅野須賀子の両氏は、こゝに病軀を横たへながら」と、二人の関係は病のメタファーによって表象されている。さらに、「肺病と脳病とで、多くは病監で過しました」という菅野自身の台詞の証左として、記者は二度もこの「女性」に対して「血色の良くない」という形容を被せている。

この記事には、明治期のメディア空間において紡ぎ出された病の物語、そして女の物語が深々と混じり入っていると言えるだろう。管野須賀子の表象において、病の物語の体系と女のそれとがそっくり呼び出されているのだ。

つまり彼女は、元来「血の道子宮病」に冒された身体をもつ女であり、その血色の悪さは、病としての不妊と結びあった上で、子供を産まぬ女の輪廓をなぞっては崩す。先に言及した記事、「社会主義者の妻」において、堺為子との比較のなかで暗に問題化されているのもまた、同じ点である。

いまだ子を生まない二人の「妻」の、一方は「義子」を「愛育」する母となろうとする意思を称揚されていた。他方、子とは無縁の管野の方は、良き母、良き妻になろうともしないで家庭を破壊する悪女として、罪を指弾されるというわけである。

だとすれば、「社会主義の方は良妻賢母主義とは、全然正反対なんですから」という管野須賀子の言葉は、血色の悪さに象徴される不名誉な意味合いをすべて引き受けつつ、我が身の上でそれを引き裂く効果をもっている。「良妻賢母主義」を裏返しにする「社会主義の女」は、病と女の物語を吸引しつつ、表象の裂開点に位置しているのだ。

たしかにそれは「良妻賢母主義」と相反するものであったろう。「無政府主義」それ自体が、次のような比喩を呼び寄せていたからである。

近事の兇暴なる無政府党員は何事にも破壊的にして、且つ暗殺を以つて改革の一手段となし来りしが為め、無政府主義と云へば、欧米各国の政府が毒蛇の如くに恐怖し、戦慄する所となりたり、〔…〕幸ひにして我国は、古来未だ曾つて斯かる忌まはしき思想の伝播を受けたること無く、我が鞏固なる国家組織、全国を一家とし、全人民を一家族となしたるが如き、大和民族の団結は、向後とても決して斯かる思想の襲来を受くること無きは明かなりと雖も〔…〕我国も亦列国と力を併はせて、我領土に逃れ来りし無政府党員を捕縛せざる可らざる義務を生ずべし、譬へば、近隣の汚《きたな》き家屋が一致して清潔法を行ふに、我が家独り如何に清潔なればとて、近隣の家より掃き出されたる塵埃の、我が家に飛び来るをも知らず顔に済し込み居る訳には行かざるに等し。

（「無政府党の鎮圧」『読売新聞』明治三九・七・一四）

「無政府主義」から想起される「破壊」「暗殺」は、病の比喩によって叙述され、国家は家族にたとえられている。その病の汚染を「我国」「我が家」がまぬがれている、といった比喩を裏返して解釈してみるなら、その「思想の襲来」は「国家組織、全国を一家となし、全人民を一家族となしたるが如き、大和民族の団結」をおびやかすものになりかねない、という不安が萌していることを読み取れる。実際、数年後の状況を重ね見るなら、「我が家」の「清潔」は「無政府主義」が「飛び来る」ことによって汚されてしまう未来をもっている。

ここにみられる家族国家観も、「良妻賢母」の枠組みも、天皇制のもとで編成された制度であるが、乱れたセクシュアリティ、「妻」をはみだす女、病の比喩、そういった要素をあちらこちらに拡散してゆく「無政府主義」の記号は、その毒とスキャンダラスな魅力とによって天皇を中心に整えられた国民国家の物語を動揺させているかに見える。なぜなら、それらの要素に加え、「無政府主義」には「暗殺」の二字が冠せられていたからである。欧米での「無政府主義者」たちの暗殺の対象が、元首や皇族であったことは、メディア言説の書き手も読み手も、よく知っている。堕落した性、逸脱する女、清潔をおびやかす病といった意味に満たされた「無政府主義」の記号は、「われわれ」メディア共同体に、「天皇」の暗殺を連想させずにはおかないのだ。義理の息子「王世子」を洪大な「愛」によって包み込み、大韓帝国を己れの家族の内側へと併呑した大日本帝国の「天皇」に忍び寄る暗殺の危険は、セクシュアリティ、女、病が連鎖した負の力学の延長に予期されている。一般性からは隔てられ、理想化される「天皇」と、逸脱する「無政府主義者」とは、ともに一般的、標準的な世界から限りなく遠くにある記号である。それゆえに、正と負の両極にある二つの記号が「暗殺」によって接する物語は、帝国の物語が破壊されるというスリリングな展開をちらつかせながら、いまだかつて「われわれ」が読んだことのないスケールの大きさを約束してくれる。欲望と殺意が新しい物語を待ちわびている。それはたしかに、当局者に捏造された事件であったが、同時にメディアの時空で熟成された事件だったとも言えるのだ。

3　無政府主義の病

ついに「陰謀」が現実化されて、天皇の暗殺計画が事実として報道されるに至ったとき、事件は「大逆」の文字によって飾られることになり、メディアには「無政府主義」の語を伝染病の比喩で描出する論説記事が噴出する。むろん、「無政府主義」と病の比喩とを交差させる文法は、前節末尾に引用した「無政府党の鎮圧」にも読まれるもので、新たな比喩が創出されたわけではない。「大日本帝国」の内部に生じた「無政府主義の陰謀」は、すでにある病の物語によって説明づけられたのだ。

メディアは、とうとう感染してしまった病とみなすことで、「無政府主義」を饒舌に語る。

幸徳某以下の陰謀事件は裁判終結して犯人の大部分は極刑の宣告を受けたり仮初《かりそ》めにも日本帝

国の臣民中かくの如き大虐無道の事件を企てたるものを生じたりとは仮令《たと》ひ一時たりとも万世無欠の金甌《きんわう》に一点の曇を生ぜしめたるの心地して吾々臣民の実に恐懼に堪へざる所、〔…〕無政府共産主義の如きは固より外国伝来のものなりと雖も外国に毒素を存したりとて必ずしも内国に伝はるものとは云ふ可からず例へばペスト、コレラの病毒の如き苟も予防衛生の行届きたる場所には侵入すること能はざるに等しく一国の人心健全にして自から帰一する所あらんには外国には如何に無政府共産主義の流行するも斯る背理無道なる破壊主義が容易に伝来して其狂暴を逞うせんとするの間隙ある可からず〔…〕我輩は之を明治政府歴代の当局者、殊に維新の元勲など称する政治家が一世の功名栄誉を占有するの小野心より漫《みだり》に其身を尊大にして社会一般の人心に羨望嫉妬の念を起さしめながら其人心を緩和慰安するの工風とてはなく只管《ひたすら》威力を以て之を圧服せんとしたる其筆法は終始変はらずして今尚ほ悟らず其結果、社会の人心に乗ず可きの間隙を生じ為めに極端なる主義思想の感染を容易ならしめたるの事実に帰せざるを得ず外国との交通頻繁なる今日、主義思想の伝来は固より防ぐ可からずと雖も無政府共産主義の如きものが仮初めにも日本臣民の中に感染し我帝国ありて以来前代未聞の極悪事を企つるものを生じたるに至りては何とも相済まざる次第にして〔…〕

（「前代未聞の事件」『時事新報』明治四四・一・二二）

「明治政府歴代の当局者」への批判を主眼ともするこの論説では、「大虐無道の事件」の出来を「恐懼」してみせ、あってはならぬはずの出来事に遭遇した戸惑いを表わしつつも、「例へばペスト、コレラの病毒の如き」といった比喩を得た瞬間、その戸惑いは霧消し、事件は語りえないものから語りうるものへと再編成されてゆく。「無政府主義」は、「予防衛生の行届きたる場所には侵入すること」ができないのだから、「一国の人心健全にして自から帰一する所」があれば防ぐことができた、にもかかわらず、政治家の「筆法」が誤っていたために、「社会の人心に乗ず可きの間隙」ができ、「無政府共産主義」が「日本臣民の中に感染し」てしまったのだ——こうした強説に「外国との交通頻繁なる今日、主義思想の伝来は固より防ぐ可らずと雖も」といった但し書きが挿入されていることにこそ注目すべきだろう。

伝染病をめぐる物語体系では、「予防衛生」の完遂によって病は防ぎうると意味づけられてはいるものの、現実に何度も伝染病が流行することでその論理はつねに矛盾を呈し、疑わしさに包まれる。それと同じことが起きているのである。

伝染や感染を防ぎうる要素として「予防衛生」と並び立っていたのが、「健全なる国民の精神」であったことを思い起こしておきたい。「こっちの精神が健全なら格別の影響のある筈はないが精神的に欠陥のある所へあゝいふ過激な思想をつぎ込まれたのであるから病気で衰弱した身体《からだ》にバチルスの入り易い様に毒は直ちに食ひ込んだ」、「無政府主義の起つたのは決して自然の産物ではない一時の現象だ。日露戦後の世間が疲弊した弱身《よはみ》にくひ込んだ病気である」（井上哲次郎「破壊思想の源流」『読売新聞』明治四三・一一・一九）といった見解は随所に散見された。また、「私は日本人の国民的精神は斯くの如く薄弱なるものとは信ぜぬ、斯くの如き我邦の歴史は一大汚点を留むる様な狂暴な感情が如何にして激発せられたるか、私の知りたいのは此点である」（塩沢昌貞談「日本に於ける無政府主義」『読売新聞』明治四三・一一・二三）といった疑問の表明には「日本人の国民的精神」が明記され、「国民的精神」と病との因果律が呼び込まれている。

衆議院の予算委員会でのやりとりにも同様の認識が見られよう。小川平吉は為政者の責任を問責しながらも、「原因は社会一般に青年堕落の傾向あるに帰せざるべからず即ち今回の被告人中に青年者の多きは注目に価すべき点なりとす而して如何なる方面より観察するも国民の精神は腐敗堕落の傾きあるは打ち消す能はざるの所のものなり既に国民の精神腐敗せば国防も何かあらん」と述べる。それに対して桂首相は「有史以来思ひ寄らざる危険なる志想が大和民族中に発生せることは実に驚くべきことにして」、「国民の志想健全ならざれば国家の健全なるべき道理なきは我々も固より同感」、「危険志想の伝播を恐れ之を予防し又其の実況を調査することに力を須《もち》ひ」などと答弁している（『東京日日新聞』明治四四・一・二六）。

「青年堕落」が問題視される質疑応答にあっては、「国民の精神」の「腐敗堕落の傾き」が憂慮されている。「国民の精神」を媒介として、病と性的堕落のイメージが連結し、それは「国家の健全」を危うくする可能性を示しつつ、「無政府主義」の語を物語によって色づけしてゆくのだ。

この予算委員会での質疑を受けて『東京日日新聞』社説は、やはり「予防すること能はず」という点を病の比喩によって議論している。

官民如何に協戮して衛生上の設備を重んずるも、各種の伝染病は全く之を防遏すること能はざる如く、人間思想上の悪疫とも称すべき無政府主義の迷信者が、幸徳一派の絞刑と共に、永久に帝国の領土内に再現すること無しと想はゞ、恐らく楽観に過ぐるの譏《そしり》を免れじ、蓋し無政府主義者の陰謀は世界的事実に属し、国境を以て安全に之を遮ること能はず、今日まで諸外国の元首或は其の家族を殺したりし無政府主義者は、必ずしも其国に族籍を有する臣民若くは人民に限らず、斯かる陰謀を企る者は既に国家を認めず、故に其の計画は或る意味に於ては世界的なり、〔…〕幸徳一派の如きは日本人としての幸徳一派に非ずして、世界の無政府主義者に其の族籍を有したるべきが故に、政府の無政府主義者取締方針も亦自から其の著眼を広くせざる可からざるを思はずんばあらず、殊に朝鮮の如き新たに帝国の領有に帰し、其の民たる未だ嘗て、日本皇族の恩沢に浴せず、愛君愛国の思想を把持すべき何等の歴史的伝説をも有せず、今後の朝鮮統治の任に膺《あた》る者、心して民人愛撫の誠を竭《つく》すに非れば、或は恐る、不平の徒遂には国家社会の平和を乱すに至らんことを、〔…〕

（「陰謀事件及び其の善後」『東京日日新聞』明治四四・一・二七）

伝染病と同一化される「無政府主義」の予防の不可能性は、「帝国」の「国民」を不安のなかに突き落とすだろう。「無政府主義者の陰謀」は「国境」を超えた現実で、「国家を認めず」「世界的」な彼らは、「日本人としての」立場とは異なった所属体系のなかにあるのだ。さらにこの話題は、「朝鮮」の「民」へと接続している。幸徳の朝鮮に関する認識について、関連する論述自体が極めて少なかったことが指摘されてもいるように(25)、「大逆」と「併合」を明確に連結した事件と見ることはできないが、メディアのなかで「大逆」と「新たに帝国の領有に帰し」た「朝鮮」とがつなぎ合わせられていることに、注意を払っておくべきだろう。すなわちそれは、メディアの時空に、両者を結んで憂えるような不安の回路ができていたということである。

事実、「国境」を無化してしまう「バチルス」の如き「交通」は、「陰謀」の発覚が伝えられた当初、別のかたちで読者の目に触れていたのではなかったか。

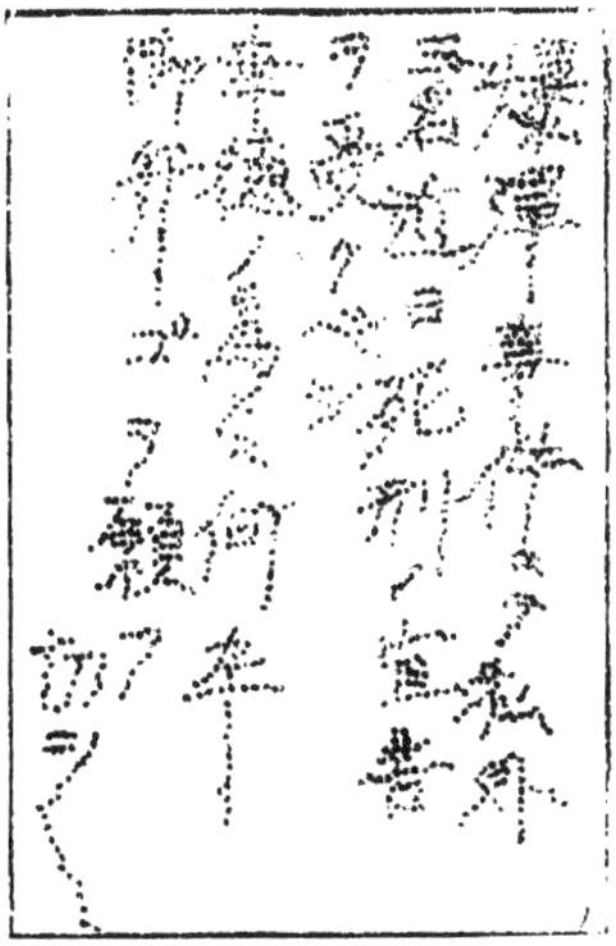
管野須賀子の針文字の手紙

> 針文字の書簡　菅野スガ子獄中より幸徳氏の冤罪を訴ふ
> 社会主義者菅野スガ子は曾て幸徳秋水氏と自由思想と題する新聞を発行し同紙上に掲載したる事項の為め罰金四百円を言渡され其納付を為さゞりしため五月十八日百日の換刑処分の執行を受け目下東京監獄に服役中なるが如何にして幸徳氏等の爆弾事件を聞知りしか先きに幸徳氏等の弁護人をなせし事ある横山勝太郎氏の許へ白紙に針にて穴を明け「コウトク　バクダンジケンニカンケイナシ」[26]との字画を示したる一書を送りたるよし発信人は菅野スカ〔ママ〕とあるも監獄の検印もなく如何にして送り越し得たるかと横山氏は寧ろ不審に思ひ居れりと云ふ
>
> （『時事新報』明治四三・六・二一）

「服役中」であるはずなのに、「如何にして幸徳氏等の爆弾事件を聞知」ったのか、管野は「針文字の書簡」を弁護人に寄越す。「如何にして送り越し得たるか」もわからない。二重化する「不審」は答えのないまま読者に差しだされている。書簡の交通は病と同様、防ぎえなかったのだということが、活字空間の一隅には刻まれている。

あるいは、主謀者とされた幸徳秋水の、帝国主義を批判する文脈にあって、似たような比喩が用いられていたことを思い起こしておくことも、有効であるかもしれない。[27]

愛国的病菌　而して今や此愛国的病菌は朝野上下に蔓延し、帝国主義的ペストは世界列国に伝染し、二十世紀の文明を破毀し尽さずんば已まざらんとす。社会改革の健児として国家の良医を以て任するの志士義人は、宜しく大に奮起す可きの時に非ずや。

（『廿世紀之怪物帝国主義』警醒社書店、明治三四年四月、全集［3：195–196］）

高榮蘭は、幸徳の『廿世紀之怪物帝国主義』では「天皇対愛国者」という対立構図がつくられていることに加え、愛国主義と対立するものどうしとして社会主義者と天皇が隣接関係で語られていること、その当時の幸徳が「社会主義は国体と矛盾衝突するものではない」と主張していたことを論じている（高（榮）［2003］）。そのことを念頭におきつつ、指摘しておきたいのは、『廿世紀之怪物帝国主義』のなかで幸徳が用いている「ペスト」の比喩が、「無政府主義」に向けられた病の比喩と相似を描いている点である。換言するなら、伝染病がたびたび流行した明治という時代には、病をめぐる物語も比喩も、病それ自体と同じように、定型化しながら活字空間全体に蔓延していたのである。

したがって、病の比喩で「無政府主義」を説明し、解説を企てたところで、紋切り型に司られた記述を反復するばかりであって、まったくそれを意味づけることにはなりえない。しかも、病の比喩に含みもたれた、意味の輪廓を溶融させる作用によって、語っても語っても、語られた事象は安定せずに、ゆらぎ続けるほかはないのだ。

「国境」によって「遮ること」のかなわぬ「無政府主義者の陰謀」は、バチルスが境界を往来することでそれを膿み崩してしまうのと同じように、国境や「国体」を、蝕んでは融解させる。未然とはいえ暗殺の危機に瀕した天皇の身体は、間違いなく病の物語の内側に引きずり込まれてしまったのである。

4　王妃の記憶と管野須賀子

こういった病の比喩が、結局、規範を破る異性愛関係を営む男女二人として「主謀者」の幸徳秋水と「紅一点」(28)の管野須賀子自身を縁取る病の表象と吸着しあったものであったこと、そしてそれが物語の通俗性と交わるような結構を備えていたことは、被告人の「幸徳伝次郎」と「管野すが」の名を冒頭に頂いた判決文がつぶさに示してくれる。

被告幸徳伝次郎は夙に社会主義を研究して明治三十八年北米合衆国に遊び深く其地の同主義者

と交り遂に無政府共産主義を奉ずるに至る其帰朝するや専ら力を同主義の伝播に致し頗る同主義者の間に重ぜられて隠然其首領たる観あり被告管野すがは数年前より社会主義を奉じ一転して無政府共産主義に帰するや漸く革命思想を懐き明治四十一年世に所謂錦輝館赤旗事件に坐して入獄し無罪の判決を受けたりと雖も忿恚《ふんい》の情禁じ難く心窃に報復を帰し一夜其心事を伝次郎に告げ伝次郎は協力事を挙げんことを約し且夫妻の契を結ぶに至る〔…〕

（『東京朝日新聞』明治四四・一・二一ほか）

「『三文小説』としての大逆裁判」と渡部直己が分析しているとおり[29]、「この冒頭数行においてすでに、天皇暗殺の決意を固めあったまさにその『一夜』に、主犯格の男女が『夫婦ノ契ヲ』結んだかのような印象をいだかせる一文が紛れ込んでいる」。「大逆事件」とは「『赤旗事件』を奇貨とした山県の勢力によって西園寺内閣が『毒殺』された後、新政権の徹底的弾圧によって経済基盤を奪われ自暴自棄となった幸徳が、明治天皇に異常な敵意をいだく内縁の妻に促されて企てた『大逆非道』」と意味づけられた事件だったのだ（渡部［1999：67,92］）。

続けて語られる「凶謀の発覚したる顚末」では、「被告大石誠之助上京して被告伝次郎及び被告管野すがを診察し伝次郎の余命永く保つべからざることを知る伝次郎之を聞て心大に決する所あり」といった記述を確認することができる。つまり、病と性愛の要素にまみれた意味づけがすでに瀰漫していたところに、「無政府主義者」をめぐるスキャンダルの定型を敷衍して判決文が書かれ、さらにその延長で新聞記事が構成されたという影響関係が認められよう。

視点を転じてみるなら、それが悪しき女によって「陰謀」の「禍源」であり続けてきた朝鮮王朝の物語と同じ構造を備えていることにも思い当たる。「忿恚《ふんい》の情禁じ難く心窃に報復を帰し」ているのはあくまでも女なのであり、「其心事」を「告げ」られた男は女の意志に寄り添うように、もしくは女に操られるようにして、「陰謀」に関与することになるのだ。王は後景に退き、寵愛によって権力を譲渡された王妃の思念によって思うままにされた朝鮮が、回復不可能な病によって表象されていたことも、王妃自身が病んだ存在として描出されていたことも、あるいは悪事陰謀の根源にある女に対する厭悪さえも、「陰謀」をめぐる構造には共有されている。

酷似する両構造にあって大きく異なるのはただ一点、管野須賀子という女が誰の目にも明らかな舞台で罪を指弾され、後ろめたさとはまったく無縁に罰を与えられようとしていることである。王妃を「残忍」にして不法不正なやり方で葬ってしまった記憶の疼きの反対側に、管野須賀子は屹立しているのだ。

多くの点で朝鮮王妃の周囲に織りなされた物語と構造的な重なりを見せるのは、「無政府主義」をめぐる物語が紋切り型に横領されたものであることをまざまざと証すものにほかならない。ところが、累《かさ》ねられた要素の一つが、定型からはこぼれ落ちてしまう。

病に冒されているはずの「無政府主義者」に関する叙述は、どうしたことか、病の物語を裏うちするのを放棄するのである。「獄裡の被告」たちの「健康」は、「概して佳良の方にて目下特に医師の投薬を乞ひ居る者なきのみならず入監前幸徳伝次郎菅野すがの如きは多く健康を害し居りしも一定の運動一定の食事を享用し居るため体量も増加したり左れど精神上の欠陥ある為めにや一見衰弱せるが如し」（『東京朝日新聞』明治四三・一一・一一）と伝えられる。「精神上の欠陥」と「佳良」な「健康」状態という不釣合いが浮かび上がり、期待される物語は矛盾に軋むのだ。

島村輝は、「捕縛」から公判、判決、死骸引取りにいたる過程では、企てられた天皇の死と対にされるかたちで、被告たちの死をめぐる物語化の方向にむかうようにメディア言説が編成されてゆくと指摘する（島村［1994］）。興味深いのは、そうした力学が作動しているのにもかかわらず、被告たちの表象が期待される物語や既成の定型を思わぬ方向に傾けてゆくことである。

公判初日、そして判決日の報道ではともに、例を見ない厳戒態勢と、被告たちの描写とが記事の中心になっている。実に注意深く被告たちの身体を描写する記事のなかで、とりわけ目を引くのは、「主謀者」と「紅一点」の「微笑」と「血色」である。

被告の入るべき左手《ゆんで》の扉は開かれたり真先なるは外ならぬ幸徳伝次郎悠然として菅傘を脱ぐ血色稍や悪《あし》けれど別に悪怯《わるび》れたる色もなし、鼻下の疎髯を捻りつゝ進む、身には橘の五紋付いたる黒の斜子《なゝこ》の羽織に茶鼠銘仙の綿入茶色仙台平の袴を穿ち凍傷にや右耳に白色の塗薬を附けたり〔…〕次で万緑叢中の紅一点とも見らるゝは例の菅野スガ子が左の襟に一号の番号を附し髪を銀杏返しに結びてお納戸色紋羽二重に幸徳と同じ紋を附したる羽織、伊勢崎矢飛白《やがすり》の綿入の下に友禅模様の襦袢を着け薄化粧を施したるかと見らるゝ迄の血色なり〔…〕

▲公判開始　幸徳は終始左手にて髯を捻りつゝ傍聴席を顧みたり知人もやあると気を配れるなるべし偶々菅野と視線を合せて微かに寂しき笑《わらひ》を洩らしぬ、〔…〕

（「陰謀事件公判　武装せる法廷　傍聴絶対禁止」『時事新報』明治四三・一二・一一）

幸徳は、「血色稍や悪けれど別に悪怯れたる色もなし」とされ、管野は「薄化粧を施したるかと見らるゝ迄の血色なり」と描写されている。同じように、『万朝報』でも幸徳の漏らす「微笑」と「顔色青白けれど、さして健康を害せりとも見えず」といった様子が記され、管野は「血色極めて好く、獄中の苦労に疲れたりとも見えず」と叙述されている（「大陰謀の公判」『万朝報』明治四三・一二・一二）。

スキャンダルのクライマックスで、何より注目されるのは、主人公たちの「血色」のよさである。だが、無政府主義者の物語のなかで性的逸脱という印をまとわされていた管野須賀子という「女」は、血色の悪さに病んでいたのではなかったか。そのような疑惑を引きずりながら、二人の間で遣り取りされた視線や「微笑」は、記者たちの凝視を受けている。

▲相顧みて微笑　幸徳と管野とは寧ろ偕刑同死を祈る中らひなればにや、幸徳は頭上より受くる日光をまぶしがりて兎角後辺を顧みれば管野はキツと同人を見詰め居りて其眼と眼の合ふ時互に微笑を漏らすを見たり〔…〕幸徳は痩せて蒼白いが、入廷した時、新聞記者席の方を見てニコと笑ふ、病苦に窶《やつ》れて居る筈の管野すが子は、前を総髪にした銀杏返し艶に、顔色もホンノリして、鬢のほつれ毛に風情を見せた、幸徳と同じ丸に橘の紋ある薄紫紋羽二重の羽織に、茶色がゝつた伊勢崎矢絣の綿入を着て居たが、多い人いきれに

▲頭痛がする〔ママ〕のか、始終右手で額を押へ、折々幸徳と相見ては淋しく微笑む、斯うした風体の二十六人が、刑法七十何条の大罪を謀つたかと思ふと変な心持になる、〔…〕

（「特別裁判　無政府主義者の第一回公判開廷」『東京朝日新聞』明治四三・一二・一一）

誰もが死刑を予期せずにはいられない状況下、何気ない視線さえ注視を受けて、一つひとつの仕草が遺言めいた雰囲気を漂わせるように演出されてゆく。ここに漂う観察者の仄めかしは、「血色」「微笑」に特徴づけられる「被告」、管野と幸徳の身体描写や仕草、身ぶりの描出を通して、二人の間に「交通」するセクシュアルな物語へとたどりつかずにはいない。「幸徳と管野とは寧ろ偕刑同死を祈る中らひなればにや」といった感想と抱き合わせて「相顧みて微笑」する仕草が伝えられ、「ニコと笑ふ」表情も、「艶に、顔色もホンノリして、鬢のほつれ毛」といった単語の並びも、物語に「風情」を与える効果をもつだろう。

だが、引用記事に書き留められているように、「管野すが子」は「病苦に窶れて居る筈」ではなかったのか。物語に適した「風情」が叙述されながらも、管野須賀子の表象が物語をほつれさせる。

さらに判決時、こうした描写はもう一度反復される。「管野菅子は最後の席に第一回公判当時よりも更に血色よく」、「稍や俯目になりて決心覚悟の色は其眉目の間に溢れ居るが如く」（「大陰謀の判決　被告色動かず」『万朝報』明治四四・一・一九）だというのである。

また、『時事新報』では、幸徳の体調について、「幸徳は近来健康勝れぬ模様」といった情報が挙げられつつも、「寧ろ生色ありと云ふ方が適当だ」と記述され、管野も「顔色も悪くない如何なる判決を予想して居るであらうか」と叙述されている。「対角線上にある姿に見える」二人の様子は、判決文と併せるようにして見とがめられる。

▲不謹慎な両被告　鶏冠石に塩酸加里の合剤から薬研を用ふると云ふ条れ〔マヽ〕から医師の大石誠之助が幸徳と密議の折訪問し其際幸徳とスガ子との病気を診察して両人とも最《も》う長くない命だからと云ふ点まで来るとスガは左手の食指と拇指で下唇を一寸《ちよつと》摘《つま》み幸徳の方を見るその途端に幸徳も振返つた何等の意味かスガは頷いてニタリと気味の悪い笑ひを見せる、如何にも不謹慎に見受けられた
（「陰謀事件判決」『時事新報』明治四四・一・一九）

「両人とも最《も》う長くない命だから」という記述は「被告大石誠之助が上京して被告幸徳伝次郎及び被告管野すがを診察し伝次郎の余命永く保つべからざることを知る」といった判決文の聞き間違えなのだけれども、メディアを通じて管野も幸徳も等しく病んだ人間として認知されていたわけだから、記者の錯誤はある意味で正鵠を得ていると言ってよいだろう。

ただしここで特記されるのは、判決文のそのくだりを聞きながら、あたかも合図であるかのように「スガ」と「幸徳」が交わし合う視線と微笑みへの非難である。「何等の意味かスガは頷いてニタリと気味の悪い笑ひを見せ」た、その様子が「如何にも不謹慎」と記述されている。

紋切り型によって統御できない小さな「意味」が、メディアの共同体を苛立たせているかのようだ。病の物語定型が思わぬ要素によって綻びをみせ、スキャンダルには空隙が開かれる。

もちろん、記事に見られる描写や判決文の一節は、「無政府主義」と病とを二重に結びつけてやまないが、そうした連結を切り裂く力が働いて、何度も何度も、「血色のよさ」が描出されてゆく。そしてその「血色のよさ」は、「薄化粧を施したるかと見らるゝ迄の血色なり」、「顔色もホンノリして」と、管野の身体描写によって最もはっきりと担われているのである。「紅一点」としての管野は「首魁」の幸徳を伴なって、天皇暗殺の物語を、その矛盾において華やかに上演しているのだ。この血色のよさは明らかに、病んだ女として形象化された「無政府主義」の女の対極にある。

ここで再記しておきたいのは、「無政府主義」の女がジェンダー構造の逸脱と乱交するセクシュアリティとにおいて表象されていることである。

▲被告中の紅一点

▽菅野すが子の経歴

大陰謀事件に参加した二十六人の内に唯一人の女性《にようしやう》が居る「日本の女と社会主義」と云ふのさへ既に奇異の感がするのに、斯る大事件の大舞台に唯一人の女性が登場して居ることは、或る意味に於て注目すべき事柄である

菅野すが子は歳卅歳、生れは京都府葛野郡朱雀野村である、春に秋に歌に好く詩に好いこの歴史的匂ひある村に生れた一女性は、小学校を出で世の塩にもまれる様になると、種々数奇の運命に弄ばれた、多少の「文字ある女」に能くある慣《ならひ》として、すが子は沢山の男にも関係したし、多くの文学的書籍にも読み耽つた、一時は大阪の古い小説家宇田川文海と同棲して、夫婦同様

に暮して居た事もあるし、紀州田辺の牟婁新報、大阪の大阪朝報などで、婦人記者として探訪に従事したこともある、その間にすが子は社会主義の事を見聞して、その女性たる身体に相応しからぬ男らしい思想の人となつた
大阪では雑誌「基督教世界」にも関係して居たがその東京へ来て前の電報新報の婦人記者となるや、暫時の間は真面目に働いて居た、幸徳秋水と相知り相許《あいゆるす》に至つてから、愈社会主義の思想、無政府共産主義の猛烈な考へを抱く様になり、例の赤旗事件で具体的の運動を始めた、菅野すが子の名が、社会主義仲間に知れ渉ると共に、警視庁の注意人物簿に朱点をうたれ、新聞の雑報に屢其名を記される様になつたは、実に此の赤旗事件以後の事である
其幸徳秋水と千駄ヶ谷町九〇三番地に同棲してからは、雑誌「自由思想」誌上で折々所感を公にした、この雑誌のためには又四十一年七月十五日から九月一日迄四十七日間を東京監獄の未決監に過した漸く萌して居た肺病はこれより重く、秋水と共に病軀を横へながら、社会主義のために奮闘して居る内、遂に今回の大々事件を起したのである

（「無政府主義者公判開始決定　▽幸徳等の犯罪」『東京朝日新聞』明治四三・一一・一〇）

「斯る大事件の大舞台」に登場した「唯一人の女性」である管野は、「紅一点」として「注目」の的になる。「歴史的匂ひある村に生れた一女性」という紹介は、古い「歴史」の「匂ひ」のみならず、管野の「経歴」「歴史」の「匂ひ」を嗅ぎ取ることを暗黙裡に読者に要求していると言ってよい。[30]「『文字ある女』に能くある慣として、すが子は沢山の男にも関係した」という一節は、「社会

主義者の妻」が男たちに「共有」されるというゴシップや、夫を棄てる「妻」として、家庭を壊す「妻」として、「想像」を絶する「自由恋愛」の女としての物語を想起させずにはおくまい。

そして管野は、「その女性たる身体に相応しからぬ男らしい思想の人となつた」。「女性たる身体」を食い破った「男らしい」女としての彼女は、「幸徳秋水と相知り相許《あいゆるす》に至つてから」「秋水と共に病軀を横へながら、社会主義のために奮闘」するのである。

だが、「管野すが子」は、「血色」もよく、病であるようには見えない。そのことは、「女性たる身体に相応しからぬ男らしい思想の人となつた」という逆説的な位置づけと呼応している。「無政府主義」のスキャンダルの主人公として選ばれた管野須賀子という記号を、メディアは、悪意と殺意を好奇心に貼り合わせて真近から観察し、物語に奉仕させるべく表象しようとしたのだ。だが、皮肉なことに、表象された彼女の身体をめぐる微細な要素は逆に、物語の表皮に傷を入れる。針文字で連絡を取ろうとする管野須賀子。不穏な交通が物語の傷を深くする。

▲告辞と万歳　一同は退廷し被告は再び編笠を冠つた、その時菅野スガは居合はせた弁護士に向ひ「皆さん失礼致します」と別辞を述べた、其の声の内には無量の感慨が含まれて語尾が消え込むやうに聞えたが次で三浦安太郎は突如大声を振り立てゝ無政府党万歳を唱へた幸徳以下何れも之に合唱して静かに退廷し間もなく監獄に送られた〔…〕

（「陰謀事件判決」『時事新報』明治四四・一・一九）

このときの情景はまた、「菅野すがより順次退廷するに当り菅野は突然編笠を脱ぎ皆さん左様ならと離別の挨拶をなすや各被告は之に和し孰れも左様ならと連呼したるが中にも誰とも見分られざる数名の被告は無政府党万歳を三唱し又革命の歌を怒鳴り立て頗る喧噪せしも軈《や》がて護衛の看守に引立られたり」(「叛逆事件判決」『東京日日新聞』明治四四・一・一九)などと叙述されている。退廷の瞬間、「皆さん失礼致します」と言ったとも、「皆さん左様なら」と言ったとも報道される菅野のその「声」が契機となり、「無政府党万歳」の「合唱」「連呼」が男たちの間に感染してゆく様子が伝えられるのだ。

物語の起点にいるのは、病を隠しもった菅野須賀子という女である。スキャンダルの頂点で生じたのは、無数に引用された物語の定型がハレーションを起こしたかのような混乱である。植民地主義が大韓帝国併合の物語によって充足されるその裏面で、病と女が物語の差別性において交差したとき、メディア共同体の「われわれ」の欲望は、幾重にも満たされるはずだったのだ。だが、菅野須賀子という女の表象は、終着点にさしかかろうとしたちょうどそのとき、血色のよさという細部によって定型とは違う軌跡を描く。

ジェンダーの規範も、女と病の物語も、朝鮮と王妃の物語も、引用された紋切り型は、菅野須賀子という固有名にぶつかって乱反射し、屈曲する。

そこに現出するのは、天皇を暗殺するという「大陰謀」と響きあう表象の叛乱である。そもそも、身体内部の血が病んでいることが、誤魔化しのきかない色として肌の上に露わになってしまい、女の身体はそのように病を発現してしまうものとして描き続けられていたのである。だから、肌は注がれる視線を欺くことができないはずなのだ。にもかかわらず、管野は血色のよい肌を人々の視線に触れさせる。

隠せないはずの病を隠しもった女として、血色のよい管野須賀子の肌は物語の皮膚をざらつかせ、その末尾をわかりにくさによって染め抜くことになる。その意味において、管野須賀子の表象はメディアの殺意をくぐりぬけるのだ。

あてのはずれたメディアの側は、都合よく対象化することのかなわなかった管野須賀子への殺意を反転させるようにして、明治の最期に「天皇」という記号をまなざすことになるだろう。

5　天皇の病死

スキャンダルの結末の体裁は、「逆徒」の死によって整えられた（島村［1994］）。「逆徒」たちの運命は、判決の翌日、きれいに二分される。「天恩無窮我《[ママ]》至尊には斯かる大逆賊に対しても尚慈悲の恩眼を垂れ給ひ特赦減刑の恩命下りたるを以て」「十二名に対して特赦減刑の恩命を伝へ」「且つ同時に十二名に対しては直に刑の執行すべき旨を達せられたり」という状況が報道されたのだ（「逆徒天恩に生く」『東京日日新聞』明治四四・一・二二）。

この減刑について、絲屋寿雄は管野須賀子の遺稿、「死出の道艸」の一節「一旦ひどい宣告を下して置いて、特に陛下の思召によつてと言ふやうな勿体ぶつた減刑をする――国民に対し外国に対し、恩威並び見せるといふ、抜目のないやり方は、感心と言はうか狡猾と言はうか」（全集［2：

270〕）を引いて、特赦は「判決以前に山県あたりの差金で、あらかじめ用意されていた事ではなかろうかと思われる節がある」と述べている。(31) 当時のメディア報道でも、「特赦減刑」を予期する記事は見受けられた。「仄に聞く処に依れば幸徳伝次郎始め各被告に対し時期を見て特赦減刑の恩典に浴せしむるやの議もある由」（「或は特赦減刑か」『東京日日新聞』明治四四・一・一九）、「或は何等かの有難き特命あるやも図る可からずと推測する者あり」（「陰謀事件と恩赦」『時事新報』明治四四・一・一九）という情報が、判決の直後から読者に提供されていたのだった。

「逆徒」の生死という二項対立は、劇的な結末として演じられる。一方では、「減刑の恩命」を聞いた「囚人の驚喜」が、「今回の恩命に接したる犯人に於ては今更らながら聖恩の厚きに感激したるなるべく現に犯人中には一時の心得違ひの為めに斯る大罪を犯すに至りたるを後悔し居る者もあれば此恩命に接して益々悔悟の念を深からしむることとなるべしと信ず」といった「政府内某有力者」の談話とともに報じられる（「減刑の恩命下る」『時事新報』明治四四・一・二一）。

他方で、驚くべき速さで死刑を執行された十二人の側は、たとえば「逆徒中の唯一の女たる管野に至つては殆んど是虚栄の権化で、無神無霊魂で押通すのみならず平素露西亜の無政府徒虚無党中の所謂主義の為に殉死したる者の伝記を耽読し、窃に日本女性の先覚者たる誇りを持つて居たとやら」という叙述に見られるとおり（「死刑囚の心理」『東京朝日新聞』明治四四・一・二八）、「悪びれざる十二名」などの語句によって非難を負うことになる。死刑に処される直前の「最後の面影」や「最後の書簡」が取り沙汰されたり（『東京朝日新聞』明治四四・一・二六）、死後の解剖を希望した森近運平、古河力作の死体が大学側からの拒絶にあったとして「宙宇に迷ふ逆徒の死骸」と報道されたり（『東京朝日新聞』明治四四・一・二八）、「逆徒の死骸引取」や「悽愴たる火葬場」の様子が伝えられたり（『東京朝日新聞』明治四四・一・二七）、いずれも罪と死を直結させる論理を背景に、死が情報化されてゆく。

「無政府主義」という伝染病にその身を浸蝕され、治癒不可能な者たちには死が与えられ、「悔悟」し、治療の結果病を克服しえた者たちには、「恩命」によって生が許される。いたってわかりやすい二元構造はむろん、空白の中心に「天皇」が定位されて絶対性を担保するという構造に奉仕せずにはおくまい。

「大逆」によって「国体」に刻まれた「汚辱」は、「特赦」と「死刑執行」という「逆徒」の行く末によって拭い去られ、解決されたかに見えはする。だが、時代をあげて生成されてきた物語の論理に走ったひび割れは、明治という時代が終わるときにもう一度、現われてしまうのだ。

さて、天皇が暗殺されそこなった翌明治四五（一九一二）年の夏、「聖上陛下御重態」を告げる報道がメディアの時空を支配することになる。それは大韓帝国併合、大逆事件と同じように、というよりも天皇にも死は必ず訪れるはずなのだから、二つの大事件以上に必然的で不可避の事態として予期されていたのではあったろうが、情報の発信者である宮内省が示した「御容態書」に想像の範囲外と言うほかない文字が連ねられたことによって、メディアには異様な熱が孕まれた。

聖上陛下御重患

廿日午前十時卅分（宮内省発表）

聖上陛下には去十四日より御腸胃に少しく御故障あらせられ十五日より少しく御嗜眠の傾きあり十八日より御睡眠一層加はり御食気も段々御減少し来り十八日午後より聊か御精神御恍惚の御状態にて御脳症あらせられ十九日夕方に至り突然御発熱あり御体温四十度五分に昇り御脈百〇四御呼吸三十八に渡らせらる（第一号外再録）

御容態書

御熱度稍々下降す

廿日午後二時（宮内省発表）

聖上陛下去明治三十七年冬頃より糖尿病に罹らせられ遂に三十九年一月末より漫性腎臓炎御併発あらせられ爾来御病勢多少御増減あらせられし所本月十四日御腸胃に御故障あらせられ翌十五日より少々御嗜眠の御傾向あらせられ十八日以来御嗜眠は一層増加御食気減少し十九日午後より御精神少しく恍惚の御状態にて御脳症あらせられ御尿量頓に甚しく減少蛋白質著しく増加同日夕刻より突然御発熱御体温四十度五分に昇騰御脈百〇四至御呼吸三十八回今朝御体温三十九度六分御脈百〇八至御呼吸三十二回にして廿日午前九時侍医頭医学博士男爵岡玄卿、東京帝国大学医科大学教授医学博士青山胤通及び東京帝国大学医科大学教授三浦謹之助拝診の上尿毒の御症たる旨上申に及びたる次第なり（第二号外再録）

（『東京日日新聞』明治四五・七・二一ほか）

天皇の病を告げる「御容態書」が紙面を大きく埋めてゆく。宮内省からの「御容態書」は、主として一日に三回（二十三日からは五回）の頻度で発表され続ける。そのなかには、「御舌は乾燥し御精神の状態は昨日と異なることなきも恍惚として時々上肢に攣縮を呈し」「御腹部皷張状を呈し御大便軟かにして一回其量百瓦《グラム》時々瓦斯《ガス》の排泄あらせらる」（『東京日日新聞』明治四五・七・二二ほか）、あるいは「御舌は暗褐色にして乾燥す御腹部の皷張は昨日と御同様時々御腹鳴あり」（『東京日日新聞』明治四五・七・二四ほか）といった文字が見られ、食料や飲料に加え、「御尿量」「瓦斯の排泄」のグラム数や、「蛋白質」「糖分」の増減、「御大便」の状態が報告されてゆく。

「聖上陛下が平素万民と御喜憂を共にせらるゝ大御心に従ひ御重患の御容態については一々隔てなく国民に知らする方針を執れり」（『東京日日新聞』明治四五・七・二二）と、西園寺首相との談合協議の結果を明かす渡辺宮内相の談話、また、参内した青山胤通の「色々と誤れる憶測など湧き出づるものなれば今後も逐一発表する筈なり」（『読売新聞』明治四五・七・二一）という発言などをみると、この宮内省発表の「御容態書」が出された背景には、「国民」の「憶測」を避ける意図が働いていたことがうかがえる。

だが、宮中では「二十一日も第一回の発表に当り容態書中の文字に関し端なく反対の意見ありし趣」があったことを、首相西園寺は漏らしている（『東京日日新聞』明治四五・七・二二）。そういった反対意見があるのも当然だろう。この「御容態書」は、明治期に築き上げられてきた「われわれ」の物語の論理を根幹から揺るがす危機を孕んでいるのであるから。

渡部直己は、「この病状描写は、ひとり平然と、その排泄物にまで触れる近さからまざまざと天皇の身体を切断記述するのであ」って、「聖性を冒瀆してきわめて『不敬』なもの」だと論じている。この「御容態書」に「先づ爆裂弾を作り、天子に投げつけて天子も吾々と同じく血の出る人間であるといふことを知らしめ、人民の迷信を破らねばならぬと覚悟しました[32]」という「逆徒」の言葉を重ねてみるなら、「天皇の身体をこのような克明な記述の対象となしうる点」において、メディアを通して可視化された「国家の権力」のこの優越性は「ほかならぬ『大逆』犯たちへの決定的な勝利を告げ知らせた」ということになるだろう（渡部［1999：85-86］）[33]。加えて、絓秀実は「大衆的新聞ジャーナリズムにおけるスキャンダラスな天皇病状報告」は彼の病死を大衆による「全員一致の」「王殺し」へと「擬似イヴェント化」し、「『大逆』事件の目論見」を「実質的に成就」させるような状況を生んだと指摘している（絓［2001：303,262］）。メディア上には、大逆事件をめぐる物語と天皇の病とを連接させる力学が作動していたのだ。

　こうした議論を踏まえた上で、検証していきたいのは、明治という時代が終わるとき、メディアの上に生じた物語の傷である。

　まず着目されるのは、先に引用した、二十日二時の段階で発表された最初期の「御容態書」では、天皇が日露戦争当時から「糖尿病」を病んでいたことが明らかにされている点である。「御容態書」の記述について、侍医は次のように解説を加えている。

　八年前の御発病　陛下が糖尿病に罹らせ給へるは去る卅七年の冬で偶《たま》ま同年初春に日露の戦端が開かれ当時［ママ］陛下には太《いた》く震襟を悩ませられ愈よ開戦の御裁可を下し給ふ前三昼夜といふもの全く御就眠あらせられず、此等の事がやがて糖尿病の原因になつたのではあるまいかと拝察する訳である、爾来侍医等は御投薬を申上ぐると同時に御養生遊ばさるゝやう御勧め申し上げて今日に至り昨今にて殆ど御平癒遊された御状態にありと拝診して居たのである、而して何故右の御発表を其の当時秘密に附して居たのかといふにそれは全く軍事上外交上から然うしなければならなかつたのである又医学上から見て糖尿病が長引けば腎臓炎を伴ふのが普通であるが〔ママ〕　陛下におかせられてもその通り極く軽微の腎臓病に罹らせられて数年に及んだ、〔…〕

（「御悩御経過　△侍医樫田医学博士談」『読売新聞』明治四五・七・二四）

「御容態書」の限られた情報に接して生まれた数々の疑問に答えをあてがうために、天皇の病をめぐる記事が増殖してゆく。この記事は、侍医の「拝察」というかたちで戦争のために天皇の身体内部に病が発生したのだという「秘密」を暴露している。それどころか、「普通」「糖尿病が長引けば腎臓炎を伴う」まさに「その通り」に、「陛下」の身体は「腎臓病」を併せもつに至ったのだというのである。

病を「秘密」にしていた理由は、「軍事上外交上」の問題だけには限られない。

陛下が糖尿病に罹らせ玉へるは明治三十七年の末露国との戦役酣《たけなは》にして恰かも旅順口の運命如何と最も気遣はれたる頃なれば御軫念の余御発病あらせ玉へるや推察し奉るに余りあり然るに〔ママ〕　陛下には当時岡侍医頭に対し「此の場合朕が少しく風邪に冒されたりとも秘し置けよ」とて全く糖尿病の治療をすら許させ玉はず御尿の検査などは毫も御聴許なかりし由是れは当時出

征の軍人を始め国民一同をして意気を阻喪せしめざらん大御心に出でしなるべく今より想ふだに賢こし
（「聖上の御強忍」『読売新聞』明治四五・七・二七）

「国民一同」の「意気」を維持し、帝国の物語を無傷のまま保有するために、天皇の病は秘し置かれなければならなかっただろう。だが、この「秘密」は、暴き出されてしまったときから過去に遡ってゆくようにして、すでに定型化されたはずの枠組みを曖昧にしてしまうことになる。「陛下の御強健無比なる事は予て拝承する所なれど、如何に御強健とは申せ、其後発表せられたる所に拠れば、過去に於て糖尿病、漫性腎臓炎等の諸症に罹らせられる事あり。今回は愈愈尿毒の御症と御決定の由、実に容易ならざる御容態、且つ既に御還暦と申す御齢《おんよはい》にも亘せられ」（「聖上御不例」『東京日日新聞』明治四五・七・二二）と、「強健無比」たるべき身体の価値が「過去」から引き続く「病」と「御齢」とによって、危うくなってしまうのだ。

天皇の患っていた病は、天皇の身体として比喩化された国土や国家、「国体」や「国民精神」の物語基盤を混濁させ、動揺させずにはおかない。それは、あらゆる物語の定型に打撃を与えてゆくのである。

「陛下の御容態につき吾々臣民が濫《みだ》りに想像を逞《たくまし》ふするは恐れ多きことなれば」（「腎臓炎は難症両博士に信頼せん（阿久津博士の談）」『時事新報』明治四五・七・二五）という身振りを見せながらも、メディア上では数多の医学関係者による解説が行なわれ、「御容態書」を拡張するような想像や説明が並べられてゆく。

▲恍惚の御状態　脳に来るのは腎臓炎の為に尿の排泄が出来なくなつた為めに排泄すべき毒即ち尿が血管に伝はつて遂に脳を侵すので為めに脳の働きを鈍くして初めは嗜眠状態を起し次で昏睡に陥るのでありますが〔…〕陛下の今回の御病気は尿毒が御脳を侵し申したにしてもまだ昏睡の御状態に陥らせられたる次第ではなく其初期なる嗜眠状態より僅か進んだ未だ恍惚の御状態であらせらるれば必ず御全快ある事と信じて居ります

▲御脈の御不整　血管に入つた尿は心臓にも入るので御座ります之が為め心臓に鬱血症を起すので心臓は其の鬱血症を防がんとして過大の働きを為すので脈拍が不整になると共に細く少く脈の数が多くなるので御座ります、〔…〕

▲腸胃の御障害　血管の尿毒は腸胃にまでも障害を及ぼすのであります御舌に褐黒色苔を帯び、御腹部の鼓張を来しましたのも皆尿毒が腸胃に入つた為めで尿毒が腸胃を侵しますれば腸胃の働きを害しまするので排泄すべき便も腸の中に停滞するので中に発酵して瓦斯を起し腹部が誇張し随つて胃を圧して食慾不進等になるのでありますが腸胃が自働する様になれば便通もあれば瓦斯も排泄するので御座ります、今回の御病症にて御瓦斯の排泄、本日の御容態書には御腹鳴とあるが之れは御腸の自働の証拠で御良好の御兆で御座ります

（「御病症と経過　御脳症危険なく御全快疑ひなし（某医師の談）」『時事新報』明治四五・七・二四）

「御容態書」にあった「御精神少しく恍惚の御状態」については、「尿の排泄が出来なくなつた為

めに排泄すべき毒即ち尿が血管に伝はつて遂に脳を侵す」結果だと述べられている。毒を含んだ尿が、「血管」から全身へと運ばれて、「脳」に達して「精神」を「恍惚」とさせるのだという解説は、「国民精神」をめぐって書き連ねられてきた物語の体系を瓦解させる。「国民」の健全なる身体の境界を保証し、病を防御しうる根拠が「国民精神」だったのであり、それを担保するはずだった当の「天皇」の「精神」が、「血管」を通ってもたらされた「毒」によって「恍惚」となり、確固とした身体境界を統御しえなくなる。

病によって描写され、血によって境界を滲ませる天皇の身体は、血と病の表象を交差させる女性身体のイメージに織り合わせられ、女性ジェンダー化されている。「御舌に」帯びた「褐黒色苔」や「御腹部の皷張」「御瓦斯の排泄」「御腹鳴」は、「血管」を流れてきた「尿毒」によって起こった「障害」と結びあった上で、身体の境界の変容を描き出し、ただならぬ境界は、あらゆる言説論理を危機にさらしながら、女性ジェンダー化された天皇をスキャンダルの主人公として表象する。天皇の身体は、「濫《みだ》り」に広がる「想像」によってスキャンダルになるのだ。

天皇の病は、その身体を有標化し、記述可能なものにする。「例を臣下に求むるは畏き儀なれども曩《さき》にも言ふ如く陛下の御病症は民間に於ても幾多の同病者あると同時に又此等民間の同病者が畏くも陛下と同一の重体に於て前途を悲観されたるものが一陽来復して再び健康に復せるは世上決して其例に乏しからざることなれば」（「御脈搏頗る強実　恐悦申上くる点（某医学博士談）」『時事新報』明治四五・七・二八）と、天皇の身体が一般的な身体に等しく並べられることになる。同じように、天皇と同じ病を患った患者が、「襟を正し『もつたいない〳〵』と涙を零しながら眼を閉ぢて〔ママ〕陛下の御悩の寸時も速かに御快癒遊ばされんことを祈念しつゝあり」といったような報道記事も見受けられた[34]（「同病の患者泣く」『読売新聞』明治四五・七・二七）。

患者一般と並置されるに至って、今度は一般的な身体からの差異が析出されてゆく。

> 御脈拍の失調　元来此病気で斯の如き際に最も注意すべきは心臓である、然るに洩れ承る処に依れば陛下は御肥満の御体格に渡らせられて居る趣で肥満者の心臓は平常に於ても幾分弱いことは免れ得ぬ故況《ま》してや御大患なるに於ては御治療の困難なることは吾々に於ても考へて居た、〔…〕（某専門家談）
>
> （『東京朝日新聞』明治四五・七・二六）

「陛下」における、「肥満」ゆえの「心臓」の「弱」さと、それゆえに「御治療の困難なること」は病勢が進むにつれてはっきりと指摘されてゆく。二十六日の「御容態書」に「シャイネ、ストツク氏の型に類似す」とされた「呼吸」について、「心臓の力さへ恢復すれば此険悪なる御呼吸も恢復すべし」、「聖上に於かせられては御肥満の為め御平常より心臓御弱く在らせられたるに於ては何故にX光線の如きを用ゐて予て御治療を勧め参らせざりしぞ」（「我社は泣いて此悲しむ可き学術的見解を報ず」『東京日日新聞』、第二号外再録、明治四五・七・二七）といった談話が紹介される。さながら「心臓御弱く」という点は、身体上の欠点であるかのごとく表象されることになるのである。

理想化されてきた天皇の身体が、病によって変化する。「平素陛下の御体格が並々ならず御優秀」（『東京朝日新聞』明治四五・七・二三）といった称賛は、次第に病の物語の両義的な矛盾に覆われてゆく。たとえば、「陛下天資英邁に渡らせられ御精力絶倫にお在ませば之を普通の臣民の場合と同日に見得可きものではない」、「殊に古来英雄豪傑等は病気になつても普通の人間とは色色異ふことがある」（同前）といった言葉が重ねられているのにもかかわらず、「陛下」の身体の欠点が書き加えられてしまうのだ。

天皇の病は以下のようにも説明されている。

糖尿病の特長は咽喉が渇くのと、人一倍食慾が進むのと尿が多量に出るのとで之は平素坐つて居て脳を使つて運動不足で、営養過度な人、即ち一概に云へば上流の人士に多い病気である、此病気がある人でも軽症の時は多くは肥満して普通以上に血色が好いから別段判らないが段々病気が重くなつて来ると種々の障碍を呈して来る、〔…〕

（「糖尿病と腎臓炎　▽医学士　額田豊氏談」『東京朝日新聞』明治四五・七・二三）

「此病気がある人でも軽症の時は多くは肥満して普通以上に血色が好いから別段判らない」、それはまさに、「陛下」がその「秘密」を身体の内に孕みもち、「普通以上」の「血色」のよさで八年もの間、メディア共同体の「われわれ」を偽り続けてきた状況を裏打ちしているだろう。「肥満」という身体的条件は、心臓の弱さという欠点に加えて、血色のよさに欺かれて病状が外からは見えないという要素を意味することになる。つまり、女性ジェンダー化され、病と血の物語によって表象される天皇の身体は、天皇暗殺という物語のなかの管野須賀子の表象と、その構造において重ねられているのだ。このとき、天皇の身体には、裏返しになったメディアの殺意が向けられていると言ってよい。

天皇の身体の、不可触の神聖さが「血管」に流れる「尿毒」の描出によって汚辱にまみれるこのとき、「無政府主義」という病が蔓延していたメディアの言説磁場がそっくり回帰してくる。だとするなら、天皇の死という可能性が暗示されたその場にあって、物語の安定が揺らぐ瞬間が再び訪れるであろうことを推定するのはむしろたやすいことかもしれない。

御容体御急変(同〔二十八日〕午後五時廿分宮内省公表)
今二十八日午後三時岡侍医頭青山、三浦両博士拝診今朝以来御体温漸次上昇午後二時半に至り三十九度八分に達し御脈は不整結代《けったい》甚だしくして御四肢に軽度の御痙攣を発せられ御苦悶の状にあらせらるカンフル及食塩水の皮下注射を差上げたるところ少しく御緩解遊ばされしも尚ほ御重体の御容体にあらせらる(第二号外再録)
(『東京日日新聞』明治四五・七・二九ほか)

御四肢末端の暗紫色(同〔二十九日〕午後一時宮内省公表)
二十九日午後零時(青山、三浦、森永、西郷、田沢、樫田、高田)拝診御体温三十七度五分御脈細微にして御心臓の鼓動大凡《おほよそ》百四十六を算す御呼吸は御困難の御状態にあらせられ御四肢の末端暗紫色著明にして益御危険の御状態にあらせらる(第四号外再録)
(『東京日日新聞』明治四五・七・三〇ほか)

死が伝えられるのとほとんど同時に掲載された「御容態書」である。「玉体に針を入るゝは勿体なしとの事より躊躇するに非ずやとの説あるが如き」（「本日御注射乎」『読売新聞』明治四五・七・二七）と言われていた注射もとうとう使用され、現われた「暗紫色」は、「殊に『暗紫色』の三文字は省内誰れ一人よく頭を挙げて読み得る者」がなかったとされるほど（「暗紫色の三文字」『時事新報』明治四五・七・三〇）、強烈なものであった。

「大日本帝国皇帝」は、どんなときにも適切な距離をもって定型句によって称賛されてきた。大韓帝国の併合時、大日本帝国と大韓帝国の皇室が併記され、触れあった一方の極である大韓帝国皇室があれほどリアルな描写を被り続けたときでさえ、平然と紋切り型によって守られていた。それが、「御四肢に軽度の御痙攣を発せられ御苦悶の状にあらせらる」のを間近から観察され、しかも「御四肢の末端暗紫色著明」と、変色してゆく肌まで文字によって彩色されてしまうのだ。

さらに、注射については、「注射せられたる食塩は血液に混じて循環し其の効能は血液のアルカリを増し循環を滑沢にし、血圧を増加し、従つて利尿をよくするに在り」（「食塩注射の効果鮮やかなり」『読売新聞』明治四五・七・二八）と、外部から身体内部に混入され、直接「血液」を変容させるものとして叙述されている点を、特筆して強調しておかなければならない。いわば自家中毒を起こしていた天皇の身体はこのとき、治療の名目で異物を混入され、とうとう身体境界の外側からの侵入を許してしまう。つまり、伝染病患者の身体とほぼ同様に、内と外からの境界侵犯が遂行されてしまうのである。

他方、病状が悪化するにつれ、家族をめぐる物語制度にも亀裂が入る。「皇后陛下の御淑徳高く御情思の濃《こま》やかに在らせらるゝ御有様は天下万民の模範と仰ぎ奉るべき所である今回聖上の御大患以来皇后陛下には御身を忘れて御看護に当らせられ御手づから御薬餌をも御進め遊ばさるゝは勿論の事大小となく女官其他に御指図をなし給ひ御休息遊ばさるゝは僅かに一昼夜の中に四時間か五時間を出でないのである」(「皇后陛下の御淑徳　宮相渡辺伯爵談」『東京朝日新聞』明治四五・七・二九)と言われるその同じ紙面で、「皇后陛下」に対しても非難が向けられてゆく。

●看護御召の必要(左に掲ぐるは一部の医師社会の代表的意見なり)〔…〕

▼然るに御看護の事に就ては、まだ〳〵人事の最善を尽して居るものとは申し上られないと思ふ、畏れ多くも皇后陛下御身自ら宮中女官方を御指図あらせられて御看護の任に当らせられ、侍医侍従の方々も御付き申し上げて居らるゝと云ふことであるが、しかし之は決して人事の最善を尽したものと云ふことは出来ない

▼皇后陛下が御身自ら御看護の事に当らせ給ふからと云ふので、一も二も無く恐れ入つて仕舞ふて口を噤すると云ふことは、決して赤子の熱誠を吐露する所以では無いと信ずる〔…〕

▼皇后陛下が、御身自ら聖上陛下の御病床に侍して御看護遊ばさせられると云ふことは、日本固有の美風たる家族的制度の儀表ともなるべき御事で、殊に尊くもあり難いことであるから、陛下がいたく御健康を御害しにならせられない丈の程度に於て遊ばさるゝことは決して御諫止し申し上げるには及ばないことではあるが、しかし之を以て特殊専門の技術を要する御看護の

事が最善を尽されたとは申上げることは出来ない〔…〕
▼皇后陛下が御身自ら御看護遊ばさせられると申すことは固り甚だ御結構の事である、又女官や侍従や侍医の方々が御附添申上げると云ふこともよろしい事である、しかし其上尚特殊の技倆を有する看護婦を御用ひになると云ふことの必要がある〔…〕

（『東京朝日新聞』明治四五・七・二九）

日清戦争以降、「看護婦」のイメージをもその身に引き受けていた皇后の美徳は、「人事の最善」を妨げる障害物としてはっきりと批判されている。皇后の「御看護」は「日本固有の美風たる家族的制度の儀表」ではあるけれども、それは「陛下がいたく御健康を御害しにならせられない丈の」場合のみに限られるのだということの「意見」は、「陛下がいたく御健康を御害しに」なっている現在、「日本固有の美風たる家族的制度の儀表」は、病床に至近したその場にあっては成立しないという事態を指し示しているだろう。つまり天皇の病は、仮構された「家族」の物語さえ解体の危機に直面させてしまうのだ。

天皇の病んだ身体には、管野須賀子の表象が起こした定型のハレーションがこだましているかのようである。ジェンダーやセクシュアリティの規範は混乱し、病と女の物語は膨脹して歪み、家族国家観は不安定にゆらぐ。天皇の病を頂点にいただいたスキャンダルは、制度と結びついて安定していたいくつもの物語定型を無効化させてしまうのだ。

「隔てなく国民に」知らされた「御容態書」は、容赦なくふくれあがり、増殖してゆき、言葉はますます「不謹慎」な傾きを見せるが、何がどう「不謹慎」なのか、判別することは難しい。

聖上陛下御不例に就て各新聞共其の最善を尽し報道の寸時も速かならん事を努むると共に寸毫の誤謬なからんことを期せるに拘はらず一二の新聞が常に事実を誇張し又は不確実なる風説を深く探求する事無く直に登載し以て其記事の出色なるを誇るかの如き嫌ひあるは嘆息すべき処なるが二十六日の某新聞の如きは最も不謹慎を極め読む者をして恐懼為す処を知らざらしむるものあり右に関し
▲古賀警保局長〔ママ〕は語て曰く各新聞が陛下の御病状を七千万の臣子に報道するに当り寸時も早く尺時も詳細ならんを期するは誠に感謝すべきも其度を失して漫りに憶測を逞くするが如きは慎しまざる可からず例へば本日（廿七日）の某新聞に「噫《あゝ》遂に記し奉るの辞無し」と題し畏れ多くも〔ママ〕聖上の御病症の帰着点は云々と予想し或は殆ど御昏睡の御状態に陥らせ給へりと書せるが如きは即ち其れにして〔ママ〕陛下には廿六日夜来御経過稍御平静に渡らせらるゝは我々一同欣喜に堪へざる処此際此種不謹慎の記事は見るだに恐懼の余り脊に三斗の冷汗を覚ゆる次第なり。

（「不謹慎なる報道」『読売新聞』明治四五・七・二八）

「漫りに憶測を逞くする」ことを避けるためにこそ詳細な「御容態書」が提示されているはずなのに、「憶測」はふくらみ、推測や想像によって書かれた記事がメディア上に噴出している。ここを踏み越えたら「不謹慎」である、と認知しうる境界が、もはや消失してしまっているのだ。

ちなみに、字句が直接引用され、非難されているのは、『東京日日新聞』（明治四五・七・二七）の第七面である。

▲噫《あゝ》、遂に記し奉るの辞無し
　廿四時間持続するものは稀也
某専門大家は昨夜九時に発表されたる御容態書を拝して憂はし気に語るらく「御体温三十八度九分は目下の御症状に照らしては少しく高過ぎるもこは多分食塩注射の結果と思ふ、御脈の不整は無論悪兆候にして凡そ一〇八とあるは殆んど数ふる能はざる現象を示すものなり、御呼吸も午前に於けると同様「シヤイネ、ストツク」型で而も三十四回とは御苦悶の状察するだも恐懼に堪へず此「シヤイネ、ストツク」型の呼吸に陥れば既に全く危篤に瀕せるものにて二十四時間を保つことは極めて稀なり、されば聖上の御病症の帰着点は今夜中（二十六日夜）に決せらるゝものと見て可ならん
（『東京日日新聞』明治四五・七・二七）

この記事が他に較べて特別「不謹慎」だとは映るまい。文字の連なりはどれもこれもことごとく「不謹慎」極まりなく見えるし、「御容態書」にしても、天皇が死と交わるほど近くに在ることを語り示しているのだから。

天皇が死ぬこと、それはあらかじめ期待され、すぐそこに迫った結末に向かいながらも、メディアの時空に過剰な混乱を招き入れ、種々の枠組みを破壊せずにはいない。

病が報じられつつあるなか、例えば「最初の御容態書では脳充血か腸窒扶斯かと思った」（「侍医寮の措置」『東京朝日新聞』明治四五・七・二四）と、チフスの疑いが挿しはさまれているが、第五章で論じた東宮妃や厳妃の病んだ伝染病とその比喩のすべてを大きく引き寄せつつ、天皇は病み疲れて死んでゆく。その意味で、東宮妃と厳妃という二人の妃が体現した病と女の物語は、天皇の死亡報道を準備していたと見ることもできるだろう。

植民地として国境線の内に組みこまれた異なる民族や種族を、空白の記号性ゆえに沈黙させ、「日本人」として内部に呑み込んだ「天皇」は、生々しい意味にまみれて聖域ではなくなる。「市民及び国民が五体を地に投じて神明に祈れるは明らかに国民的精神の高潮に躍動」したものだと言って、「祈れ而して祈れ、一切を忘れて我が国民的精神の基礎を守れ、是れ我曹《われら》が道徳なり、我曹が宗教なり」（「国民精神の基礎」『万朝報』明治四五・七・二九）と「国民的精神」を強調してみたところで、「陛下は実に国民思想の権化、愛国心の源泉にして、国家は即ち［ママ］陛下なりとの観念は深く臣民の心裡に印象せられ」ている（「哀矣聖天子崩す」『東京日日新聞』明治四五・七・三〇）。その「国家」「即ち　陛下」は病死してしまったのだ。「今更申すも恐れ多き事ながら［ママ］陛下は御悩み以来曾て御症状につきて御下問ありたる事なく、又た曾て御悩苦を御口外あらせられず、其の崇高なる御精神に対しては近侍の者常に感泣して措かざりしと聞けり」（「嗚呼先帝陛下」『万朝報』明治四五・七・三〇）と天皇の病を「精神」の語で統御しようとしてみても、病を描写する文字の苛烈さには及ばない。(35) 天皇は、病と女の物語によって死んでいったのである。

メディアの欲望はといえば、むしろ乃木夫妻の殉死によって延長されてゆくことになるだろう。(36)

THE TOKYO NICHI-NICHI SHIMBUN.

東京日日新聞

大阪毎日新聞社経営 毎日電報合同

哀矣聖天子崩す

睦仁

御製

明治天皇死去（『東京日日新聞』明治45年 7 月30日）

スキャンダルへの欲望は先鋭化し、メディアの共同体を守ってくれるはずの枠組みさえも蝕んでしまう。そこからは、メディアの悪意が葬り続けてきた記憶がこぼれ落ちる。

ところで、かつて我が子にもまして可愛がった王世子に、天皇はこう語っていた。

大行天皇には李王世子殿下東京御留学以来畏き事ながら殆んど御子様同様に御慈みになられて居たのは朝鮮に在《ま》ます御父李王殿下にも非常に徳とされて居らる、公式の参内の外少しにても御無沙汰申上ぐると陛下には「久方振りにて逢ひ度うなつた」と御召になり種々有益なる御物語あらせられ其都度必ず体を健《すこやか》にせよ能く勉強して天晴なるものになれよと御奨励あり給ふが御例なりし、〔…〕

(「李王世子を慈しみ給ふ事厚かりし　金昌徳若宮附武官謹話」『東京日日新聞』明治四五・七・三一)

「種々有益なる御物語」に「必ず」添えられていたのが「体を健《すこやか》にせよ」という「奨励」である。「健《すこやか》」なる身体はいつでも、「天皇」そのものであったはずである。王の二つの身体[37]の観点を援用するなら、生身の自然的身体が死んでも、不死の優越性を与えられた政治的身体は「万世一系」の天皇を保証し続ける、ということになるだろう。だが、天皇は健康を害し、生々しい記述は「万世一系」という政治的物語をも侵蝕せずにはいない。天皇の死に際して、家族の物語も植民地の物語も傷を受け、枠組みを崩されてしまう。

「聖上」の最期をグロテスクに書きざんだその文字は遺され、スキャンダルの形式は生き延びてゆく。あけすけな描写に塗られて天皇という記号には実体が与えられ、書き込みを禁じられた中心は意味にまみれて聖性を喪い、続く時代の幕開けには重たい暗さが贈られたのだった。

暗殺というスキャンダルは、天皇の病死において代行された。物語は隠微に上演され、その傷ばかりが目立つ。天皇の死をめぐる表象のなかでは、見慣れた物語の引用が重なって、膨張した紋切り型が帝国の物語を歪めている。

暗殺がもしも実現していたのなら、メディアは天皇の死を極上のスキャンダルとして物語化することができただろう。天皇の病死をめぐる表象のなかには、起伏に富んだ物語を期待するメディアの向こう見ずな欲望が充満している。

ならばいっそのこと、彼が暗殺されていた方が、メディアにとっては好ましかったのかもしれない。

おわりに

明治の末尾に刻まれた物語の混乱を起点として、近代の創出期に育まれたメディアと物語の関わりについて考えてみると、物語のもつ両義性がよりはっきりと見えてくる。メディアの言語は、物語に奉仕させるべく、さまざまな対象をテーマに据え、主人公としてまつりあげてきた。物語への欲望は肥大して、メディアの上では、過激なスキャンダルが連鎖していったのだった。

事後的にみるならば、その「帰着点」としての、暗殺未遂を媒介に病死する明治天皇のスキャンダルは、種々の物語定型によって準備されていたということにさえなるだろう。だが、天皇をめぐるスキャンダルのなかでは、ナショナリズムや帝国主義、植民地主義、家父長制、家族国家観といった大きな物語を不可侵のレベルで支えていた天皇という記号が、書き込み可能な表層にせりだし、物語の安定が失われてしまう。そのため、メディア共同体の「われわれ」が、安定した基盤に守られながら帝国の物語を消費するという構造それ自体が危うくなる。同時に、物語群の見えない中心であった天皇という記号がスキャンダルの主人公として可視化されるという出来事は、物語への欲望が物語を破壊するという逆説へとたどりついてしまうのだ。

このような矛盾にみちた逆説から見出されるのは、物語の姿をどのように読み取るべきなのかという問いである。

物語において、登場人物や主題が選ばれた瞬間、結末へと流れる筋が想定され、定型の力が主人公や素材を捕らえる。捕らえられた記号は、強制的な物語制度によって定型や紋切り型に寄り添わされ、差別化され、消費されたのちに忘れ去られてゆく。現代の日本で、アイヌをめぐる物語や、閔妃や厳妃、韓太子といった記号が公的な歴史記述からなかば排除され、不可視の領域に閉じ込められているのは、物語の機能によるものだと言ってよいだろう。

固有性を奪う差別的な物語制度は、そのときどきの必要に応じて、現実の差別を保護している。物語に身を委ねることによって、さまざまな怯えや不安、後ろめたさは棚上げされ、差別化される他者は「見ずにすませたいもの」から「見なくてもよいもの」へと変更される。

メディアの殺意は、その地点に表出すると言えるだろう。このとき、メディア共同体の「われわれ」の好奇心や物語への欲望と、メディア上に現われる悪意や殺意は、互いに互いを支えている。そのような殺意は、女性や、あるいは女性ジェンダー化された主人公をターゲットとして拾い上げ、物語への欲望をぶつけて葬り去る。その葬りの儀式こそがスキャンダルの構造である。それは固有名や個別性を忘却させるシステムとして機能し続けている。

だが、その一方で、物語のほころびからこぼれてくるそれぞれの細部は響きあい、定型に覆い尽くされて見えづらくなった物語のもうひとつ別の姿を活字の連なりの上にうつしだそうとしている。閔妃をめぐる物語の破られた結末や、管野須賀子の表象によって物語の表皮につけられた傷からは、定型によってコントロールすることのできない小さな意味や、ささいな異和が立ち現われるのだ。

どんなに強く定型の力に縛られていても、そこには矛盾に満ちた両義性が宿っている。そこから取り出される異和への問いかけや疑問をつなげていけば、大きな因果関係とは異なる、言葉の稜線をたどることができるだろう。

物語の骨格について知ることは、物語によって圧殺された他者への想像力を手に入れることにつながっている。そのような想像力こそが、紋切り型の結節点にある物語を異化する力になる。

物語の差別性や紋切り型によって葬られ、殺されてきた個別的記憶は、他ならぬ物語によって保たれてきている。なぜなら、物語それ自体に、具体性を伴った細部が含まれているからである。物語を批評的にまなざすことによって、細部の歪みから生じるもうひとつ別の物語の軌跡を知ることができる。

その軌跡こそが、異化され、暗殺されたのちの物語の姿なのだ。

註

はじめに

（1）　原文は実名で報道。
（2）　物語のこのような機能に関しては、渡部直己の分析を参照（渡部［1994］）。
（3）　「東電ＯＬ事件」について書かれたテクストには、メディアの構造への批判が含まれる。ノンフィクションとしては佐野眞一『東電ＯＬ殺人事件』（佐野［2000＝2003］）、小説としては久間十義『ダブルフェイス』（久間［2000＝2003］）、桐野夏生『グロテスク』（桐野［2003］）がある。なかでも、桐野夏生は「一流大学卒、有名企業、総合職……そうした要素を発情の記号にして、被害者をさらに辱めようとするような」「男たちの〝発情〟への不快感や違和感から『グロテスク』を構想した、と複数のインタビューで述べている（『週刊ポスト』二〇〇三・九・五）。なお、東電ＯＬ事件と物語の構造については、拙稿中でも論じている（一柳・久米・内藤・吉田［2005：58］）。
（4）　家父長的な社会は、標準化されたジェンダーである男性どうしの緊密な絆によって支えられているが、潜在的にはらまれた男性間のホモエロティックな欲望を不可視にするため、結婚制度を通して女性を男性間で交換・流通させ、同時に、男性同性愛を排除する（Sedgwick［1985＝2001］）。
（5）　差別と物語の関わりについては、中上健次の議論を参照（中上［1978＝1999］［1983＝1996］）。

第一章　病と血

（1）大日本帝国において、民族、国家、人種をめぐり、他者が周縁化される際の論理については、小熊［1995］［1998］などを参照。

（2）本章後半で後述するが、日清戦争期には香港において発生したペストに関して医学者北里柴三郎を中心に伝染病関連の言説が量産され、それら病をめぐる比喩が、戦闘の比喩と相俟って、文字空間全体を蝕んでいた。また、成田龍一は、近代都市の形成を三期に分類してそれぞれの時期の衛生に注目している（成田［1993］）。

（3）スペンサーの社会進化論は、明治一〇年代頃より言論界に大流行し、「生存競争」「優勝劣敗」「適者（種）生存」などが「自然の法則」として主張されていた。

（4）酒井直樹は、日本語という統一体が制作される過程を分析することを通し、国民語と国民をめぐる構造について理論的に考証し、その過程がつねに未来に向けられていることを指摘している（酒井［1996：166-210］）。この問題に関しては第三章で詳述する。

（5）ステファン・タナカは、とくに日本の「東洋史」なる学問領域について問題化しながら、日本において展開されたオリエンタリズムの傾向、日本的なオリエンタリズムの構造について明らかにした（Tanaka［1993］）。また、姜尚中は、ウェーバー、フーコー、サイードの思想に依拠しつつ、近代ヨーロッパに確立した支配システムを解明するとともに、近代日本の知識人が、アジアを他者化することにより、日本的オリエンタリズムを捏造していったプロセスについて論じている（姜（尚）［1996］）。

（6）村井紀の諸論考に、「滅亡」の論理がいかに利用されたのかについての指摘がある（村井［1995］［1996］［1999］）。

（7）『あいぬ医事談』からの引用は、河野［1980a：118-139］による（以下すべて同書より）。

（8）「解放令」公布後に使用された「新平民」から日露戦争期後の「特殊(種)部落」への呼称の変化をたど

った長尾［1981］の議論を踏まえ、小林丈広は、京都市周辺の貧民集住地域が「貧民部落」として表象されたことを論じている（小林［2001：83‒118, 159‒189］）。また、「貧民」を論じるメディア言語においては、「貧民」と「賤民」が重ねられるという言説の布置が確認される。

(9) 明治初期の「貧富分離論」に関して分析した浅野正道は、「たまたま隣接していたものにすぎないかもしれない〈貧困〉〈不潔〉といった状況が『貧民』と本質的な類似があるかのようにみなされて」しまう言説の構造を、「人種」という用語の使用法と関連させて指摘している（浅野［2004］）。

(10) 同書では、公衆衛生意識の高まりのなか「不潔」と伝染病、貧民が結びつけられてゆく様相についても言及されている。

(11) 汚穢の観念に対する「現代人」と「未開人」の反応は根底において変わらないと論じるメアリ・ダグラスは、「汚物を排除することは消極的行動ではなく、環境を組織しようとする積極的な努力」なのだと言い、「隔離、潔浄《きよめ》、境界の設定、侵犯の懲罰等々に関する観念は本来無秩序な経験を体系化することを主たる機能としている」こと、「秩序に近いものが創出されるのは、内と外、上と下、男と女、敵と味方といったものの差異を拡大し強調することによって初めて可能になる」ことを指摘している（Douglas［1969＝1995：20‒24］）。

(12) 設定されるとともに侵犯の危険性に開かれる境界の両義的なありようについては、Stallybrass and White［1986＝1995］を参照されたい。バフチンやフロイトを読み直す作業を通じて、近代ヨーロッパの文学、肉体、心理、階級といった領域で境界がいかに引かれ、あるいは侵犯されてきたかを考察している。

(13) なお、『時事新報』の論説文は、福沢諭吉自身の文章であるのかどうかをめぐって議論があるが、本書では、それらも福沢諭吉の固有名の影響下にあるテクストとみなして分析する立場をとる。

(14) 人間平等宣言で有名な『学問ノス、メ』（明治五）にさえ「無知文盲ノ民」に対する厭悪が書き込まれていると指摘するひろたまさきは、「啓蒙主義者はまさに啓蒙主義者であるがゆえに、文明の光で民衆の蒙《もう》を啓《ひら》くことに情熱的でありますが、反面、その文明を受け入れない民衆存在を徹底的に軽蔑し憎悪する」と述べ、福沢のテクストには初手から「文明」の有無における差別が内在しているのだと論じている。社会ダーヴィニズムの影響を受けた「国権可分の説」(明治八)、「系統論」(明治九)において「民衆に対する蔑視」は強められ、「血統論」(明治一七)、「貧富論」(明治二三)になると帝国主義的色彩が徐々に濃くなってゆくのである(ひろた[2001:38-108])。

(15) いわゆる明治一四年政変以降、松方正義の採ったデフレ政策によって経済危機が生じた際、特に農村部は米価の暴落により深刻な被害を被ったが、明治政府は甲申政変(第四章参照)を利用して対外拡張政策に民権派の諸新聞を吸収した。こうしてメディアの言語は経済的危機を棄却してしまったのだ。そのような流れへの反省として、『郵便報知新聞』では「地方惨状観察員報告」が企画され、加藤政之助、森田思軒、久松義典らは、惨状の原因究明やその解決策を「惨状原因及振救方策」といった長大な論文として著わした。とりわけ森田思軒の文体は、『実践』の中で行動し体験する報告者」という語り手の位置を生みだした。それは翻訳小説における「周密体」の形成へとつながり、明治二〇年代の文学的言説領域に大きな転換をもたらすこととなった(小森[1988:241-299])。

(16) ひろた[1990:254]より引用。「伝染病予防法心得書」は『朝野新聞』(明治一三・九・一九―一一・二六)に断片的に掲載されている。

(17) ちなみに、この記事が報じる「温浴療法」の「好成績」は、「医学卒業生」によるものとして紹介されており、確実なコレラ治療法として示されていたわけではない。

(18) 北里柴三郎は、明治一六年に伝染病の管理中枢である内務省衛生局東京試験所に就職し、二年後にドイツに留学する。コッホに師事して細菌学の研究に努め、明治二二年に破傷風菌の純粋培養に成功した。その翌年にはベーリングとともに破傷風の血清療法を発見し、世界的に認められるに至り、明治二五年に日本帰国後、同年発足した大日本私立衛生会附属伝染病研究所所長となる。伝染病研究所は、文部省と内務省の二省から設立の動きがあり、半官半民のかたちで始まったが、設立は福沢諭吉の尽力によるところが大きく、福沢は研究所の財政基盤とするべくサナトリウム「養生園」を附属させた。伝染病研究所、あるいは北里柴三郎に関しては、小高［1992］、北里・中村［1999］を参照。

(19) 内務省警察の成立に関しては、大日方［1992：83-114］に詳しい。

(20) すでに「衛生」政策に関する命令主体である内務省から発せられた法的言語のなかには、あらゆる「伝染病」がひとつのカテゴリーに収束するような言葉の布置が成立していた。さらに日清戦争前後には、ペスト（黒死病）（明治二七年）とコレラ（明治二八年）が大流行するという事態が生じるが、そのときに語られる「ペスト」「黒死病」や「虎列刺」は、決して単一の病名に一元化されるものではなく、「伝染病」総体を意味するものとして機能していた。

(21) 青山胤通は当時医科大学教授で、この調査では、北里が細菌学、青山が病理解剖と臨床を担当することになっていた。明治一五年に医科大学を卒業後、ドイツで病理学の大家ウィルヒョウらに学んだ青山は、明治二〇年に医科大学教授となり、内科学を担当した（小高［1992：74-75］）。

(22) 石神亨はこのとき伝染病研究所の助手をつとめていた。熊本医学校で学び、のち医術開業試験に合格後、海軍軍医となっていたが、明治二四年に渡欧し北里に会って感銘を受け、海軍を待命にしてもらい伝染病研究所に移ったという（小高［1992：60］）。

(23) このとき、北里とパストゥール門下のエルサンとがそれぞれ独立にペスト菌を発見している。北里が『ランセット』誌に寄稿した論考に、“The bacillus of bubonic plague”, *Lancet*, 1894（ii）August 25, 428-430がある。北里の書誌については北里・中村［1999］を参照されたい。

(24) 以下、「ペスト病の原因取調に就て」の引用はすべて北里・中村［1999：75-105］による。

(25) 月澤美代子の附した解題によれば、「『ペスト』病調査復命書」として官報第三三二六号（三六七―六八頁）、第三三二七号（五―七頁）に掲載され、『東京医学会雑誌』（第八巻第一五号）、『医事集寶』（第八巻第

四四、四五、四六、四八号）にも再録されている（北里・中村［1999：253-254］）。
(26) 記事の冒頭には「近着の香港チヤイナ、メールに北里博士が独逸文を以て黒死病研究の顚末を綴りたる一篇の報告書をトクトル《ママ》、ゲルヲッチ氏が英文に訳し之を去十日香港国立病院に於て在留各国医師の集会せる席上に披露せるものを載せたり其大要左の如し」とあり、同様の記事は『東京朝日新聞』（明治二七・七・二七）などにも掲載されている。
(27) 明治二〇年代前半には、国民主義、国粋主義といった思潮が流行し、国民主義が展開された新聞『日本』における議論の中心には、「国家」の観念や「国民的精神」があった。社主の陸羯南は「国民主義」とは「ナシヨナリチーを主張する思想」であるといい、「国民精神」「国民一致」と「世界的理想」「世界の文明」を主軸に、世界のなかで日本が独立を保持し、西洋と並び立つことが可能になると主張している（本田［1994：21-30］）。それは西欧の「国民」という観念を日本のもつ「特性」の上に現実化しようとしたもので、陸が「日本国民」の「特性」として捉えたもののなかには建国以来一世の天皇を戴くという連続性が指摘されるという（丸谷［1990：72-77］）。また、国粋主義の理論化をすすめた志賀重昂の主張は、「国粋（Nationality）」という「大和民族」の特性を介して西洋の文明を「日本なる身体」に同化させ、独自の文明化を目指そうとしたものであった（中野目［1993：148-149］）。そしてこの「身体」の把持を可能とするものこそ、「国民精神」にほかならない。『日本』紙上では、「支那人」が「国民的精神」の欠如したものとして問題化されつづけており、「国民精神」をめぐるこうした構造は、広く言説空間内に波及していた。
(28) フーコーは、十九世紀ヨーロッパにおける「血の象徴論」について次のように述べている。
血は長いこと、権力のメカニズムの内部で、権力の顕現と典礼の内部で、重要な要素であった。婚姻のシステムと、主権者＝君主の政治的形態と、位階・階層による差別と、家系の価値とが支配的である社会にとって、饑饉と疫病と暴力とが死を切迫したものにしている社会にとって、血は本質的な価値の一つをなしている。その値打は、同時に、その道具としての役割（血を流し得ること）、表徴《シーニュ》の次元におけるその機能（ある種の血を持つこと、同じ血であること、己が血を危険にさらすことを受け入れること）、そしてまたその不安定性（容易に流し得、枯渇する可能性があり、たちまち入り混り、すぐに腐敗しかねない）に由来する。血の社会であり、敢えて言うなら「血液性」〔流血性〕の社会である。戦争の名誉、饑饉の恐怖、死の勝利、剣を持つ君主＝主権者、死刑執行人と死の刑罰、こういう形で権力は血を通して語った。血は象徴的機能をもつ現実である。（Foucault［1976＝1986：185-86］）

明治期の日本語メディアのなかでは、「血を通して」物語が生成している。血は物語の本質的な価値を保証する効果を発していた。「血」の「道具」としての、「表徴《シーニュ》」としての、または「不安定性」に帰着する「現実」としての位相は、「血」の物語を複綜化する。

(29) 反対運動に連なったのは子爵末松謙澄や伯爵林友幸らで、それに応戦したのは長谷川泰、福沢諭吉などであったという。芝区の反対運動については、小高［1992：56-58］を参照。

(30) 肺結核予防規則の第一条には、「学校、病院、製造所、船舶発着待合所、劇場、寄席、旅店、その他地方長官の指示せる場所には、適当個数の唾壷を配置すべし。警察官署は前項配置の唾壷不適当なるか、もしくはその個数充分ならずと認むる時は、期間を定めて唾壷の変更を命じ、もしくは個数を指定して、これを増置せしむることを得。前項の唾壷には唾、痰の乾燥飛散を防ぐため、少量の消毒薬液または水を入れ置き、唾壷内の唾、痰は第六条の方法により消毒するにあらざれば、投棄すべからず」とある。

(31) 尾崎紅葉が『読売新聞』（明治二八・九・一六―一一・一）紙上に著わした『青葡萄』は、小説家である語り手の門下生が擬似コレラを発症するという出来事をその主要な物語内容とし、病と罪の関係を描いている。「私小説の元祖」とも言われるこの小説は、紅葉の弟子の小栗風葉が、明治二八年夏、擬似コレラにかかったという実際上の出来事が小説のモデルとして確定しうるといわれている。風葉は八月二十六日に入院し、三十日まで紅葉宅では「交通遮断」の措置がとられた（小平［1998a：154-162］）。

第二章　女たち

（1）　奥武則は、〈均一な「国民」〉という近代の理念と女性との「歪曲された関係」について論じている（奥［1995］）。また、主に総力戦期に焦点をあてて論じられた『ナショナリズムとジェンダー』において上野千鶴子は、「『女性の国民化』という問題構成」が「『国民』と『女性』のあいだの背理を一挙に照らし出す」と主張している。すなわち、「国民」とは女性を排除することによって定義づけられたカテゴリーであり、それをジェンダー化する「女性の国民化」というパラダイムは「ディレンマ」の極限にほかならない（上野［1998：90-91］）。

（2）　自己と他者の境界が失われ、身体が呑み込まれるという恐怖の心性について分析したクリステヴァのアブジェクシオンの概念を参照（Kristeva［1980＝1984］）。

（3）「皇祖神」としてのアマテラスに関する記述は『日本書紀』にはなく、『古事記』においてのみ確認されるものだという（神野志［1995：160-161］）。

（4）　天皇による新たな支配に正統性を与えるために神道や国学が利用されたわけだが、実際のところは、伊勢神宮に祀られたアマテラスの血統を受けた天皇のみが支配の正統性をもつのだという思想の裏側には、オホクニヌシを中心とする出雲の思想への抑圧がはりついていた。出雲大社において祭祀を司っていた世襲の神主・出雲国造もまた、もう一人の「生き神」として天皇に並ぶ宗教的権威を備えていたのであり、明治一四（一八八一）年に「勅裁」によってオホクニヌシが宮中に祀られるべき神から外され、すなわち出雲系が伊勢系に敗れるまで、両者の拮抗関係は続いていたのであった（原［1996＝2001：3-9,148-194］）。

（5）　また、中村生雄の整理によれば、近代における天皇は童形期（幼児期から慶応四年正月まで）、女装期（明治六年三月まで）、男装期（明治六年三月以降）と三つの段階に分けられる（中村（生）［1990］）。

（6）　この銀婚式大祝典は、憲法発布式典の際のパターンにそって計画されたという。T・フジタニの指摘（フジタニ［1994：100-103］）を参照。

（7）「天皇」「皇后」「陛下」といった言葉の直前に挿入される一字分のブランクは、いわゆる「闕字《けつじ》」で、敬意を表するための書式であった。

（8）『女学雑誌』は、「明治初期の啓蒙思想を受け継ぎながら、十年代の自由民権運動の登場と衰退やその後の欧化政策に対する批判として現れてきたもの」であり、「キリスト教的立場を堅持し」、「『ホーム』という言葉とともに西洋をモデルとした新しい家族の理想を普及した」。『女学雑誌』の中心には、巖本善治の家族論があり、「伝統的な『家』が忍耐と隷従の支配する所として批判され、夫婦間の人格的平等と、家族構成員の『相思相愛』『和楽団欒』を重視する『ホーム』が、新しい家族の理想像として提唱された」（岩堀［1995］）。

（9）片野真佐子は、「公然たる秘密を晒しながら、天皇との麗しき夫婦の像を優雅に演じる美子皇后」は、とりわけ「あらゆる階層において天皇制と家の軛のもとに明白に劣等性を刻印づけられていく女性たち」の共感をさそったであろうと推定している（片野［1996］）。

（10）明治一九（一八八六）年創立の矢島楫子《かじこ》を会頭とする東京婦人矯風会を前身として、明治二六（一八九三）年に発足したキリスト教の女性団体・日本基督教婦人矯風会は、世界の平和・純潔・酒害妨害を三大目標としていた。日本基督教婦人矯風会として全国組織を確立してからは、廃娼運動に精力的に取り組んでいる。

（11）性をめぐる構造について竹村和子は、近代の抑圧的〔ヘテロ〕セクシズムの両輪をなすのは異性愛主義と性差別であり、それの要請するただ一つの「正しいセクシュアリティ」とは「終身的な単婚《モノガミー》を前提として、社会でヘゲモニーを得ている階級を再生産する家庭内のセクシュアリティ」であり、そこでは「男の精子と女の卵子・子宮を必須の条件とする生殖セクシュアリティ」と「合法的な異性愛」が特権化されていると述べている（竹村(和)［2002：35-88］）。

（12）日清戦争期のジェンダー構成については、戦争をめぐる言説論理や文学におけるコード、皇后や天皇の役割を関わらせて考察した関［2004］を参照。

（13）藤野豊は、「癩病」をめぐる隔離過程と貞明皇太后の「皇恩」との関係について論じており、「皇恩」の強調と「民族浄化」論の高唱が対になっていた点を明らかにしている。また、ハンセン病の運動はキリスト者を中心とする日本ＭＴＬ（Mission to Lepers）によって推進されたが、一九三〇年代には仏教者による運動も成立し、東京大谷派光明会が発足する。光明会という名称は、ハンセン病患者の身体を洗ったとされる光明皇后の伝承にちなんでいる（藤野［1993：83–152］）。

（14）従来、いわゆる「娼妓解放令」はマリア・ルズ号事件を契機に発布されたという説が採られていたが、大日方純夫は、同事件の影響は認めつつも、法令は司法卿江藤新平のもとで行なわれた明治維新の改革路線の一環だったのであり、娼妓を黙認して営業地域を散在させるという司法省と、公認して特定地域に囲い込むという大蔵省との対立を経た上で、大蔵省の囲い込み路線が選択されたという事実を明らかにしている（大日方［1992：279–305］）。

（15）「東京府貸座敷及び芸娼妓規則」は、ひろた［1990：172］より引用（以下すべて同書より）。

（16）「徴兵の詔書」および「徴兵告諭」からの引用は、由井・藤原・吉田［1989：67–69］による（以下すべて同書より）。

（17）「徴兵令」の引用は由井・藤原・吉田［1989：69–90］による（以下すべて同書より）。

（18）吉田裕によれば、徴兵検査の場は「病気を装って兵役をのがれようとする若者と、詐病を見破ろうとする軍医の双方にとって、まさに『戦場』だった」。また、徴兵検査には「人生儀礼」としての側面があり、政府による性病予防キャンペーン、徴兵検査場での威圧的な性病検査によって、青年男子の「買春」年齢が徴兵検査受験時まで押し上げられる傾向があったという（吉田［2002：60–65］）。

（19）買売春研究史については、藤野［2001］の序章に簡潔な整理がある。かつて村上信彦、竹村民郎、吉見周子らにより描かれた通史では、廃娼論者 対 貸座敷業者（あるいは存娼論者）の対立は正義・人道 対 不正義・非人道という単純な構図で示されていたが（村上［1972＝1977］、竹村（民）［1982］、吉見（周）［1984＝1992］）、九〇年代以降、善悪という二元構造では論じきれない問題であると認識されるようになった。藤目ゆきは、近代日本の公娼制度を日本の前近代的性格にのみ連結させ、廃娼運動を女性の人権を擁護する明治期最大の人権運動と位置づける、従来の研究史を批判している（藤目［1997：87-115］）。日本の廃娼運動のもつ階級的・民族的制約性を見抜いた藤目は、廃娼運動とは「娼妓反対論」にほかならず、そこには娼妓を賤視する「醜業婦」観が横たわっていると指摘している。

（20）「廃娼論」と「存娼論」とにおける、それぞれの論拠や主張の差異に関しては、吉見（周）［1984＝1992：42-53］を参照。

（21）『女学雑誌』第一九一号附録には、同演説記事とともに、後述する植木枝盛「廃娼の急務」も収録されている。明治二二年十二月九日、東京基督教婦人矯風会と婦人白標倶楽部共催により東京厚生館で開かれた廃娼演説会での演説記録である。この演説会では、一五〇〇名もの聴衆が集まったという（ひろた［1990：194］）。

（22）竹村民郎はとくに雑誌『廃娼』について、論理の中核に国粋主義があったことを指摘している（竹村（民）［1993］）。

（23）海外渡航する「醜業女子」に関する新聞記事は、彼女らの存在が「我国の名誉を毀損」し（『読売新聞』明治二四・六・五）、外国に対して日本政府の「信用」を失わせるものであると語る（同六・六）。

（24）同建議は明治二三年十二月一日に提出され、『読売新聞』（明治二三・一二・三―一二・五）にもその全文が掲載されている。ここでの引用は同紙によった。

（25）長谷川は、同演説記事において、「エライ国」としての「ドイツ」を挙げ、ドイツでは「売淫は皆公許」であるがゆえに「私窩子《しかし》」〔私娼のこと〕が不在で、国家による「検梅」が徹底して遂行されていると述べている。

(26) 性病検診の暴力的な強制によって、娼妓たちのなかには逃亡したり、検査日に姿を隠したり、自殺する女性さえいたという（藤目［1997：91］）。

(27) 前掲「東京府貸座敷及び芸娼妓規則」（明治六年）のなかの「娼妓規則」第一条には、「娼妓渡世本人真意より出願之者は、情実取糺《とりだた》し候上差許《さしゆる》し鑑札可相渡《あいわたすべし》」とある。

(28) 「女学生」という記号は、「少女」という概念の生成とも影響関係をもっているだろう。近代日本における「少女」カテゴリーの創出や少女小説というジャンルについては久米［1997］［2003］を参照されたい。

(29) 日本で最初に洋装をファッションとして取り入れたのは「洋妾」と呼ばれる女性であったと想定され、また、明治五年、東京坂本町の「雛妓《おしやく》」で十四歳になる少女が洋服を着用したという報道、明治六年、吉原の「妓女」が洋服を着たという報道が最も早い時期のものであった（近藤［1980：63］）。

(30) 明治二〇年代には、男と女の「結婚」を前提として「女学生」の性が語られ、男が女を金銭で買うことを可能とする公娼制をとおして「娼妓」の性が語られることによって、「女」のヘテロセクシュアルな性の在り方のみが特権的に言説化されていた。したがって、ここで議論している女のセクシュアリティとは、強制的異性愛制度に規定されつつ、言説上で利用＝盗用されたヘテロセクシュアリティにほかならない。

(31) 岩倉具視の孫・具張の夫人、岩倉桜子は、「あのころは文明開化と申しまして、母などもきゅうくつなコルセットをがまんして洋服を着たり、日本中が外国を見習うので、それは大へんでございました。洋食を食べますと、着物を一枚ごほうびにいただけたくらいでございます」と述べている（近藤［1980：7］）。女が洋服を着ることは欧化政策としてあったのである。

(32) 高等女学校問題に関しては、過熱した議論が『日本』『読売新聞』などの中央紙のみならず、『土陽新聞』のような地方紙にも及び、また、『絵入自由新聞』『東京朝日新聞』『江戸新聞』などはこれを社説にとりあげていた。高等女学校教頭の能勢栄が自宅で女学生に法学士や文学士を紹介したという報道が、女権論や女子教育に反感を抱く論者に利用され、女子中等教育が激しく攻撃されたのである（外崎［1986：

230］）。

（33）巖本が挙げる「不評判」の意味内容としては、他に「和楽会の舞踏の風説」「陛下行啓の折の生徒の評判記」「濁世《だくせい》と云へる推察的の小説」などがある。「濁世」は、『改進新聞』に明治二三年四月から連載された「女学生」の悪風評を扱ったもの。巖本と明治女学校に関しては青山［1970］を参照。

（34）関礼子は、「樋口一葉というテクスト」を読み解く作業をとおして、明治二〇年代の女性ジェンダーをめぐる構造について考察している。女性と職業については、関［1993］の第三章「一葉と職業女性たち」を参照。

（35）村上信彦によれば、「豈に高等女学校のみならんや」（『東海新聞』明二二・六・一九）で非難の対象とされるのは、官立の高等女学校ではなく、築地の一三番、四二番、麻布の東洋英和や香蘭、麴町の桜井、明治その他、有名なミッション系女学校であった。「大阪の東雲新聞、名古屋の金城新報などがこの新聞記事を全文そのまま転載したので、騒ぎは全国的に大きくなった」（村上［1970＝1977：222-235］）。

（36）教育勅語の発布にあたって、キリスト教批判を行なっていた井上哲次郎は、日本固有の道徳を文章化した教育勅語の精神とキリスト教とは相容れず、キリスト教は国家にとって有害であるという見解を明らかにした。それに対してキリスト教系知識人が反論し、二年以上にわたって大論争が展開された。また、教育勅語発布直後の明治二四年一月、第一高等学校における勅語の奉読式で、教員であったキリスト教徒の内村鑑三が、奉読式を宗教的儀礼と見做して敬礼しなかったことに端を発する「教育と宗教の衝突」論争も広く知られている。ちなみに、内村の「不敬」行為は大問題となり、彼は第一高等学校の職を辞することになる（小熊［1995：49-72］）。

（37）波平［1985：46,97］参照。ただし、「赤不浄」に関し、「出血そのものに対する畏怖感と、それは汚れたもので避けねばならないという認識の間にどのような思考が横たわっていたのかを究明することが、一つの課題」と述べる宮田登は、月経血を「ヨゴレ」と感じるのはむしろ第二次世界大戦後のことで、出血に対する要素が強調された「血穢」の観念は、時代が下るにつれて強調される傾きがあったという見解を述べている（宮田［1996：115-119］）。

(38) だが、そうした布告にもかかわらず、出産の忌みである産穢、月経の忌みである血穢は、第二次世界大戦敗戦にいたるまで、日本列島の地域社会には存続し続けた（成清［2003：9-10］）。

(39) 広告史の流れについては、内川［1976］、八巻［1992］などを参照した。

(40)「血統論」は、牛馬の血統をめぐる話題から書き出されている。明治一七年の「血統論」から日清戦争後の「福翁百話」に至る福沢の人種改良論は、国家的な馬匹改良の進展と並行関係にあると言える。なお、明治期の血統と馬匹改良をめぐる構造に関して、吉田司雄氏より御教示をいただいた。

(41) 小平麻衣子は、『行人』の冒頭の短篇「友達」における医療をめぐる記述を切り口として、資本主義社会にあっての身体の階層化について論じている。医師 対 売薬の対立は、中・上流階級と下層階級との差異に対応することになるが、女性をめぐる病は中流と下流の区分を融解させ、「病を認定した医学こそが、医学の無力を証明してしまう治せない病としての女性を一括して医療の対象から放擲し、安心して売薬の領分にゆだねようとする」のだ（小平［2002］）。

(42) 明治初期の新聞記事や投書についての分析のなかで、坪井秀人は、悪臭への監視や嫌悪といった世間感情の背景にある「公衆衛生のモラルを方向づける法の規範力」と、「伝染病に対する警戒感、そして下層社会に暮らす人々に対する賤視と差別の意識」を指摘しており（坪井［2004］）、三橋修は「臭気が健康を害するという考え方」は「コレラはミアズマ（毒気、瘴気）によるものというヨーロッパ伝来の非接触伝染説から輸入されたもの」と述べている（三橋［1999：148］）。

(43) たとえば『愛国婦人』（第一四〇号、明治四〇・一一・二〇）の社説「心の美」には、「近頃新聞雑誌の広告にて、最も目につくものは、婦人の化粧品なり」、「皮のみ美しくして、中の渋きを、渋柿といふ。姿の化粧に専らにして、心の化粧を忘るれば、婦人も、渋柿美人となるの外なし」とある。

第三章　植民地

（1）アイヌや蝦夷・北海道をめぐる歴史的経緯については、高倉［1942］、新谷［1977］、北海道ウタリ協会［1991］、海保［1992］、田端・桑原・船津・関口［2000］などを参照。

（2）李孝徳は「日本人種」「日本民族」が自己措定するために他者として選定したのがアイヌと琉球人であったことを、自己定義がトートロジカルなものでしかありえないことの延長でとらえている（李（孝）［1996］）。

（3）「エミシ」とも「エゾ」とも発音しうる「蝦夷」の語については宮島［1996：29-38］に詳しい。また、古代の「エミシ・エゾ」観とその意味の変容に関しては、児島［2003：17-106］に詳細な議論がある。

（4）五畿七道とは、律令制による地方行政区画である。五畿（大和国・山城国・河内国・和泉国・摂津国）は天子のいる都、七道（東海道・東山道・北陸道・山陰道・山陽道・南海道・西海道）は七つの官道に沿った国々を称し、転じて、日本全国の意味で理解されていた。

（5）告諭の全文は以下のとおり。

土人へ告諭書写

一、開墾致候者へは居家農具等被下候に付、是迄の如く死亡の者有之候共、居家を自焼し他に転住等の儀堅く可相禁事。

一、自今出生の女子入墨等堅可禁事。

一、自今男子は耳環を着候儀堅相禁、女子は暫く御用捨相成候事。

一、言語は勿論文字之儀も相学び候様可心懸事。

（『開拓使日誌』明治四年第二号、ひろた［1990：5］）

（6）テッサ・モーリス＝鈴木は、「徳川の平和《パクス・トクガワーナ》」の時代に関する歴史理解、すなわち「外の世界から完全に切断された『鎖国』」といった歴史像が修正されつつある研究状況について整理した上で、日本の「北の国境線は、地図上の明確な一定不変の線という意味においてではなく、ある意味ではアメリカの歴史家フレデリック・ジャクソン・ターナーのいう『フロンティア』でありつづけてきた。いいかえれば、北の国境線は、和人が蝦夷《えみし》（そして後に、えぞ）と呼ぶ北の近隣者と混住し、交易し、ときには戦闘をまじえた地域にほかならず、この地域は、日本が北部の政治的支配の境界を漸次押し拡げてゆく過程のまっただなかにある」と指摘している（モーリス＝鈴木［2000：28-37］）。

（7）「土人」「旧土人」の定義される過程や、その過程での近代的学問との関係については、児島［2003：278-329］を参照。

（8）「したがって国民国家には、マイノリティとは『わたしたち』であると同時に『わたしたちではない』ものでもあるという両義的なイデオロギーが残された」（モーリス＝鈴木［2000：62］）。

（9）実際、この時期の移民政策の行き詰まりのため、明治一九年に中央政府に直結するかたちで北海道庁が新設された（田端・桑原・船津・関口［2000］）。

（10）「移民保護法」（明治二九年）と「北海道旧土人保護法」（明治三二年）に注目しつつ、「移民」という語のもつ同時代的な意味合いについて考察した小森［1997］を参照。

（11）「国民語」としての日本語は過去に回帰しつつ未来に向けて制作される（酒井［1996：166-210］）。「国民共同体」が形成された明治二〇年代における「北海道」をめぐるテクストの構造がそれである。

（12）小熊英二は、とくに大韓帝国併合以降の国体論において、「養子の論理」が家族国家観と帝国内の異民族問題との矛盾を解決するものであった点について論じている（小熊［1995：142-148］）。

（13）近代国民国家の形成と天皇とがとりもつ密接な連関については、多角的な議論が存在している。天皇と国民国家の創出、変成をめぐり文化史的なアプローチを試みたフジタニ［1994］、近代の天皇と政治・社会構造との相関を歴史学的に議論した鈴木(正)［1993］、天皇をめぐる視線の権力性を分析した多木［1988＝2002］、天皇や皇太子の身体を媒介にした「視覚的支配」の実態を考察した原［2001］などを参照。

（14）明治一五年に施行された刑法において、いわゆる不敬罪が条文化されたわけであるが（第二編第一章

「皇室ニ対スル罪」)、この法文があらゆる言語領域に作用したありようについて議論した渡部直己は、明治一〇年代につくりだされた「天皇」をめぐる言語構造、すなわち、「天皇」なる存在に接近しつつ、それ自体の描写を回避するというスタイルについて明らかにしている(渡部[1999:21-51])。こうした構造は、「天皇」を不在の中心とするイデオロギーを構成するとともに、言葉を読む者の思考を停止させる力をも補強しているといえる。

(15) 明治一〇年代の『北海道開拓雑誌』には、屯田兵をピューリタンの比喩で叙述した記事が見受けられる(「開拓の四策」『北海道開拓雑誌』第二号、明治一三・二)。

(16) 明治期の「土人」の語義について、国語辞典の定義、国定教科書の記述、東京人類学会の学会誌『人類学雑誌』の論文タイトルという三方向から検討を加えたものとして中村(淳)[2001]がある。

(17) ジョン・バチェラー(一八五四―一九四四)はイギリス聖公会司祭であり、東洋伝道のため香港に至るも健康を崩し、明治一〇年、療養のために函館を訪れ、それ以降アイヌ伝道を行なった。アイヌ語の聖書や祈禱書をはじめ、アイヌ関する言語学的、民族学的書物を多数著わしている。

(18) 「アイヌ」を「滅亡」という語が象ってしまう問題について議論した村井紀の論考(村井[1995][1996][1999])を参照。

(19) 人類学的言説領域における「アイヌ」の意味づけについては、冨山[1994]を参照のこと。また、「優勝劣敗」といった社会進化論のレトリックによって、人類学的な言説のなかでアイヌの「滅亡」論が展開された過程や政治性について分析したものとして、木名瀬[2001]がある。

(20) 日清戦争の結果、下関条約によって、日本国は台湾を新たな植民地として領土化するが、その際台湾の先住民族「生蕃」がルポルタージュ風の記事のなかで再三にわたって報告されている。漢民族化した「熟蕃」から差異化された「生蕃」は、アイヌと比較対照されており、アイヌは「生蕃」との関わりで意味づけられることとなった。

(21) バリバールは、ヒトラーの人種主義をナショナリズムの極みとして、ナショナル・アイデンティティはつねに投影のメカニズムによって形成されると議論している。すなわち、「真のナショナルズ(自国民)」の人種的、民族的、文化的アイデンティティが可視化しえないので、「偽のナショナルズ」によるイメージや表象を盗用しなければ、自らのナショナル・アイデンティティを構築しえないのである(Balibar et Wallerstein [1990=1997])。
(22) 小金井の演説は、『国民新聞』(明治二七・三・二七)や『日本』(明治二七・三・二八)などに掲載されているが、引用はすべて『国民新聞』掲載記事によっている。小森陽一はこの記事における、植民と移民による侵略行為が人種問題にすりかえられてゆく保護の論理について言及している(小森[1997])。
(23) そうした一般論の代表的な例としては、第一章でも論じた関場不二彦『あいぬ医事談』(明治二九年)がある。
(24) 吉見俊哉は、日本が欧米の帝国主義的なまなざしを内面化してゆく過程を「屈折した転回」と捉えている。「日本は、欧米の『近代』が発する帝国主義的まなざしを見返し、これを相対化していくのではなく、みずからもまた、もうひとつの『近代』として、おのれをまなざしていた欧米と同じように周囲の社会をまなざしはじめるのだ」(吉見(俊)[1992:208])。
(25) アイヌ民族史におけるジェンダー認識については、児島[2003:392-403]を参照。また、女性の主体構築と人種の間に生じる作用については、岡[2000]の議論を参照されたい。
(26) 抑圧された側が女性化されて表象されるのはコロニアリズムを構成する言語構造の定型のひとつであり、そうした構造はまた、語る声を奪われるのが、植民地主義のなかでさらなる抑圧を被っている女性であるという、スピヴァックの論じる問題構成に連なっている(Spivak [1988=1998])。なお、『雪紛々』の引用は、断り書きのある場合をのぞき『露伴全集』第七巻(岩波書店、一九五〇年)による。
(27) 人類学の「分類という技法において他者として表象された『アイヌ』は、石器時代遺跡と同様に永遠に

『未開』であり続けなければならない歴史を失った存在」と把握されていた（冨山［1994］）。テッサ・モーリス＝鈴木は、アイヌが「アイヌ以外の日本社会がはるか以前に置き去りにしてきた、別の時代に属する日本人として」みなされ、「過去のなかの現在」と位置づけられたのだと述べる（モーリス＝鈴木［2000：52-53］）。また、アイヌの身体や風俗、習慣、言語は「『日本人』との時系列的段階（＝「開化」）の格差として把握され」た（木名瀬［2001］）。

（28）全文は本章註（5）参照。

（29）同様の構造をもった記事として、「夷化人《いかじん》」（『東京日日新聞』明治二九・二・二七）は、「本邦人の旧土人社会に帰化するもの」が増加しているという指摘をし、その原因として「壮年以上の男子」で「身の措所なき場合」、あるいは「棄児《すてご》など」を挙げ、それらを「夷化人」と名づけているが、これもまた周縁化された対象どうしを結合させようとする心性の現われであろう。

（30）「あはれなり」「あはれなる」の語は、近世以前のいわゆる語り物における常套句でもあり、とりわけ近松が創出した近世悲劇のなかでは、話を区切ったり登場人物と作品受容者との間に距離を生む機能のもとで多用された。さまざまなプレテクストを止揚しながら構築された近世悲劇においては、語りの上に生じた行為や葛藤が相対的関係のなかに位置づけられることはない。それらはすべて絶対的な場や状況にあって、ほとんどの場合、死によって完結をみる。「あはれなり」の語を媒介にすると、活字空間のなかに近世悲劇の構造が見てとれる。「あはれなり」という語りの定型が取り込まれることによって、物語と読み手との間に距離が生まれることになる。なお、語り物、近世悲劇の構造に関しては、廣末保の議論に負っている（廣末［1957］［1979］）。

（31）『あいぬ風俗略志』のなかに収録された「新聞雑誌批評一斑」における「亜細亜批評」（ア、イ、ウ、生）の言。

（32）沙流コタンの鍋沢サンロッテーが上京し、帝国議会で陳情したこの事件から「北海道旧土人保護法」に至る過程については、富田［1990］に詳しい。

(33)「アイヌ」と熊を関連させる記事には、熊祭りについて解説したもの、「アイヌ」にとっての熊のもつ価値や意味について詳述したものが多いのだが、それらのほとんどは、「アイヌ」の熊への接し方や、熊を殺害する方法などを、「野蛮」や「未開」の象徴とみなし、意味づけている。

(34)同じように、「アイヌ復讐美談」（『読売新聞』明治二五・一一・九）では、「大罪積悪の逃走囚」をかくまったがゆえに殺害された「アイヌ」の老翁の甥にあたる若者が「鉄砲肩に打掛けつゝ」三人を追いつめ、相手の殺害をも辞さない暴力で報復する様子が記されるが、この若者は「忠貞の好漢」と位置づけられている。また、「アイノ逃走囚を撲殺す」（『読売新聞』明治二六・一〇・六）では、囚人を「撲殺」した「旧土人」は、「勇気と機敏」とを「深く賞賛」されている。どちらの記事も、闘いの際の細やかな描写に彩られており、前者では「鉄砲」に撃たれた「囚徒」が「ウンとばかり宙を摑んで血嘔《ちへど》を吐いて」いる様子、後者においては「骨も折れよ」と「藁打槌」を投げつけられた「逃走囚の面部」が「両眼飛出で其儘死したる」様子の叙述がある。

(35)富田虎男が明らかにしているように、明治二六年の第五回帝国議会、明治二八年の第八回帝国議会には二度にわたって「北海道土人保護法」が提案されているが、とくに第八回議会では「土人」の呼称をめぐっての論争があり、それを受けて第一三回議会において、政府委員は「北海道旧土人保護法案」を提案したのであった。「北海道土人と云ふものの頭に旧の字を附けたのはどう云ふ理由か」という田中芳男の質問に対して、政府委員の白仁武は「開拓使の頃に《アイヌ》を称して旧土人と称えたが宜からうと云ふ達」があったことを根拠として挙げている（富田［1989］）。

(36)「北海道旧土人保護法案」では、「開墾」を目的として「旧土人」を「農業」に「従事」させようとすること、そのために制限付きで「土地」を与えるというのが第一の目的とされ、続いて「衛生」と教育に関する問題系が呈示されている。

（37）　本章での議論に、エキゾティシズムをめぐる問題を重ねて考察する必要もあるだろう。松村友視は、エキゾティシズムが「差異と境界と他者を生成する視線」としてのオリエンタリズムと同様の構造をもつことを指摘し、「知」による「未知」の「略有」という点を植民地主義と共有するエキゾティシズムは「境界と差異とを不断に生成しつづけながら、自らは境界のこちら側にとどまりつつ境界の彼方に『詩』をとらえようとする、すぐれて特権的な視線」であると述べている（松村［1997］）。

（38）　読者をめぐる理論については、和田敦彦の論考（和田［1997］［2002］）を参照。和田［2002：30］が言及する、マジョリティとして均質化されない読者、すなわち「傷つく読者」や「差別される読者」の存在について、ジェンダーやセクシュアリティの問題系から検討したものとして、飯田［1998］がある。

第四章　王妃と朝鮮

（1）　紅野謙介は、ある出来事が報道メディアでスキャンダルとして「事件」化されるときの論理やレトリックについて、「大石正巳姦通事件」を例に分析している（紅野［1997］）。

（2）　凡例にも記したとおり、日朝（日韓）関係に関する歴史的経緯についての叙述においては二つ、あるいは三つの年号を併記する。この点に関し、高榮蘭氏から、韓国における年号表記に関するポストコロニアルな問題構成について御教示を得た。

（3）　朝鮮王妃暗殺について、山辺健太郎は、暗殺計画の中心に公使・三浦梧楼の存在があったこと、日本の軍隊が関与していたこと、下手人は凶行を自白したのにもかかわらず証拠不十分で無罪とされたことなどを実証的に提示している。当時の朝鮮半島が治外法権下にあったこと、さらに、広島で行なわれた裁判が形式的なものであったこと、事件後の朝鮮の政情が不安定であったことなどの要素が重なって、事件は日本国内ではうやむやのまま、闇に葬られることになったのである（山辺［1966：207-235］）。

また、朝鮮王妃の呼称については、時期やメディアによって「閔妃」「王妃」「王后」「閔后」と分かれ、死後「明成皇后」の名がおくられたこと、現代の韓国では「妃」が正式な后ではないという意味において蔑称として用いられる場合があり「明成皇后」が一般的であることなどを考慮しなければならないが、本書では、日本語の文字空間において、当時も現在も使用頻度がもっとも高いと思われる「閔妃」を選択することとした。

(4) この事件は「閔妃事件」「閔妃暗殺事件」「閔妃殺害事件」「乙未《ウルミ》事件」「乙未政変」などと呼ばれている。

(5) 日本において流通してきた「閔妃の写真」(一六三頁)が、実際は「宮中の女官」を撮ったものではないかということを検証し、図像がもたらすイメージと文学的言説を含んだ文献資料との関わりについて論じたものとして、三谷[2003:31-60]がある。

(6) 閔妃をめぐる新聞記事においては、『時事新報』『二六新報』を中心にしつつ、各紙が互いを引用しあうような構造があり、記事が類似性を帯びている。読者層としては、「準経済専門誌」ともみられた『時事新報』が実業家や会社銀行員の読者が多いのに対し、三面記事において社会問題をセンセーショナルに扱う『二六新報』は下層階級の読者層が多かった(山本[1981])。

(7) 大院君とは、国王の生父を指す一般的な称号であるが、現在ではその歴史的役割の大きさから、高宗の父である興宣大院君《フンソンテウオングン》李昰応《イハウン》を指して用いるのが通例である。一九六三年からの一〇年間、大院君は高宗の摂政として実権を握ったが、その間、王朝中央権力の強化を行ない、対外的には強硬な鎖国政策をとった(姜(在)[1998:15-48]などを参照)。

(8) 勢道政治とは、十八世紀末から十九世紀初頭にかけて、王権の衰弱にともなって現われた政治形態で、一族から王妃を出して外戚となった有力両班家門による政権独占を指す。朝鮮王朝後期には、王妃や高級官僚を出した両班家門の連合から成る臣権が王権に多大な影響力をもつことが多かった(朝鮮史研究会[1995:191])。

(9) 張尚宮を生母とする義和君堈は高宗の第三王子で、日清戦争のさなかの明治二七年十月、日本から派遣された特使の答礼に報聘使として東京に赴いている。高宗の第一王子は李尚宮が産んだ完和君、第二王子は閔妃を母とする王世子坧（一八七三年生まれ、のちの純宗。李氏朝鮮王朝最後の皇帝）であり、閔妃の死後二年たって、厳貴人（厳妃）を生母とする英親王、福寧堂を生母とする徳恵姫が誕生している（角田［1988＝1993：284-286］）。

（10）井上角五郎（一八六〇―一九三八）は、政治家・実業家として知られる人物で、明治一二年に上京後、福沢諭吉邸に家庭教師として住み込み、慶應義塾に通った。明治一五年朝鮮半島に渡り、『漢城旬報』の創刊にかかわった。明治二〇年に帰国後は、大同団結運動に参加、衆議院議員を経て、その後は実業界に転じた。

（11）引用は伊藤・滝沢［1998a］による。長谷川雄一の解説には、「本書はいわゆる東学乱（甲午農民戦争）勃発前後の朝鮮国内の状況に対する筆者の所見を当時流行した政治小説という形で著したもの」とあり、著者の服部徹（図南）は『東亜貿易新聞』の主筆として明治二五年から二六年頃釜山に渡り、当時の情報や知識をもとに同書を著わしたという。また、中根隆行は、日清戦争前後に朝鮮を描いた代表的政治小説として、『小説東学党』と閔妃暗殺を結末部にもつ東海散士『佳人之奇遇』（明治一八―三〇）を取り上げ、小説という形式によって示される帝国主義的姿勢について分析している（中根［2003：50-56］）。

（12）『続胡砂吹く風』の主人公、林正元の父は薩摩武士の流れを引く日本人で、母は朝鮮の両班出身である。小説内には主人公をはじめ「日本人の血統」を引く混血の人物が何人も登場している。源義経、鄭成功といった歴史上の人名と中国大陸・朝鮮半島との関わりが描かれる作品内では、「日本人の血統」がすべての侵略や抑圧を正当化する。正編にあたる『胡砂吹く風』は『東京朝日新聞』（明治二四・一〇・一―二五・四・八）に掲載された後、明治二五―六年に今古堂・金桜堂より単行本（前後編二冊）として出版。後編の序に「本編胡砂吹風の主人公は其母朝鮮に出で成功の母の日本に於けると其趣相類す」とあるように、この小説は鄭成功の物語を下敷きにしていた。その上で、父を日本人、母を朝鮮人へとジェンダーを置き換えて日本人と朝鮮人との優劣関係を強調しつつ、主人公の活躍を軸に、朝鮮の歴史や対外関係を語っている。なお、上垣外［1996：270］は『胡砂吹く風』について、「朝鮮の民衆、またその祖国の発展を願う指導者に対する心情的な共感を読者に提供し得た」小説として論じている。

（13）以下、引用は伊藤・滝沢［1998b］による。櫻井良樹の解説によれば、『朝鮮最近外交史』は「大院君と閔妃を中心にした朝鮮開国前後から日清戦争前後までの評論的な朝鮮外交史」であり、「閔妃」には「幾回もの内乱と外変の原因であった」と厳しい評価を下している。菊池謙譲は『国民新聞』の特派員としてソウルに駐在中、閔妃事件に参画したといわれ、同書は「みずから関与した閔妃事件に対する弁解の書となっている」。菊池はのちに『漢城新報』の主筆となり、『朝鮮諸国記』『朝鮮雑記』などの著作がある。

（14）閔妃は山神を信仰したらしいが、とくに「お気に入りの巫女」に「君」の位を授けて「神霊君」と呼ばせ、「周囲が顰蹙するほどに優遇したと伝えられている」（角田［1988＝1993：108］）。

（15）『朝鮮の悲劇』の著者マッケンジーは、三浦梧楼が赴任する前の公使であった井上馨の「王妃は、迷信的な行事に明け暮れておられるとはいえ、非凡なしっかりした御婦人であられる。王妃は著しく聡明で有望な少年でいらせられる王子殿下のことを心配しておられ、絶えずその御無事を仏に祈っておられる」という言葉を引いている（Mackenzie［1908＝1972：59］）。

（16）王妃と国王とに面会したイギリスの女性旅行作家イザベラ・バードは、王妃について、「そのとき四〇歳をすぎていたが、ほっそりしたとてもきれいな女性で、つややかな漆黒の髪にとても白い肌をしており、真珠の粉を使っているので肌の白さがいっそう際立っていた。そのまなざしは冷たくて鋭く、概して表情は聡明な人のそれであった」という感想を記しつつ、以下のような言葉を残している。

皇太子は肥満体で、あいにく強度の近視であるのに作法上眼鏡をかけることが許されず、そのときはわたしにかぎらずだれの目にも完全に身体障害者であるという印象をあたえていた。彼はひとり息子で母親に溺愛されていた。王妃は皇太子の健康についてたえず気をもみ、側室の息子が王位継承者に選ばれるのではないかという不安に日々さらされていた。頻繁に呪術師を呼んだり、仏教寺院への寄付を増やしつづけたりといった王妃の節操を欠いた行為のなかには、そこに起因したものもあったにちがいない。謁見中の大部分を母と息子は手をとり合ってすわっていた。（バード［1998：329-332］）

(17) 明治二〇年代前半に展開された国民主義あるいは国粋主義の中心には「国民的精神」という語がある。日清戦争前後になると特に『日本』や『日本人』を中心に、「支那人」を「国民的精神」の欠如した存在と位置づけ、逆説的に「日本人」や「国民的精神」の意味内容を決定しようとする言説構造が強化された。『日本人』および『日本』における理論展開については中野目［1993：146-189］を参照。日清戦争期の「対清関心」については銭［2001］、また、日本で体系化された朝鮮人像については南［2002］に詳しい。

(18) 日清戦争前後の新聞メディアでは、「募集懸賞軍歌」が募られて、各紙上に軍歌が掲載された。歌人や詩人の編んだ戦意高揚を意図する詩歌集も数多く存在する。そういったテクスト群のなかでは、「日の丸」の赤、「日章旗」の輝きを頂点として、「大和魂（日本魂）」「日本刀」を両輪に従えた三角構造が成立していた。「武士の魂は日本刀」という比喩において「大和魂」と「日本刀」は等価になり、「世に示す」「見せる」ものとしての「大和魂」、そして「切れ味を知らしめる」「ためす」ものとしての「日本刀」は、そろって外部に呈示されるべき記号と化す。「日本男児」の「心の色」、すなわち「大和魂」は「血汐」によって彩られ、「日本刀」に関しては「血ぬらさぬ太刀」が否定されることによって、両者は共に赤のイメージに連なり、その血の赤は「日の丸の赤」へと捧げられるべき様相を帯びていた。メタレベルで「敵をなびかせる」ものとして象徴化された「日章旗」「日の丸」は、血の滲む赤によって「かがやき」を増すのである。それゆえ「日本刀」は「大和魂」によって統御される軍人の身体を延長させたもので、軍人の身体の境界を規定していたとも言える。なお、明治一九年にある種の〈唱歌類〉が一挙に大量出現した背景について分析した榊［1999］は、軍隊における軍歌創出の実践と、身体行為や「音」の近代化との関連について論じている。

(19) このあたりの事情については、姜（在）［1977：179］や、琴［1991：764］などを参照されたい。両書によると、金玉均暗殺には日本政府も清国政府も関与していたらしい。
(20) 閔妃はしばしば政敵・大院君と対になって語られるが、大院君や金玉均と対構造を描くとき、閔妃の文字は言説空間全体をねじれさせる。というのも、閔妃が朝鮮を代表し、表象する側面からは、ジェンダーの二元構造が機能しえず、言説空間全体を司る支配的論理が破綻してしまうからである。
(21) 刺客、洪鍾宇(洪鐘宇)のこと。
(22) 金玉均に同行した日本人・和田延次郎、別名北原のことで、和田は金玉均が小笠原島に幽閉されていた頃からの縁で金玉均の書生となっていた(琴[1991:762])。
(23) 姜在彦は、金玉均の死後、四カ月ほどして日清戦争が開戦したことを考えると、政府レベルでも民間でも金玉均を冷遇していた日本側が言論機関を総動員して金玉均の死体処分をめぐり清国政府を非難したのはかなり政治的なことであった、と指摘している(姜(在)[1977:177])。すなわち、金玉均の死は対外強硬態度を煽動したのである。
(24) 『京城府史』には、事件の直前の状況について、「開化党の勢力は急激に衰退し多数の日本人顧問も何等施すべき術なく、憤然として直に京城を去るものあり、去らざるも徒に手を拱ぬくのみであった」、「是に於て三浦公使は唯静かに形勢を傍観し、一切沈黙を守るのみであった。閔派は之に乗じ露国公使を背景として切りに陰謀を策し、政府に向つて極端な圧迫を加へその態度は傍若無人であった」とあり、「開化党としては最後の頼み」である「訓練隊」について、以下のように記している。
閔派は巡検(巡査)と訓練兵との衝突を口実とし訓練隊の解散を断行しようと謀つた。〔…〕同隊にして解散さるれば閔派の魔手は容赦なく開化党の全部に及び、金弘集以下が一大クーデターに浴するに至るべきは、火を見るよりも明かとなつた。〔…〕是に於て開化党の人々は殆んど重囲の中に陥り危機は目捷の間に迫つた。彼等は即ち日清戦争直前の例に倣ひ、先づ機先を制し大院君の入闕を請ひ、以て頽勢を挽回するより外に途なしと決意した。此の前後より日本人の有志等も之を傍観するを得ず、此の間

に立つて奔走する所があつたと云ふ。　（『京城府史』一九三四年、京城府発行、六一九―二二頁）
開化派は守旧勢力と対抗するために親日路線をとったという背景があった。また、訓練隊は日本の軍人が訓練した部隊である。『京城府史』のなかでは、「閔氏」「閔妃」の悪や、「開化党」の主導による「クーデター」という認識が強調され、「日本人の有志」の「奔走」は「開化党」を手助けする美挙として描出されている。

(25) 山辺［1966：207］は閔妃事件について、「これまでに書かれたものはみなうそばかり」と述べ、日本で書かれた朝鮮史における虚構や知られざる事実について指摘している。

(26) 崔［1960＝1970：40-41］。同書は韓国における新聞史の古典的一書。朝鮮・韓国の出版物や関連資料については、高麗大学の渡辺直紀氏から御教示と御協力をいただいた。また、以下、同書よりの翻訳は渡辺直紀氏による。

(27) 『漢城旬報』は、朴泳孝が漢城府判尹の職にあったとき発行を計画したものであったが、朴泳孝左遷の後、金允植らが引き継いだ。発行所は博文局で、はじめ、福沢諭吉の門人・井上角五郎に編集の指導を受けたという（角田［1988＝1993：178-179］）。

(28) 崔［1960＝1970］によると、明治一四（一八八一）年十二月十日に釜山で『朝鮮時報』（旬刊）、明治二二（一八八九）年一月に仁川で『朝鮮週商報』（週刊）、明治三一（一八九八）年八月には木浦で『木浦新報』（旬刊）などの日本語新聞が発行されたという。

(29) 角田［1988＝1993：355-56］の指摘によれば、三浦梧楼と安達謙蔵とは、「条約改正運動以来の旧知の間柄」であり、三浦は計画のはじめから、当時のソウルで、熊本県出身の安達を中心に、同県出身者を主体とする「熊本県人団」に期待をかけていたという。安達謙蔵（一八六四―一九四八）は明治から昭和時代にかけての政党政治家として知られ、明治三五年の総選挙以来、一四回連続当選し、とくに大正三（一九一四）年の大隈内閣の総選挙時、采配をふるって「選挙の神様」のニックネームを得た。のち、逓信大臣や内務大臣などもつとめている。

（30）小早川秀雄は、『漢城新報』の編集長で、手記『閔后殂落事件』を著わしている。この手記は、『近代外交回顧録』（近代未刊史料叢書第五巻、ゆまに書房）、『世界ノンフィクション全集』（第三七巻、筑摩書房）などに収録されている。

（31）国友重章（一八六一―一九〇九）は明治二〇年『東京電報』（のち二二年に新聞『日本』に改題）の記者となり、のち『東北日報』の主筆をつとめている。明治二八年、朝鮮半島に渡って『漢城新聞』記者となり、閔妃事件に関わった。国粋的な傾向があり、日露戦争後にはポーツマス条約に反対し、小川平吉らと日比谷焼打事件を起こす。

（32）当時乙未義塾長をつとめていた鮎貝槐園や、そこで教師職にあった与謝野鉄幹もまたこの事件に関わっている。

（33）堀口九万一は外交官で、漢詩人としても知られる。詩人、翻訳家である堀口大学の父。

（34）「広島の監獄に投ぜられた」者として『京城府史』に挙げられたのは、以下のとおり。宮内府兼軍部顧問官　和歌山県　士族　岡本柳之助／著述業　福島県　平民　柴四郎／無職業　熊本県　士族　国友重章／無職業　福岡県　平民　月成光／農業　熊本県　士族　広田止善／無職業　福岡県　士族　藤勝顕／新聞記者　岩手県　平民　吉田友吉／無職業　熊本県　士族　平山岩彦／無職業　宮城県　平民　大崎正吉／売薬商　熊本県　士族　佐々正之／無職業　熊本県　士族　沢村雅夫／無職業　熊本県　士族　片野猛雄／農業　熊本県　平民　隅部米吉／新聞記者　東京府　平民　山田烈盛／新聞記者　熊本県　士族　佐々木正／新聞記者　熊本県　平民　菊池謙譲／無職業武田範之事　福岡県　平民　武田範治／農業　熊本県　平民　前田俊蔵／無職業　熊本県　士族　家入嘉吉／新聞記者　熊本県　士族　牛島英雄／桂洞小学教員　熊本県　士族　松村辰喜／無職業　京都府　平民　鈴木順児／新聞記者　熊本県　士族　小早川秀雄／雑貨商　熊本県　士族　中村楯雄／雑貨行商　神奈川県　平民　難波春吉／農業　熊本県　士族　佐藤敬太／農業　熊本県　平民　田中賢道／新聞社員　熊本県　士族　平山勝熊／予備陸軍中将　東京府　華族　子爵三浦梧楼／公使館一等書記官　東京府　平民　杉村濬／領事官補　新潟県　士族　堀口九万一／外務省警部　長野県　平民　萩原秀次郎／外務省巡査　東京府平民　渡辺鷹次郎／外務省巡査　鹿児島県　士族　成相喜四郎／外務省巡査　長崎県　士族　横尾勇太郎／外務省巡査　鹿児島県　士族　小田俊丸／外務省巡査　鹿児島県　士族　木脇祐則／外務省巡査長崎県　士族　境益太郎／外務省巡査　鹿児島県　士族　白石由太郎／売薬商高橋源次事　神奈川県士族　寺崎泰吉／朝鮮国補佐官　長崎県　士族　浅山顕三／新聞記者　熊本県　士族　安達謙蔵／医業福岡県　士族　佐瀬熊鉄／内部顧問官　熊本県　平民　渋谷加藤次／通訳官大浦滋彦事　長崎県　士族大浦茂彦／通訳官蓮本安丸又蓮元康丸事　滋賀県　士族　蓮本泰丸／晒業　新潟県　平民　鈴木重元／新聞社員宮住勇記事　熊本県　士族　宮住勇喜

（『京城府史』六二七―三〇頁より）

「無職業」と記されている『漢城新報』主筆の国友重章も数えるなら、「新聞」関係者があまりに多い。

（35）　山辺［1966：221］には「この事件の主役は、じつは日本の軍隊」という指摘があり、角田［1988-1993：401］にも「多くの証言により、王の部屋から王妃の部屋へ乱入したのは民間人だけでなく、将校もいたことはほぼ確実と思われる」とある。広島裁判では全員免責されるわけだが、多くの者が下手人として名乗り出たこともあって、その人物を特定することは困難である。ただし角田房子が言うとおり、「日本人が閔妃を殺したことは確かで」、「日本人はみな閔妃に殺意を抱いて景福宮に乱入したので、閔妃と出会った者はためらわず斬りつけたであろう。全員が下手人になる可能性を持っていたのだから」、「下手人が誰であったかにさほど重要性」はないだろう（角田［1988＝1993：404-405］）。

（36）　『漢城新報』は延世大図書館の好意により閲覧の機会を得、資料調査には東京大学院生の金泰暻氏、延世大学院生の金麗実氏の御協力にあずかることとなった。

（37）　三浦梧楼らをかばう金弘集政権への不満はおさまらず、親日官僚の行なう改革路線において公布された断髪令に対する反発も重なり、「中華を尊んで夷狄を攘う」、「国母（閔妃）の復讐」などをスローガンとした義兵闘争が各地に広まった（朝鮮史研究会［1995：232］）。
（38）崔［1960=1970：51-53］、翻訳は渡辺直紀氏による。
（39）国王の高宗は激怒しながらも署名するほかなく、重臣のなかにも強い反対があったという（角田［1988＝1993：414］）。
（40）明治二八（一八九五・高宗三二）年、王室に対する尊称は国王が大君主陛下、王妃は王后陛下、王世子は王太子殿下へと改称されていたが、さらに明治三〇（一八九七・光武元）年十月、高宗は皇帝に即位し、国号が大韓帝国と定められ、王后は皇后、王太子は皇太子と改称された。日清戦争の結果、清国との宗属関係が廃された状況で、さらに「王室の権威を高めて国家的統一を強固にしようとする意図」があったとされる（朝鮮史研究会［1995：234］）。

第五章　死者たち

（1）この時期の歴史的経緯については、姜（在）［1998］、海野［1995a］、海野［1995b］などを参照。
（2）大韓帝国は、日露間で緊張が高まるなか、外交方針として中立化構想を展開した。明治一八（一八八五）年の駐朝ドイツ副領事ブドラーによる中立化論、明治一五（一八八二）年、井上毅の「朝鮮政略意見案」による日・清・米・英・独の五カ国共同での朝鮮中立構想、明治二三（一八九〇）年、山県有朋首相「外交政略論」の、日・清・英・独による朝鮮中立国条約構想等々の文脈を受け、大韓帝国の主体的な中立化構想が始動する前後にあたる明治二九（一八九六）年には、イギリスも韓国の永世中立国化を提唱している（海野［1995a：113-114］）。また、朝鮮国内においてもすでに明治一八（一八八五・高宗二二）年、開化派官僚の兪吉濬によって、国際保障のもとでのベルギー型永久中立構想が主張されていた（中塚［1994：88］）。だが、大日本帝国はそれを認めず、明治三七（一九〇四・光武八）年一月に宣言された大韓帝国の戦時局外中立は、日露戦争の開戦によって侵犯されてしまう。「日韓議定書」が強制的に調印され、局外中立を承認したはずのヨーロッパ諸国も、日本の行為を黙認する。「大日本帝国」への「親誼」「親交」を強要された「大韓帝国」は、とうとう中立という立場を保持しえなくなったのである。

(3) 明治三七(一九〇四・光武八)年八月には「第一次日韓協約」が調印されて、大韓帝国の財政や外交に関する実権は剝奪され、翌一九〇五(明治三八・光武九)年八月十二日に調印された「第二回日英同盟協約」では、大韓帝国に対する大日本帝国の「政事上、軍事上及経済上の卓絶なる利益」「指導、監理及保護」の権利が「承認」され、大日本帝国の「韓国」支配が明瞭に記されることとなる(海野[1995a:139-148])。

(4) 明治三八(一九〇五・光武九)年十一月、特派大使・伊藤博文が威嚇・恫喝するなかで調印されたという「第二次日韓協約」が成る。伊藤には外交上の正式代表の資格がなく、脅迫によって強制的に調印させられた「第二次日韓協約」は当初から無効なのだということが、一九五二年から六五年の日韓交渉においても、一九九一年から始まった日朝国交正常化交渉においても、韓国側、北朝鮮側から主張された。一九六五年に調印された「日韓基本条約」においては「すべての条約及び協定はもはや無効である」ことが確認されたが、現在でも韓国側から「第二次日韓協約」の「源泉的無効」の確認を日本政府に求める意見があるという(海野[1995a:162-164])。また、一九九八年から二〇〇〇年までの間に、雑誌『世界』には「日韓対話シリーズ」として李(泰)[1998a][1998b]、坂元[1998]、李(泰)[1999]、笹川[1999]、海野[1999]、李(泰)[2000a][2000b]、荒井[2000]と、七本の論文が掲載され、併合をめぐる条約の効力について論じられている。

(5) 外交権を奪った「第二次日韓協約」にひきつづき、明治四〇(一九〇七・光武一一/隆熙元)年には第三次日韓協約によって大日本帝国は大韓帝国から内政権を奪い、その後は保護国論と併合論が戦わされたが、併合には反対し保護国経営にこだわりをみせた伊藤博文が安重根によって暗殺された後、明治四三(一九一〇・隆熙四）年には「韓国併合に関する条約」が締結される。とはいえ、伊藤が暗殺される前の明治四二年の三月三十日、桂太郎首相と小村寿太郎外相は日韓併合政策に合意し、四月十日には、韓国統監であった伊藤博文もこれに賛成したと言われている（中野［1996：2］）。

（6）このとき北京でもクーデターが起こっており、「皇帝〔清国皇帝〕病勢甚だ重く」、「政変以来の諸報に徴するに、此の如く清国の現勢に重大の関係を有する皇帝玉体の安否、極めて担憂すべき者ある」（「清国政変と皇帝の安否（上・下）」『万朝報』明治三一・一〇・一二―一三）といった情報が伝えられている。皇帝と西太后との対立が、「此政変の如何なる程度迄進み行くやを知り得べし、嗚呼清国も漸く朝鮮の二の舞を演じ出さんとするなり」と報じられ、「西太后」自身を直接非難する言い回しは周到に避けられつつも、「政変」「陰謀」の文字が踊っていた（「北京の一代政変」『東京朝日新聞』明治三一・一〇・八―一〇）。

（7）壬午軍乱は、衛生斥邪派《せきじゃ》と結びついた反日、反閔的な蜂起であったといわれるが、高宗の要請によって宮中に入った大院君は、再登場してから一カ月の間に政治的混乱を収めたものの、壬午軍乱と日本軍の出兵を知った清国軍の介入を招き、李鴻章は大院君を天津に拉致した（姜(在)［1995a：70-84］）。なお、儒教的な正学を守り、邪学としてのキリスト教を斥けた衛生斥邪思想は、一八〇一年の天主教弾圧以来一世を風靡する思想的潮流となり、朝鮮の「鎖国攘夷」をかたちづくった（姜(在)［1995a：45-47］）。

（8）純宗の即位を契機として英親王の日本留学を思い立った伊藤博文は、その引き替えとして皇太子嘉仁（のちの大正天皇）の韓国行啓を提案したのだという。明治天皇は反日義兵闘争による治安悪化を理由に難色を示したが、伊藤は説得を重ね、有栖川宮威仁親王の同行を条件に裁可された。この行啓は、皇太子が天皇の名代として外国を公式に訪問した初めての事例となったが、『大韓毎日申報』の報道には、両国の皇太子を利用してのみせかけの「日韓親善」であることを批判する記事があった。嘉仁皇太子は韓国皇太子に強く愛着を感じていたようで、その後も英親王と直に話すために自らハングルを学ぶなどしていたという（原［2000：120-131］）。

（9）大日本帝国側の宮内庁記録によると、英親王について「十月二日修学院に御入学」と記されており、大韓帝国側が英親王の日本留学が必要ではないと示すための方策であったとも推測される。母である厳妃をはじめとして日本留学には反対意見が強かったという（李王垠伝記刊行会［2001：66］）。

（10）高大勝は、「拉致」「人質」の語句を用いて大韓帝国皇室の抵抗が実らず皇太子の留学が準備されてゆく様子を描出しつつ、ソウルで『人質』となった皇太子が毒殺されたという噂が飛び交った」ことに触れ、その噂を払拭しようと皇太子の様子を撮影した映画を一般公開するなどした伊藤博文の努力も効果なく、皇太子の身を安じる声が止むことはなかったと述べている（高（大）［2001：62-63］）。

（11）李方子は梨本宮守正親王の第一王女として明治三四年に生まれ、大正九年四月、李王世子（皇太子英親王、のちに李王、さらに李垠）と結婚、敗戦後は李王とともに臣籍降下され在日韓国人として登録された。一九六三年に夫・李垠とともに韓国に渡る。

（12）ただし、一九〇〇年前後の「帝国主義」概念について詳細な分析を行なった高榮蘭［2003］は、社会主義者の帝国主義批判には「平和的膨張」を是認する姿勢が潜んでいると指摘している。

（13）第三章の註（12）を参照。

（14）ちなみにソウルで発行されている『毎日申報』には、「英親王の日本留学期間は約十年、内六カ月は武官学校で修学」、「皇太子は日本留学中も太皇帝と皇帝のご機嫌奉伺のため、しばしば帰国する」と報じられていたというが（李王垠伝記刊行会［2001：71］）、厳妃の生前にその約束が果たされることはなく、「韓太子」と別れた「厳妃」の哀しみは、のちにその死に際して物語化されることになる。

（15）アントニオ・ネグリ、マイケル・ハート『帝国』は、帝国主義とは、資本主義と本質的に結びついたものであるのにもかかわらず、帝国主義的な実践と植民地経営は資本のさらなる発展にとっての障害になる、といった逆説の認識を、マルクス主義理論のなかに見取っている（Hardt & Negri［2000＝2003：289-306］）。伊藤博文が満鉄の総裁・中村是公らとともに降り立ったハルビン駅、暗殺されたその現場は、帝国主義と資本主義との結節を示してもいるだろう。そこに向けて撃ち放たれた安重根の弾丸と伊藤の死は、そういった構造上、極めて印象深い出来事であったと思われる。

(16) 小森陽一は、伊藤博文の暗殺報道が夏目漱石の新聞連載小説『門』(東京・大阪両『朝日新聞』明治四三・三―六月)に引用された言説の動きに注目して、植民地主義的な欲望を批判する小説テクストを分析している(小森[2001:62-74])。

(17) 長州藩出身の室田義文は自身も外套とズボンに被弾し、左手小指に擦過傷を負った。事件について、安重根以外の射撃があったこと、真犯人は安重根以外であるという陳述を繰り返したが、その内容は、医師・小山善の作成した死亡診断書と食い違っていた(中野[1996:9-11])。

(18) 安重根は明治四一(一九〇八・隆熙二)年春、金斗星を総督、李範允を大将に創始された大韓国義軍の参謀中将に選任される。困難を極めた義兵闘争を経て、翌年二月、同志を集め、国権回復のため命を絶つ覚悟を固め、断指血盟を結成した。一一名の同志の前で安重根は薬指の末節を切り落とし、その血で太極旗に「大韓独立」としたため、同志もそれに倣ったという(安義士紀念館[1995:8-10])。

(19) 「絶《ぜつ》し」の二字は、原文ではルビのみ記され、文字抜けしている。

(20) 安重根と直に接した日本側の人間は、彼に深い共感を寄せている。中野泰雄『安重根と伊藤博文』には、暗殺の現場に居合わせ、自らも足の甲に弾丸を受けた満鉄の理事・田中清次郎が、安藤豊禄の「今までに会った人のなかで誰が一番エライと思いますか」という問いに対して「それは安重根だ。残念ながら」と答えたという逸話をはじめとして、旅順監獄では典獄や警守係長の配慮によって安重根への待遇が格別であったことや、通訳や検察官の好意、水野吉太郎弁護人による「安重根は立派な人物だった。もし生きていれば、韓国のために役立つ人になったであろうに」という言葉などが紹介されている(中野[1996:13,101,152-153])。こうした共感や好意は、安重根の唱えたナショナリズムが大日本帝国の天皇制を脅かすものではなかったこととも関連しているであろうが、その後、安重根の行為や思想が男性の書き手によって称揚されてゆく過程まで含め、ナショナリズムと親和したホモソーシャルな構造を思わせるものでもある。

（21）安重根は着手していた『安応七歴史』とともに、『東洋平和論』を完成させることを願い、平石高等法院長に死刑執行の延期を相談したところ、数カ月は特別に許可されるだろうとの回答を得て、控訴を断念したのだという。だが、本国政府の意向を受けた韓国統監府は、できる限り早い処刑を望み、結果として平石は安重根を欺く結果となってしまい、終生後悔の念を抱き続けたらしい。『東洋平和論』の価値は、一九八〇年代になってから注目されるようになる（中野［1996：158–161］［1991：203–206］）。

（22）三谷憲正は、併合の時期には「韓半島が日本（倭国）の領土であったという『日本書紀』の知識と、『日鮮同祖論』的発想」が前提となって「海を越えた明治維新」という物語化が遂行されたことを指摘し、アジア近代化をめぐる逆説について論じている（三谷［2003：126–151］）。

（23）鳥羽伏見の戦を戦った岩倉や西郷らは、『太平記』の世界観そのままに「幼冲の天子」を擁していたというが、鳥羽伏見を思いがけぬ勝利で切り抜けたのちには、「神武創業」に基づき、天皇に「創業の天子・神武」になることを期待するようになる。慶応四（一八六八）年一月十五日、天皇は元服し、おはぐろなど、「成人のしるし」をつけた（飛鳥井［1989＝2002：133–135］）。

第六章　天皇と暗殺

（1）一進会は日本陸軍の支援によって政治団体として急速に成長したといい、明治三九（一九〇六・光武一〇）年には日本の国家主義団体・黒竜会の内田良平が顧問についた。内田と一進会は「韓日合邦」で合意しており、同会は山県や桂と深い関係をもった（海野［1995a：205–206］）。

（2）幕末期、後期水戸学、国学を背景とする尊王攘夷論には、「皇国神話に付随する朝鮮への蔑視と領属意識」と、「新たな夷狄との係争地、もしくは緩衝地」としての「朝鮮略取」の意欲が含みもたれていた。明治三（一八七〇）年の段階で提議された「対朝鮮政策三箇条」、外務大丞・柳原前光の「朝鮮論稿」などには、「記紀神話に根ざす朝鮮観をベースに」して現代の朝鮮を蔑視しつつ、その攻略を主張するといった認識が見られ、その後の対朝鮮政策の論理の原形がすでに用意されていた（文［1995］）。

（3）管野須賀子については、菅野（かんの・すがの・すげの）、すが（子）、スガ（子）、菅（子）、あるいは号の幽月が使用されるなど、さまざまな表記上のぶれがあるのだが、本書では原則として彼女が筆名として用いていた「管野須賀子」を用いることとする。

（4）大逆事件の全容については、絲屋［1970b］、神崎［1976-1977］などを参照。また、高榮蘭は、一九〇〇年代の非戦言説をめぐる「評価」がもつ二元論、すなわち「侵略主義」的主戦論 対「平和主義」的非戦論という見方を再検討しており、「幸徳秋水」やその著作『廿世紀之怪物帝国主義』の記号的機能に着目し、「第二次世界大戦以後の文学研究・歴史研究がかかえてきた死角」を問題化している。特に幸徳の『廿世紀之怪物帝国主義』を反侵略主義、平和主義的だとする評価は、「戦後というバイアス」に依拠しており、「『幸徳秋水』神話」を形成してきた。だが、高によれば、一九〇〇年前後の「帝国主義」概念には「平和的膨張主義」が内在し、幸徳の「帝国主義」批判には、島田三郎や木下尚江らの「平和的膨張」と同質の論理がある。すなわち、「当時の『帝国主義』をめぐる言説圏を考える際に『武力＝帝国主義』『非武力＝帝国主義批判』という単純な構図は成り立たない」。高が強調するのは、「幸徳秋水」という記号が発表当時の文脈から乖離してその時々のコンテクストで利用されるとき、形成される論理の枠組みが何ごとかを非可視化してしまうという点である（高（榮）［2003］）。

（5）たとえばオーストリアの皇后が無政府主義者によって暗殺された際、「昨年の夏中伊太利の兇徒にして西班牙の総理大臣を暗殺したるものあり其因はるゝや彼は自ら無君主無政府の主義を取るものなりと称し我等の徒党に尚ほ二三君主を弑殺せんと計画し居るものありと自白したるが其後仏国大統領に爆裂弾を投じたる者あり伊王を窺ひたるものありて果して左《さ》る陰謀のある事にやと潜に人心を危ましめたる」（『時事新報』明治三一・九・一三）といった記事がある。

（6）明治四一（一九〇八）年六月二十二日におきた弾圧事件。山口孤剣（義三）出獄歓迎会後、荒畑寒村や大杉栄など直接行動派（柏木団）が「無政府」の赤旗を振り回し、警官隊と衝突し、堺利彦や山川均、大須賀さと子、神川マツ子、小暮れい子、管野須賀子らが逮捕された。これを機に西園寺内閣は総辞職したが、巷間では山県有朋による西園寺内閣の「毒殺」などとも言われていたという（絲屋［1970a：106-119］）。

（7）この記事は、代助と平岡の会話の場面で引用されている。

平岡はそれから、幸徳秋水と云ふ社会主義の人を、政府がどんなに恐れてゐるかと云ふ事を話した。幸徳秋水の家の前と後に巡査が二三人宛《づゝ》昼夜張番をしてゐる。一時は天幕《テント》を張つて、其中から覗つてゐた。秋水が外出すると、巡査が後を付ける。万一見失ひでもしやうものなら非常な事件になる。今本郷に現れた、今神田へ来たと、夫から夫へと電話が掛つて東京市中大騒ぎである。新宿警察署では秋水一人の為に月々百円使つてゐる。　（『それから』十三の六、東京大阪両『朝日新聞』、明治四二・九・一二）

（8）秋水の署名があり、『平民主義』（隆文館、明治四〇・四）に所収（全集［6：104］）。

（9）明治四一年十一月三日には、サンフランシスコの日本領事館正面玄関ポーチに「日本皇帝睦仁君足下に与ふ」という書き出しの、「我徒は暗殺主義の実行を主張す　暗殺主義　第一巻第一号」が張り出されていた。オークランドやバークレーの日本人街のいたるところにはりつけられた、この明治天皇への公開状は「睦仁君足下　憐れなる　睦仁君足下　足下の命や旦夕に迫まれり　爆裂弾は足下の周囲にありて将に破裂せんとしつつあり　さらば足下よ　千九百七年十一月三日　無政府党暗殺主義者」と結ばれていた。山県を中心とする日本の藩閥官僚上層部はこの事件に強く刺激され、一説には大逆事件の遠因となったともいう（絲屋［1967：236-244］）。

（10）姜東鎮は、併合直後の主要新聞の朝鮮関係の社説について、(一)「日韓併合」正当化論、(二) 同化政策・愚民化政策の強調、(三)「併合」をめぐる列国の反応論評、(四)「併合」の形式・植民地朝鮮の法的地位論議、（五）統治機構・朝鮮総督論、（六）宗教政策論、（七）移民奨励策論、（八）経済政策論、（九）朝鮮鉄道問題論、とその内容を分類している。その上で、「日韓併合」正当化論の特徴について、（1）古代にも朝鮮が日本に併合されたことがあるため、併合とは古代への復帰であるとする復古論、（2）自然的趨勢であることを強調する同祖同根論、（3）併合は朝鮮人の幸福につながるという植民地似而非幸福論、（4）旧朝鮮王朝の悪政と朝鮮独立不能論とを根拠にする併合不可避論、（5）日本にとって併合はむしろ負担になるという経済論、（6）天皇の赤子慈愛論と主権譲渡論、（7）日清・日露戦争の代価としての併合論、（8）韓国側の「保護政治」支持による併合、の八点を析出している（姜（東）[1984：5-81]）。

（11）「浦潮在住朝鮮人間に韓国民団長が韓国愛国志士の名を以て日本の韓国併合に対する抗議を露国、澳匃《あうきよう》国、仏国及び米国の各外務大臣宛にて提出したりとの風説行はる右は韓国に於ては目下万般の機関一切日本人の手に在るにより該抗議は浦潮斯徳《ウラジホストツク》より提出したる由にて」（「朝鮮人の抗議　浦潮より提出」『東京日日新聞』明治四三・九・五）、「在桑港ロイテル通信員の所報に曰く桑港に本部を置ける朝鮮国民協会は主権譲渡を断固として排し日本の遣口の暴虐的強圧に対して激烈なる批難を加へ結論に於て吾人真個の朝鮮男子は自由独立の為めに奮闘するを断じて止めざる可しと云へる決起案を通過せり」（「朝鮮人の憤慨」『時事新報』明治四三・九・二）といった記事がある。

（12）総理大臣として日韓併合条約を締結することになる李完用は、とくに第三次日韓協約の前後にかけて、英親王を皇太子にすると内約することで、厳妃の一派を取り込んだという（森山（茂）[1992：127]）。

（13）もっとも、日本における最初のアナーキズム運動は、明治一五年、ドイツのシュティルナーの影響を受けた樽井藤吉の東洋社会党によるもので、『日本国語大辞典』（小学館）の「アナーキー」の項目には、「況んや今日の朝鮮は我より之れを見て無政府（アナルキー）と認むべきか」（『東京日日新聞』明治一五・八・七）という使用例が挙げられている。

（14）ドイツの「義勇軍兵士」の執筆した自伝や小説、ルポルタージュの分析を通して、白色テロルの構造を考察した『男たちの妄想』のなかでは、「共産主義」の女性が過剰なセクシュアリティによって意味づけられていることや、コミュニズムが娼婦のイメージと重ねられていること、彼ら兵士がコミュニズムを男性性器に対する攻撃と感じていたことなどが指摘されている（Theweleit［1977, 1978, 1985＝1999］）。

（15）西川光二郎が率いる一派。前日の『東京朝日新聞』には片山潜とあわせ「西川、片山派」という紹介がされている。

（16）社会主義運動における分裂について、当時の報道では、阿部磯雄、木下尚江、石川三四郎などの「基督教的社会主義」、山路愛山、中村太八次郎、山根小一、田中弘之などの「国家社会主義」、「所謂世人の普通に称する社会主義」とを三分割した上で、三つ目の「社会主義」が「独逸の如く普通選挙を行ひ議会政略によりて自己の主義を貫徹せしめんとする」「片山、西川派」、「社会主義者中最も危険過激なる主義」をもつ「柏木団」とに二分されていると整理している（『東京朝日新聞』明治四一・六・二四）。

（17）とはいえ、いわゆる「平民社の女」が「暗殺」を口にするのはめずらしいことでもなかったらしい。たとえば本章註（27）の大須賀さと子の演説を参照。

（18）幸徳秋水の書簡によれば、管野との恋愛問題は、「警視庁や何かが社会党に対する世間の同情を失はせる為め色々に僕のことなど書き立て」たもので、「現に彼女が拘引された時なとも情婦だとか内縁の妻たとか諸新聞に書かせた」（明治四二年八月三日、大石誠之助宛書簡、全集［9：446］）のだという。

（19）赤間亜生は、日清戦争から日露戦争にかけての「軍人未亡人」という記号について、日清戦争期には「健気」「殊勝」といった語句によって理想化され、「〈公〉のコード」で統一されていたのに対し、日露戦争時には未亡人の現実という「〈私〉のコード」が登場して、その記号には「性的な匂い」が附着させられ、大正期になると、「非常にスキャンダルにあふれた存在」と化してゆくと指摘をしている（赤間［1994］）。

（20）森山重雄によれば、幸徳の同志だけでなく、論敵の片山潜、西川光二郎ら議会政策派や、雑誌『日本人』にも、この小説を引き合いに出した幸徳攻撃が見られたという（森山（重）［1980：156］）。

（21）赤旗事件で大杉栄が収監されている頃のことについて堀（大杉）保子は、「大杉がエスペラントの教授で師弟の間柄とでもいふやうな関係のあつた支那革命党の谷、馬、栄などいふ人々が大杉君の恩に酬ゆるといふので、革命党の寄宿舎といふやうなものを作り、其監督の役を私に宛がつてくれました。赤旗事件で無罪になつた例の女逆徒の管野須賀子も、其時私の所へ同居することになりました」と書き残している（「大杉と別れるまで」『中央公論』大正六（一九一七）年三月号。鈴木（裕）[1986：223-224] より引用）。

(22) なお、『恋ざめ』について森山は、花袋の『蒲団』（『新小説』明治四〇年九月）を「そのままなぞったがごとき」と位置づけているが（森山 [1980：200]）、絓秀実が指摘するように、『恋ざめ』に確認されるのは『少女病』との類似であろう（絓 [2001：240]）。

(23) 「秋水は生まれながらにしてヒヨワな子であった。後年、腸に固疾を作って難儀したが、幼い時から胃腸が弱くて、いつも腹ばかり下していた」（絲屋 [1967：62]）。

(24) 清水卯之助によると、「大阪で新聞記者をしていたことのある松崎天民は、須賀子の大阪時代についてかなり通じており、正確にかつ好意的に紹介している」。本章第四節で引用する「被告中の紅一点　菅野須賀子の経歴」も松崎天民の筆によるらしい（清水 [2002：249, 253]）。

(25) 飛鳥井雅道は、幸徳がアジアの問題を日本帝国主義との関連で論理化しえていないと指摘している（飛鳥井 [1978＝1989]）。それを受けて、石坂浩一は、平民社以降の幸徳が朝鮮について書いたものは「文脈の中でごくわずか触れられる程度でしかなく、それをめぐる考察や情勢論議が展開されることはなかった」とし、「朝鮮に対する無知」と、侵略者としての日本の位置を把握できなかったという限界を提示している（石坂 [1993：14-38]）。なお、石坂は、幸徳が書いたと言われてきた『平民新聞』第三二号の「敬愛なる朝鮮」の筆者は、木下尚江だと思われると指摘した上で（詳細は谷口 [1977] を参照）、『平民新聞』第三六号「朝鮮併呑論を評す」も幸徳のものであるか疑問があるとして分析を避けている。

また、高榮蘭は一九〇〇年代の『社会主義』誌上の「移動」をめぐる言説を分析し、「『移住』の言説は、『非戦』の言説に書きこまれることによって、『平和』という言葉を借りたもう一つの『日本膨張』の言説になりえた」と指摘している（高(榮)［2000］）。

(26) 全文は「爆弾事件ニテ私外／三名近日死刑ノ宣告／ヲ受クベシ／幸徳ノ為メニ何卒／御弁ゴヲ願フ／切ニ〳〵／六月九日／彼ハ何モ／知ラヌノデス」。「チリ紙に針で穴をあけ書いたもの」で牛込局のスタンプがある郵書だったという（全集［3：164］）。

(27) 大須賀さと子もまた、「私は医学をやつて居るものでありますが、医学の上から申しましても、悪い黴菌、有毒なバチルスを除くといふことは大変よろしいことであります」、「之れと同様にモシ社会に害毒を流す者は暗殺しなければなりますまい」と講話をしたことが、赤旗事件の折、報告されている（活石生「獄中の諸姉」『熊本評論』二九号、明治四一・八・二〇。鈴木(裕)［1986：305］より引用）。

(28) 戦後の日本における、子どもメディアのヒロイン像、すなわち「紅一点のヒロイン」について、その定型を整理した斎藤美奈子は、「紅一点」とは、「ひとりだけ選ばれて男性社会の仲間に入れてもらえた特別な女性」であるとし、女の子向けの物語が男性に依存する「恋愛立国」として形成されていることや、「悪の帝国」という設定では女権が強く、「悪の女王」が母性のみ欠落させられた生々しい大人の女性によって担われている点を指摘している（斎藤［2001］）。その後の物語と比較するなら、管野須賀子に見られるのは、「紅一点」と「悪の女王」を複合させた定型構造だということになろう。そうした定型は、いまもなお再生産されては消費されているのである。

(29) 渡部直己は、事件を裁いた側も裁かれた側も「等しく『小説』の一語を口にする点」を強調し、「公判廷にあらはれた七十三条の内容は、真相は驚くばかり馬鹿気たもので、其外観と実質の伴はない事、譬へば軽焼煎餅か三文文士の小説見た様なものであった」（管野須賀子「死出の道艸」、全集［2：260］）、「事件全体の事実が非常に結びつきがよくなって来て、或る人のごときは月夜熊野川に舟を浮べて密議するといふ事は詩的でもあり小説的でもあると評しました」（小山松吉述「日本社会運動史」）の二文を引用している（渡部［1999：68］）。なお、小山の「日本社会主義運動史」は昭和三年九月述、同四年二月、司法省刑事局思想部印刷（秘扱い）で、絲屋［1970b：152］から引用されている。

（30）絓秀実は、管野須賀子が田山花袋の「『蒲団』で描かれた『新しい女』横山芳子と二重写しになっている」と論じ、「『蒲団』発表当時の管野すが子の周囲には、すでに『蒲団』の物語が徐々に反復され始めていた」、「『大逆』事件は『蒲団』と花袋の物語を、さらに大がかりに反復している」と述べている。加えて絓は、『東京の三十年』（大正六年）の「ある墓」の場面構造が『蒲団』の末尾に通じており、死刑囚の墓は墓の「染み」であり「汚れ」なのだということ、そして荒畑寒村が管野須賀子との生活を材に取って執筆したとみられる『座布団』（『新聲』明治四〇年九月）や『恋ざめ』（同十月）と、『蒲団』との近接性を指摘する（絓［2001：223-262］）。また、その『蒲団』末尾の「女のなつかしい油の匂ひと汗のにほひ」と「汚れ」について、坪井秀人は「美と醜の境界を揺れる嗅覚表象の方向づけ」がなされていると論じる（坪井［2004］）。こうした点を踏まえるなら、管野須賀子という固有名は、匂いをめぐる物語性と同時代の病と女性身体といった表象の連環を引用しながら記述されていたと言えるであろう。

（31）絲屋寿雄はさらに、判決の前日にあたる一月十七日付けの、宮内次官・河村五金郎が山県にあてた手紙の一部を引用し、山県、河村、渡辺宮内大臣、桂首相の間で恩赦の命令についての協議があったことを指摘している（絲屋［1970b：179-180］）。

（32）第二十一回予審の際の、宮下太吉の弁（絲屋［1970a：161］）。

（33）渡部直己はこうした天皇の病状報道から乃木の殉死までを引用する夏目漱石の『こゝろ』が、「不敬罪」施行当時の法律が最も激しく断罪した一般のものとの「比較」を介して、天皇との「類似」を書きこんだものだと論じ、「中　私と両親」における「死病に侵された地方の一老人」の記述が、「国家権力の比類ない発現として披瀝された『宮内省公示』文書の延長として、いっそう『不敬』な細叙を試み」たものであると指摘をしている（渡部［1999：80-94］）。視点を転ずるなら、病状が報道されたメディア空間にあっても、天皇の身体と一般身体との「比較」と「類似」は遂行されており、漱石のテクストはそうした言説編成それ自体を引用したものだと見ることもできるだろう。
（34）「臣下と御比較を取るのは畏多いが今回の御病気が先年の井上侯の夫れと同様である様に世間では思つて居るが、之れは誤りである井上侯の症状は凡てが軽かつたが《〔ママ〕》 陛下の御症状はお重いのである」（「未だ安心ならず」『万朝報』明治四五・七・二四）と「三浦侍医」が語るように、井上馨と比較して位置づけようとする記事も多かった。
（35） こうした論理の揺らぎを、「まさしく国体の原理にかかわる論争」、天皇機関説との関係で見ることもできるだろう。明治天皇の死をはさむ一カ月に展開された天皇機関説と機関説攻撃は、しかし一九三〇年代まで決着がつかずにひきずられてゆく（飛鳥井［1989＝2002：47–51］）。
（36） 乃木夫妻の殉死は以下のように報道されている。

乃木大将を悼む

▲乃木大将夫妻殉死の別報

警視総監より大山元帥への報告

乃木大将夫妻の最期につき安楽総監より大山元帥に報告せる文面左の如し「十三日午後九時乃木邸内に来り居りし群馬県警部補より赤坂警察署警部補へ電話にて事件出来たるにより直に派遣せられたしとあり依て岩田警察医員園江検視医員野沢防疫委員は急遽乃木邸に赴きたるに二階八畳の間（二間続の処）に大将は正装の上着を脱したる儘夫人と相対して俯臥し軍刀を以て咽頭部をば甲状軟骨と環状軟骨との間を殆んど気道食道並頚動脈を全截し剣尖は深く左頚部に向つて刺入れり之れ即ち致命傷なり又た腹部胸部上三指横経（意味明かならず）の処にあつて十仙《センチ》断切せり其の深さ骨に達す、令夫人は仰座両手を胸に当て膝を出し白鞘の短刀を深く左胸部第五肋間胸骨外線に刺入れ其尖端は心臓部に達す之致命傷なり、遺言状は十二日に認められたるものにして其文意は単に先帝陛下の御共申上るとの意味なり又別に夫人へも遺言状を書かれある点を察するに初は単身切腹せんとせしものなりしが今朝（十三日）に至り御夫婦が殊に御機嫌よかりし処より察すれば御夫婦談合《かたりあ》ひの上決心せられたるものゝ如く尚遺産分配より細事に至る迄漏なく遺書されたる趣且辞世の歌も添られたり之れを以て毫も精神に異状を呈せるものにあらずと認めらるべし

（『東京日日新聞』大正元・九・一五）

なお、佐藤泉によれば、乃木の殉死をめぐる解釈は欧米の目線を意識して紆余曲折するが、結果として外国人には理解不能かもしれない「深遠なる日本精神」という「文化的特殊性論」にまとめられてゆく（佐藤［2002：228-235］）。

（37） カントーロヴィチは、ヨーロッパの王権は、王に自然的身体と政治的身体の二者の統合を見る政治神学を発達させてきたと論じている。自然的な身体は可視的・可死的で欠陥や死を免れえない肉体であるが、政治的身体は、不可視・不可触で不死の優越性をもち、前者が後者を具現するのである。王が生きている間は、二者は統一されて分離されることがない（Kantorowicz［1957＝2003］）。

あとがき

いまから十年ほど前、問題意識はまだ漠然としていたものの、研究の道に進みたいと考えていた私は、毎日のように図書館に通って、マイクロフィルムを回していた。テーマは決まっていなかったが、近代という時代について知るためにはまず明治期のことを知る必要があると思い、日清戦争の前後をとりあえずのターゲットに、しらみつぶしに新聞に目を通してみたのである。

百年前の新聞紙面は、まるでフィクションの世界であった。そこにあるのは、事実を伝えるための言葉というより、何かが誇張され、色づけされた物語の言葉のようであり、大げさすぎる言葉の連なりは、どれもこれも、現在の感覚からすれば、どこか差別的に見えた。

見慣れない言葉の世界に足を踏み入れてみて、まず私がひっかかりを覚えたのは、「アイヌ」という文字が紙面に頻出していることだった。もちろん「アイヌ」という単語自体を知らないわけではなかったが、現在の状況とは比較にならないほど、記事のなかに大量にあふれかえった「アイヌ」という文字の質量に、ある種の衝撃と驚きを禁じえなかったのである。

また、「朝鮮王妃（閔妃）」への悪意に満ちた表現が散見されたことにもわだかまりを感じた。その頃の私には、「閔妃暗殺事件」についてはうっすらとした知識しかなかったが、「王妃」への過剰な非難はほとんど誹謗中傷のようにも見え、紙面に宿った、彼女に対するあけすけな嫌悪感は、不可解でさえあった。

だが、何よりも不思議に思ったのは、「アイヌ」や「閔妃」といった文字が、当時のメディアのなかではこれほどまでに生々しい存在感をもって記され続けていたのに、それが現在では、すっかり忘却されてしまっていることである。

本書の出発点には、このような忘却に、物語というシステムが関係しているのではないか、という問いがある。「アイヌ」や「閔妃」は、大日本帝国にとっての他者として差別的に表象され、帝国の物語に登場させられていたわけだが、かつて重要な登場人物であったはずの記号群は、新たな物語に幾重にも塗り重ねられ、現在ではほぼ完全に忘れ去られている。そして、そのような物語のシステムは、現代でも同様の働きをしているだろう。メディアをにぎわせた出来事や事件、その登場人物たちは、一瞬後には、すぐさま過去の記号として、記憶の向こう側に葬られてしまうのだ。現代にまで通じる、このような記憶と忘却、物語の構造をめぐる関心が、本書執筆の動機になっている。

そうした物語のシステムを具体的に検証するために、本書では、病、女、血、アイヌといった事象や対象に加えて、暗殺という出来事を取り上げた。図書館でマイクロフィルムを回し、大型の縮刷版を繰りながら、私自身が異和を覚え、惹きつけられる出来事や記事を選び取っていった結果が、本書全体の構成となっていると言ってもよい。つまり、時代を隔てられた読者としての私は、大日本帝国がもっていた常識的な枠組みに、自らの感性をすりあわせるようにして紙面に触れ、帝国の論理や物語にいったんはできるかぎり近づきながら、資料を選択し、分析していったのである。あたかも私自身が当時の一読者であるかのような姿勢で分析対象と関わることで、物語のメカニズムを現在の問題として考え、忘却された歴史を現在に開きたいという思いがあった。

大逆事件の「逆徒」たちが、暗殺という行為をとおして帝国の制度を明るみに出そうとしたように、暗殺に連なる物語を分析することをとおして、物語のシステムを可視化し、異化すること。タイトルに含まれる「暗殺」の語には、暗殺という出来事を考察したという意味だけではなく、制度やシステムとしての物語を異化するという意図に基づいた、「物語を暗殺せよ」という比喩的なメッセージがこめられている。

◆

本書は、二〇〇四年に東京大学大学院総合文化研究科に提出した博士論文「物語と暗殺——閔妃事件から大逆事件を貫く近代の背理」を大幅に加筆・訂正したものである。審査にあたってくださった、慶應義塾大学の松村友視先生、言語情報科学の石田英敬先生、臼井隆一郎先生、エリス俊子先生、そして主査の小森陽一先生には、審査の過程で数々の有益な御指摘、御助言をいただいた。学部時代の恩師である松村先生からは、卒業論文を執筆した際、分析対象を類型化して論じることの危険性についてアドバイスをいただいたが、その御助言は、その後もずっと心に留め続けている。大学院で指導してくださった小森先生からは、つねに巨視的な視点と微視的な視点を内在させつつ批評的に考察する研究者としての姿勢をお教えいただき、本書出版にも御尽力いただいた。また、言語情報科学専攻のゼミでは、言語態分析というアプローチ法を学んだが、それによって、目に見えるかたちで論じることの非常に困難な、物語や論理の力を問題にし、議論しようというモチーフを明確にすることができたのだと思う。

この間、さまざまな研究会に参加させていただいたが、とくに明治三〇年代研究会では、発表や議論を通じて、貴重な御助言やヒントを得ることができた。この研究会には、修士課程の院生になりたての頃から参加しているが、文学研究の意味それ自体を問いながら、文学研究と文化研究、あるいは他領域の研究とを接続させてゆくという研究会の姿勢から、多くを学んだように思う。

また、韓国での新聞メディアをめぐる状況や、資料調査に関しては、高麗大学（現武蔵大学）の渡辺直紀先生からさまざまな御教示、御協力をいただき、論文に関しても、細やかなアドバイスをいただいた。

出版にあたっては、新曜社の渦岡謙一氏にたいへんお世話になった。適切かつ厳しい注文をつけながら、原稿を丁寧にチェックしてくださった渦岡氏には、心から感謝申しあげたい。

註でお名前を挙げた方もあるが、そのほかにも、本書の執筆にあたっては、学部時代、大学院時代を通じて、実に多くの方々からさまざまなお教えを受けた。心より御礼を申しあげたい。

最後に、本書完成にいたるまで、私を励まし、支えてくれた友人と家族に、深い感謝の気持を捧げたいと思う。

二〇〇五年九月

内藤千珠子

初出一覧

第一章「病う身体――『血』と『精神』をめぐる比喩」(金子明雄・高橋修・吉田司雄編『ディスクールの帝国――明治三〇年代の文化研究』新曜社、二〇〇〇年、五六―八一頁)を改稿。

第二章　書き下ろし。ただし、第四―六節は、「新聞のディスクール分析へ――新聞小説『門』を媒介にして」の第四節「女の血色」(石田英敬・小森陽一編『社会の言語態』(シリーズ言語態第五巻、東京大学出版会、二〇〇二年、二九―三六頁)、「香らせる肌の虚構――広告メディアの女性表象と管野須賀子」(『文学』岩波書店、二〇〇四年九・十月号、一二五―一三五頁)をもとに加筆・修正。

第三章「『アイヌ』を象る文学」(『日本近代文学』二〇〇〇年十月、一七―三〇頁)、「蝦夷を殺す道」(臼井隆一郎・高村忠明編『記憶と記録』(シリーズ言語態第四巻、東京大学出版会、二〇〇一年、二七―四四頁)を改稿。

第四章「王妃の行方――暗殺事件前後における閔妃の表象」(『文学年報』世織書房、二〇〇三年十一月、二〇七―二二八頁)を改稿。

第五章　書き下ろし。ただし、第三節は「奪われた皇太子の未来――日清・日露戦争と『朝鮮』の表象」(『日本文学』二〇〇四年一月、三二―四〇頁)をもとに加筆・修正。

第六章　書き下ろし。ただし、第五節は「香らせる肌の虚構――広告メディアの女性表象と管野須賀子」(『文学』岩波書店、二〇〇四年九・十月号、一二五―一三五頁)をもとに加筆・修正。

関連略年表

明治2	1869	蝦夷地を北海道と改称
4	1871	賤民解放令（賤民制廃止の布告）
5	1872	芸娼妓解放令。徴兵の詔と告諭
6	1873	徴兵令。東京府貸座敷及び芸娼妓規則
7	1874	北海道屯田兵制度創設
8	1875	千島樺太交換条約
15	1882	壬午軍乱
17	1884	甲申政変
22	1889	大日本帝国憲法発布
25	1892	伝染病研究所発足
27	1894	天皇・皇后の銀婚式大祝典。北里柴三郎が香港でペスト菌を発見。金玉均暗殺事件。日清戦争開戦
28	1895	閔妃暗殺事件
30	1897	英照皇太后死去。伝染病予防法。大韓帝国成立。英親王誕生。閔妃（明成皇后）の国葬
31	1898	韓宮毒害事件
32	1899	北海道旧土人保護法
33	1900	皇太子嘉仁成婚
37	1904	日露戦争開戦。日韓議定書。第一次日韓協約
38	1905	第二次日韓協約
40	1907	ハーグ密使事件。高宗譲位，純宗即位。第三次日韓協約。英親王の日本留学
41	1908	赤旗事件
42	1909	伊藤博文暗殺
43	1910	韓国併合に関する条約。大逆事件
44	1911	東宮妃節子のチフス感染報道。厳妃死去
明治45	1912	明治天皇死去

安田敏朗 1997『帝国日本の言語編制』世織書房
安川寿之輔 2000『福沢諭吉のアジア認識——日本近代史像をとらえ返す』高文研
安丸良夫 1992＝2001『近代天皇像の形成』岩波書店＝岩波モダンクラシックス
吉田裕 2002『日本の軍隊——兵士たちの近代史』岩波新書
吉見周子 1984＝1992『売娼の社会史』（増補改訂）雄山閣出版
吉見俊哉 1992『博覧会の政治学』中公新書
由井正臣・藤原彰・吉田裕編・校注 1989『軍隊　兵士』（日本近代思想大系４）岩波書店

図版出典

「コッホと北里柴三郎」 北里柴三郎・中村桂子『北里柴三郎　破傷風菌論』哲学書房，1999年
「開拓使庁」 武部敏夫・中村一紀編『明治の日本——宮内庁書陵部所蔵写真』吉川弘文館，2000年
「閔妃」 辛基秀編著『映像が語る「日韓併合」史』労働経済社，1987年
「高宗と厳妃」 李王垠伝記刊行会編『新装版　英親王李垠伝』共栄書房，2001年
「英親王と伊藤博文」 同上
「安重根と『断指』された掌印」 安義士紀念館発行『大韓国人安重根』2000年
「管野須賀子と幸徳秋水」 清水卯之助編『管野須賀子全集』第３巻，弘隆社
「管野須賀子の針文字」 同上

坪井秀人 2004「嗅がれるべき言葉へ」『文学』2004.1/2
土屋礼子 2002『大衆紙の源流——明治期小新聞の研究』世界思想社
角田房子 1988＝1993『閔妃暗殺——朝鮮王朝末期の国母』新潮社＝新潮文庫
内田隆三 2002『国土論』筑摩書房
内川芳美編 1976『日本広告発達史（上・下）』電通
上野千鶴子 1994『近代家族の成立と終焉』岩波書店
上野千鶴子 1998『ナショナリズムとジェンダー』青土社
上野千鶴子 2002『差異の政治学』岩波書店
鵜飼新一 1985『朝野新聞の研究』みすず書房
海野福寿 1995a『韓国併合』岩波新書
海野福寿編 1995b『日韓協約と韓国併合——朝鮮植民地支配の合法性を問う』明石書店
海野福寿 1999「李教授『韓国併合不成立論』を再検討する」『世界』1999.10
海野福寿編 2003『外交史料 韓国併合（上・下）』不二出版
ヴィンセント，キース 1996「正岡子規と病の意味」河口和也訳，『批評空間』1996.1
和田敦彦 1997『読むということ——テクストと読書の理論から』ひつじ書房
和田敦彦 2002『メディアの中の読者——読書論の現在』ひつじ書房
若桑みどり 2001a「近代日本における女性の国民化と皇后の表象」『歴史の中のジェンダー』藤原書店
若桑みどり 2001b『皇后の肖像——昭憲皇太后の表象と女性の国民化』筑摩書房
渡部直己 1994『日本近代文学と〈差別〉』太田出版
渡部直己 1999『不敬文学論序説』太田出版
山辺健太郎 1966『日本の韓国併合』太平出版社
八巻俊雄 1992『日本広告史』日本経済新聞社
山本武利 1981『近代日本の新聞読者層』法政大学出版局
山本武利・津金澤聰廣 1986『日本の広告』日本経済新聞社
山野浩一 1990『サラブレッドの誕生』朝日選書

Stallybrass, Perer and Allon White 1986 *The Politics and Poetics of Transgression*, Methuen（＝ピーター・ストリブラス，アロン・ホワイト 1995『境界侵犯――その詩学と政治学』本橋哲也訳，ありな書房）
絓秀実 2001『「帝国」の文学――戦争と「大逆」の間』以文社
鈴木正幸編 1993『近代の天皇』（近代日本の軌跡 7 ）吉川弘文館
鈴木裕子編 1986『資料 平民社の女たち』不二出版
田端宏・桑原真人・船津功・関口明 2000『北海道の歴史』山川出版社
高倉新一郎 1942『アイヌ政策史』日本評論社
竹村和子 2002『愛について――アイデンティティと欲望の政治学』岩波書店
竹村民郎 1982『廃娼運動――廓の女性はどう解放されたか』中公新書
竹村民郎 1993「帝国議会開設期における廃娼運動――雑誌『廃娼』の刊行を中心に」『廃娼』（復刻版）不二出版
多木浩二 1988＝2002『天皇の肖像』岩波新書＝岩波現代文庫
Tanaka, Stefan 1993 *Japan's Orient : Rendering Pasts into History*, University of California Press
谷口智彦 1977「幸徳秋水は『敬愛なる朝鮮』を書かなかった」『朝鮮研究』第168号，1977.7
Theweleit, Klaus 1977, 1978, 1985 *Männerphantasien*, Band 1, Roter Stern（＝クラウス・テーヴェライト 1999『男たちの妄想 I　女・流れ・身体・歴史』田村和彦訳，法政大学出版局）
富田虎男 1989「北海道旧土人保護法とドーズ法――比較史的研究の試み」『札幌学院大学人文学会紀要』1989.8
富田虎男 1990「北海道旧土人保護法とドーズ法――ジョン・バチェラー，白仁武，パラピタ，サンロッテー」『札幌学院大学人文学会紀要』1990.12
冨山一郎 1990『近代日本社会と「沖縄人」――「日本人」になるということ』日本経済評論社
冨山一郎 1994「国民の誕生と『日本人種』」『思想』1994.11
遠山茂樹編・校注 1988『天皇と華族』（日本近代思想大系 2 ）岩波書店
Trinh T. Minh-ha 1989 *Woman, Native, Other : Writing Postcoloniality and Feminism*, Indiana University Press（＝トリン・T. ミンハ 1995『女性・ネイティヴ・他者』竹村和子訳，岩波書店）

佐野眞一 2000＝2003『東電 OL 殺人事件』新潮社＝新潮文庫
笹川紀勝 1999「日韓における法的な『対話』をめざして」『世界』1999.7
佐々木克 1995「明治天皇のイメージ形成と民衆」西川長夫・松宮秀治編『幕末・明治期の国民国家形成と文化変容』新曜社
佐藤泉 2002『漱石 片付かない〈近代〉』NHK ライブラリー
Sedgwick, Eve Kosofsky 1985 *Between Men : English Literature and Male Homosocial Desire*, Colombia University Press（＝イヴ・K. セジウィック 2001『男同士の絆――イギリス文学とホモソーシャルな欲望』上原早苗・亀澤美由紀訳，名古屋大学出版会）
Sedgwick, Eve Kosofsky 1990 *Epistemology of the Closet*, The Regents of the University of California（＝イヴ・K. セジウィック 1999『クローゼットの認識論――セクシュアリティの20世紀』外岡尚美訳，青土社）
関礼子 1993『姉の力 樋口一葉』ちくまライブラリー
関礼子 2004「日清戦争言説のジェンダー構成――近代化の一側面」亜細亜大学経済学会『経済学紀要』第28巻 1 号，2004.1
銭鷗 2001「日清戦争直後における対中国観及び日本人のセルフイメージ――『太陽』第 1 巻を通して」鈴木貞美編『雑誌『太陽』と国民文化の形成』思文閣出版
島村輝 1994「『社会主義者捕縛』から『逆徒の死骸引取』まで――『大逆事件』と〈死〉の言説構制」『文学』1994夏号
清水卯之助 2002『管野須賀子の生涯――記者・クリスチャン・革命家』和泉選書
新谷行 1977『アイヌ民族抵抗史』（増補）三一新書
Sontag, Susan 1977, 1978 *Illness as Metaphor*, Farrar, Straus and Giroux（＝スーザン・ソンタグ 1992『隠喩としての病い エイズとその隠喩』〔新版〕富山太佳夫訳，みすず書房）
外崎光広 1986『日本婦人論史（上）女権論篇』ドメス出版
Spivak, G. C. 1988 “Can the Subaltern Speak?” *Marxism and the Interpretation of Culture*, edited by C. Nelson and L. Grossberg, University of Illinois Press（＝スピヴァク 1998『サバルタンは語ることができるか』上村忠男訳，みすず書房）

金子明雄・高橋修・吉田司雄編『ディスクールの帝国』新曜社
小平麻衣子 2002「医療のお得意さま——『行人』をめぐる身体の階級」『漱石研究』第15号，2002.10
小高健 1992『伝染病研究所』学会出版センター
小笠原信之 2001『アイヌ近現代史読本』緑風出版
荻野美穂 1990「女の解剖学」『制度としての〈女〉』平凡社
小熊英二 1995『単一民族神話の起源——〈日本人〉の自画像の系譜』新曜社
小熊英二 1998『〈日本人〉の境界——沖縄・アイヌ・台湾・朝鮮 植民地支配から復帰運動まで』新曜社
岡真理 2000『彼女の「正しい」名前とは何か——第三世界フェミニズムの思想』青土社
奥武則 1995「『国民国家』の中の女性——明治期を中心に」奥田暁子編『鬩ぎ合う女と男——近代』(女と男の時空——日本女性史再考第5巻) 藤原書店
奥武則 1997『スキャンダルの明治』ちくま新書
小野芳朗 1997『〈清潔〉の近代』講談社選書メチエ
彭元順 1991『韓国のマス・メディア』電通
Said, Edward W. 1978 *Orientalism*, Georges Borchardt Inc. (＝エドワード・W・サイード 1993『オリエンタリズム (上・下)』今沢紀子訳，平凡社ライブラリー)
斎藤美奈子 2001『紅一点論』ちくま文庫
酒井直樹 1996『死産される日本語・日本人——「日本」の歴史 - 地政的配置』新曜社
酒井直樹 1997『日本思想という問題——翻訳と主体』岩波書店
榊祐一 1999「明治十年代末期における『唱歌／軍歌／新体詩』の諸相」『日本近代文学』第61集，1999.10
坂元茂樹 1998「日韓は旧条約問題の落とし穴に陥ってはならない」『世界』1998.9
佐久間りか 1995「写真と女性——新しい視覚メディアの登場と「見る／見られる」自分の出現」奥田暁子編『鬩ぎ合う女と男——近代』(女と男の時空——日本女性史再考第5巻) 藤原書店

牟田和恵 2002「家族国家観とジェンダー秩序」『ジェンダーと差別』（岩波講座天皇と王権を考える 7）
永嶺重敏 1997『雑誌と読者の近代』日本エディタースクール出版部
長尾真砂子 1981「被差別部落をめぐる初期ジャーナリズムの動向」『京都部落史研究所紀要』第 1 号，1981.3
中上健次 1983＝1996「物語の系譜」『風景の向こうへ』冬樹社＝『中上健次全集』第15巻，集英社
中上健次 1978＝1999『紀州　木の国・根の国物語』朝日新聞社＝朝日文芸文庫
中村生雄 1990「童形・女装・男装――天皇像の三類型」東郷吉男・中村生雄編『こころとことばに東西の接点を求めて』北樹出版
中村淳 2001「〈土人〉論――『土人』イメージの形成と展開」篠原徹編『近代日本の他者像と自画像』柏書房
中根隆行 2004『〈朝鮮〉表象の文化誌――近代日本と他者をめぐる知の植民地化』新曜社
中野泰雄 1991『安重根――日韓関係の原像』（増補版）亜紀書房
中野泰雄 1996『安重根と伊藤博文』恒文社
中野目徹 1993『政教社の研究』思文閣出版
中塚明 1994『近代日本と朝鮮』（第 3 版）三省堂選書
波平恵美子 1985『ケガレ』東京堂出版
南富鎭 2002『近代日本と朝鮮人像の形成』勉誠出版
成清弘和 2003『女性と穢れの歴史』塙書房
成田龍一 1993「近代都市と民衆」成田龍一編『都市と民衆』（近代日本の軌跡 9 ）吉川弘文館
大日方純夫 1992『日本近代国家の成立と警察』校倉書房
大日方純夫 2000『近代日本の警察と地域社会』筑摩書房
小平麻衣子 1998a『尾崎紅葉――〈女物語〉を読み直す』（NHK 文化セミナー 明治文学を読む）日本放送出版協会
小平麻衣子 1998b「女が女を演じる――明治四十年代の化粧と演劇・田村俊子『あきらめ』にふれて」『埼玉大学紀要教育学部（人文・社会科学）』第47巻第 2 号
小平麻衣子 2000「もっと自分らしくおなりなさい――百貨店文化と女性」

丸谷嘉徳 1990『陸羯南研究』勁草書房
松村友視 1997「〈知〉という名の境界」『ユリイカ』1997.8
松浦寿輝 2000「国体論」小林康夫・松浦寿輝編『メディア――表象のポリティクス』(表象のディスクール第5巻) 東京大学出版会
McLuhan, Marshall 1962 *The Gutenberg Galaxy: The Making of Typographic Man*, University of Tront Press (=マーシャル・マクルーハン 1986『グーテンベルクの銀河系』森常治訳, みすず書房)
McLuhan, Marshall 1964 *Understanding Media: The Extensions of Man*, McGraw-Hill Book Company (=マーシャル・マクルーハン 1987『メディア論』栗原裕・河本仲聖訳, みすず書房)
三橋修 1999『明治のセクシュアリティ――差別の心性史』日本エディタースクール出版部
三谷憲正 2003『オンドルと畳の国――近代日本の〈朝鮮観〉』思文閣出版
宮島利光 1996『アイヌ民族と日本の歴史』三一新書
宮田登 1996『ケガレの民俗誌――差別の文化的要因』人文書院
森崎和江 1995「セクシュアリティの歴史」奥田暁子編『鬩ぎ合う女と男――近代』(女と男の時空――日本女性史再考第5巻) 藤原書店
森山茂徳 1992『日韓併合』吉川弘文館
森山重雄 1980『大逆事件=文学作家論』三一書房
モーリス=鈴木, テッサ 2000『辺境から眺める――アイヌが経験する近代』大川正彦訳, みすず書房
文京洙 1995「近代日本の国民国家形成と朝鮮」西川長夫・松宮秀治編『幕末・明治期の国民国家形成と文化変容』新曜社
村井紀 1995『南島イデオロギーの発生――柳田国男と植民地主義』(増補・改訂) 太田出版
村井紀 1996「近代日本におけるnationの創出――滅亡の言説空間」『民族・国家・エスニシティ』(岩波講座現代社会学第24巻)
村井紀 1999「滅亡の言説空間――民族・国家・口承性」ハルオ・シラネ, 鈴木登美編『創造された古典』新曜社
村上信彦 1970=1977『明治女性史 2』理論社=講談社文庫
村上信彦 1972=1977『明治女性史 4』理論社=講談社文庫
牟田和恵 1996『戦略としての家族』新曜社

河野本道 1996『アイヌ史／概説』北方新書
神野志隆光 1995『古事記——天皇の世界の物語』NHK ブックス
小山静子 1995「家族の近代——明治初期における家族の変容」西川長夫・松宮秀治編『幕末・明治期の国民国家形成と文化変容』新曜社
Kristeva, Julia 1980 *Pouvoirs de l'horreur : Essai sur l'abjection*, Éditions du Seuil（＝ジュリア・クリステヴァ 1984『恐怖の権力——〈アブジェクシオン〉試論』枝川昌雄訳，法政大学出版局）
工藤雅樹 2000『古代蝦夷』吉川弘文館
琴秉洞 1991『金玉均と日本——その滞日の軌跡』緑蔭書房
久米依子 1997「少女小説——差異と規範の言説装置」小森陽一・紅野謙介・高橋修編『メディア・表象・イデオロギー——明治三十年代の文化研究』小沢書店
久米依子 2003「構成される『少女』——明治期『少女小説』のジャンル形成」『日本近代文学』第68集，2003.5
李孝徳 1996『表象空間の近代——明治「日本」のメディア編制』新曜社
李海暢 1971＝1983『韓国新聞史研究』（改訂増補版）成文閣
李方子 1973『すぎた歳月』＝1973『動乱の中の王妃』講談社＝1984『流れのままに』啓佑社
李泰鎮 1998a「韓国併合は成立していない（上）」『世界』1998.7
李泰鎮 1998b「韓国併合は成立していない（下）」『世界』1998.8
李泰鎮 1999「韓国侵略に関連する諸条約だけが破格であった——坂元茂樹教授に答える」『世界』1999.3
李泰鎮 2000a「略式条約で国権を移譲できるのか——海野教授の批判に答える（上）」『世界』2000.5
李泰鎮 2000b「略式条約で国権を移譲できるのか——海野教授の批判に答える（下）」『世界』2000.6
李王垠伝記刊行会編 2001『英親王李垠伝』（新装版）共栄書房
イ・ヨンスク 1996『「国語」という思想』岩波書店
MacKenzie, Frederick Arther 1908 *The tragedy of Korea*, Hodder and Stoughton（＝F. A. マッケンジー 1972『朝鮮の悲劇』 渡部学訳，平凡社）
丸川哲史 2000『台湾，ポストコロニアルの身体』青土社

日本の他者像と自画像』柏書房
桐野夏生 2003『グロテスク』文藝春秋
北田暁大 2000『広告の誕生』岩波書店
北里柴三郎・中村桂子 1999『北里柴三郎　破傷風菌論』哲学書房
高大勝 2001『伊藤博文と朝鮮』社会評論社
高榮蘭 2000「『テキサス』をめぐる言説圏——島崎藤村『破戒』と膨張論の系譜」金子明雄・高橋修・吉田司雄編『ディスクールの帝国——明治三〇年代の文化研究』新曜社
高榮蘭 2003「非戦／反戦論の遠近法——幸徳秋水『廿世紀之怪物帝国主義』と『平和主義』の表象」『文学』2003.9/10
小林丈広 2001『近代日本と公衆衛生——都市社会史の試み』雄山閣出版
児島恭子 2003『アイヌ民族史の研究——蝦夷・アイヌ観の歴史的変遷』吉川弘文館
小松茂夫 1980「陸羯南——『国民』国家における『新聞記者』の使命」小松茂夫・田中浩編『日本の国家思想（上）』青木書店
小森陽一 1988『構造としての語り』新曜社
小森陽一 1994「変死への欲望——戦死報道と『軍神』神話の成立」『文学』1994夏号
小森陽一 1997「『保護』という名の支配——植民地主義のボキャブラリー」小森陽一・紅野謙介・高橋修編『メディア・表象・イデオロギー——明治三十年代の文化研究』小沢書店
小森陽一 2000『日本語の近代』岩波書店
小森陽一 2001『ポストコロニアル』（思想のフロンティア）岩波書店
小森陽一 2002「差別の感性」『感性の近代』（岩波講座近代日本の文化史４）岩波書店
近藤富枝 1980『鹿鳴館貴婦人考』講談社
紅野謙介 1997「スキャンダル・ジャーナリズムと『法』の支配——『万朝報』のある『姦通事件』記事について」小森陽一・紅野謙介・高橋修編『メディア・表象・イデオロギー——明治三十年代の文化研究』小沢書店
河野本道選 1980a『アイヌ史資料集３』北海道出版企画センター
河野本道選 1980b『アイヌ史資料集４』北海道出版企画センター

『文学』1994夏号
姜東鎮 1984『日本言論界と朝鮮』法政大学出版局
姜在彦 1977『朝鮮の攘夷と開化――近代朝鮮にとっての日本』平凡社選書
姜在彦 1998『朝鮮近代史』（増補新訂）平凡社ライブラリー
姜尚中 1996『オリエンタリズムの彼方へ』岩波書店
姜尚中 2001『ナショナリズム』（思考のフロンティア）岩波書店
加納実紀代 2002a『天皇制とジェンダー』インパクト出版会
加納実紀代 2002b「母性天皇制とファシズム」『ジェンダーと差別』（岩波講座　天皇と王権を考える７）
Kantorowicz, Ernst H. 1957 *The King's Two bodies: A Sutudy in Mediaeval Political Theology*, Princeton University Press（＝Ｅ・Ｈ・カントーロヴィチ 2003『王の二つの身体――中世政治神学研究（上・下）』小林公訳，ちくま学芸文庫）
神崎清 1976-1977『大逆事件』第１‐４巻（『革命伝説』改題）あゆみ出版
柄谷行人 1980『日本近代文学の起源』講談社
柄谷行人・渡部直己編 2000『中上健次と熊野』太田出版
片野真佐子 1996「近代皇后像の形成」富坂キリスト教センター編『近代天皇制の形成とキリスト教』新教出版社
片野真佐子 2001「初期愛国婦人会考――近代皇后像の形成によせて」大口勇次郎編『女の社会史 17-20世紀――「家」とジェンダーを考える』山川出版社
潟沼誠二 1989『幸田露伴研究序説――初期作品を解読する』桜楓社
加藤陽子 1996『徴兵制と近代日本 1868-1945』吉川弘文館
川勝守 1994「日本における鄭成功研究をめぐって」鄭成功と同時代史研究会編『鄭成功と同時代史研究』
川元祥一 1997『開港慰安婦と被差別部落――戦後RAA慰安婦への軌跡』三一書房
川村邦光 1996『セクシュアリティの近代』講談社
川村邦光 2002「天皇家の婚姻と出産」『王を巡る視線』（岩波講座 天皇と王権を考える10）
木名瀬高嗣 2001「アイヌ『滅亡』論の諸相と近代日本」篠原徹編『近代

本田逸夫 1994『国民・自由・憲政――陸羯南の政治思想』木鐸社
Hooks, Bell 1984 *FEMINIST THEORY : from margin to center*, South End Press（＝ベル・フックス 1997『ブラック・フェミニストの主張――周縁から中心へ』清水久美訳，勁草書房）
市川房枝編 1978『人権』（日本婦人問題資料集成第1巻）ドメス出版
市野川容孝 2000『身体／生命』（思考のフロンティア）岩波書店
一柳廣孝・久米依子・内藤千珠子・吉田司雄編 2005『文化のなかのテクスト――カルチュラル・リーディングへの招待』双文社出版
飯田祐子 1998『彼らの物語――日本近代文学とジェンダー』名古屋大学出版会
飯田祐子 2004「婆の力――奥村五百子と愛国婦人会」小森陽一・成田龍一編『日露戦争スタディーズ』紀伊國屋書店
石坂浩一 1993『近代日本の社会主義と朝鮮』社会評論社
伊藤隆・滝沢誠監修 1998a（長谷川雄一解説）『東学乱・日清戦争 1』（明治人による近代朝鮮論第 4 巻）ぺりかん社
伊藤隆・滝沢誠監修 1998b（櫻井良樹解説）『大院君・閔妃 2』（明治人による近代朝鮮論第 7 巻）ぺりかん社
絲屋寿雄 1967『幸徳秋水研究』青木書店
絲屋寿雄 1970a『管野すが――平民社の婦人革命家像』岩波新書
絲屋寿雄 1970b『大逆事件』（増補改訂）三一選書
岩堀容子 1995「明治中期欧化主義思想にみる主婦理想像の形成――『女学雑誌』の生活思想について」脇田晴子，S. B. ハンレー編『ジェンダーの日本史（下）主体と表現　仕事と生活』東京大学出版会
Jauss, Hans Robert 1970 *Literaturgeschichte als Provokation*, Edition Suhrkamp（＝H. R. ヤウス 1976『挑発としての文学史』轡田収訳，岩波書店）
海後宗臣編 1963『日本教科書大系近代編18』講談社
海保洋子 1992『近代北方史――アイヌ民族と女性と』三一書房
上垣外憲一 1996『ある明治人の朝鮮観――半井桃水と日朝関係』筑摩書房
菅聡子 2001『メディアの時代――明治文学をめぐる状況』双文社出版
金子明雄 1994「メディアの中の死――『自然主義』と死をめぐる言説」

米山リサ訳，NHKブックス
Giddens, Anthony 1985 *The Nation-State and Violence*, Polity Press（＝アンソニー・ギデンズ 1999『国民国家と暴力』松尾精文・小幡正敏訳，而立書房）
Gilman, Sander L. 1989 *Sexuality : An Illustrated History*, John Wiley & Sons, Inc（＝サンダー・L. ギルマン 1997『「性」の表象』大瀧啓裕訳，青土社）
Gilman, Sander L. 1995 *Health and Illness : Images of Difference*, Reaktion Books Ltd.（＝サンダー・L. ギルマン 1996『健康と病——差異のイメージ』高山宏訳，ありな書房）
五味渕典嗣 2000「与謝野鉄幹と〈日本〉のフロンティア」金子明雄・高橋修・吉田司雄編『ディスクールの帝国——明治三〇年代の文化研究』新曜社
原武史 1996＝2001『〈出雲〉という思想——近代日本の抹殺された神々』公人社＝講談社学術文庫
原武史 2000『大正天皇』朝日新聞社
原武史 2001『可視化された帝国——近代日本の行幸啓』みすず書房
Hardt, Michael and Antonio Negri 2000 *Empire*, Harvard University Press（＝アントニオ・ネグリ，マイケル・ハート 2003『〈帝国〉——グローバル化の世界秩序とマルチチュードの可能性』水島一憲ほか訳，以文社）
早川紀代 1998『近代天皇制国家とジェンダー』青木書店
平井邦男 1986「武田仰天子の生涯と作品」『大手前女子大学論集』第20号，1986.11
廣末保 1957『近松序説——近世悲劇の成立』（増補）未来社
廣末保 1979『元禄期の文学と俗』未来社
ひろたまさき編・校注 1990『差別の諸相』（日本近代思想大系22）岩波書店
ひろたまさき 2001『近代日本を語る——福沢諭吉と民衆と差別』吉川弘文館
久間十義 2000＝2003『ダブルフェイス』幻冬舎＝幻冬舎文庫
北海道ウタリ協会 1991『アイヌ史（資料編３）』北海道出版企画センター

Butler, Judith 1990 *Gender Trouble : Feminism and the Subversion of Identity*, Routledge（＝ジュディス・バトラー 1999『ジェンダー・トラブル――フェミニズムとアイデンティティの攪乱』竹村和子訳，青土社）
崔埈 1960『韓国新聞史』一潮閣（初版1960，増訂版1970，新補版1990）
朝鮮史研究会編 1995『朝鮮の歴史』（新版）三省堂
Delphy, Christine 1989 "Sexe et genre," *Global Perspectives on Changing Sex-Role*, National Woman's Education Centre.（＝クリスティーヌ・デルフィ 1989「セックスとジェンダー」『性役割を変える――地球的視点から』国立夫人教育会館）
Douglas, Mary 1969 *Purity and Danger : An analysis of concepts of pollution and taboo*, Routledge & Kegan Paul（＝メアリ・ダグラス 1995『汚穢と禁忌』塚本利明訳，思潮社）
Fanon, Frantz 1952 *Peau Noire, Masques Blancs*, Seuil（＝フランツ・ファノン 1998『黒い皮膚・白い仮面』海老坂武・加藤晴久訳，みすず書房）
Foucault, Michel 1975 *Surveiller et Punir—Naissance de la prison*, Gallimard（＝ミシェル・フーコー 1977『監獄の誕生――監視と処罰』田村俶訳，新潮社）
Foucault, Michel 1976 *La volonté de savoir*（Volume 1 de Histoire de la sexualité), Gallimard（＝ミシェル・フーコー 1986『性の歴史 I 知への意志』渡辺守章訳，新潮社）
Frank, Andre Gunder 1998 *ReORIENT : Grobal Economy in the Asian Age*, University of California Press（＝A. G. フランク 2000『リオリエント――アジア時代のグローバル・エコノミー』山下範久訳，藤原書店）
藤目ゆき 1997『性の歴史学――公娼制度・堕胎罪体制から売春防止法・優生保護法体制へ』不二出版
藤野豊 1993『日本ファシズムと医療――ハンセン病をめぐる実証的研究』岩波書店
藤野豊 1998『日本ファシズムと優生思想』かもがわ出版
藤野豊 2001『性の国家管理――買売春の近現代史』不二出版
フジタニ・T. 1994『天皇のページェント――近代日本の歴史民族誌から』

文献一覧

赤間亜生 1994「〈未亡人〉という記号」小森陽一・中村三春・宮川健郎編『総力討論 漱石の『こゝろ』』翰林書房
Anderson, Benedict 1983 *Imagined Communities : Reflections on the Origin and Spread of Nationalism*,Verso（＝ベネディクト・アンダーソン 1987『想像の共同体——ナショナリズムの起源と流行』白石隆・白石さや訳，リブロポート）
安義士紀念館発行 1995『大韓国人安重根義士』
青山なを 1970『明治女学校の研究』慶応通信
荒井信一 2000「歴史における合法論，不法論を考える」『世界』2000.11
浅野正道 2004「恥辱と〈浄化〉——明治初期における『貧民』追放の系譜」『日本近代文学会北海道支部会報』第7号，2004.5
飛鳥井雅道 1978＝1989「明治社会主義者と朝鮮そして中国」『三千里』1978・春＝『天皇と近代日本精神史』三一書房
飛鳥井雅道 1989＝2002『明治大帝』筑摩書房＝講談社学術文庫
飛鳥井雅道 1995「明治天皇・『皇帝』と『天子』のあいだ——世界列強への挑戦」西川長夫・松宮秀治編『幕末・明治期の国民国家形成と文化変容』新曜社
Bacon, Alice M. 1894 *A Japanese Interior*（＝アリス・ベーコン 1994『華族女学校教師の見た明治日本の内側』久野明子訳，中央公論社）
Balibar, Etienne et Immanuel Wallerstein 1990, *Race, nation, classe : Le identités ambiguës*, Editions La Découverte（エティエンヌ・バリバール，イマニュエル・ウォーラーステイン 1997『人種・国民・階級——揺らぐアイデンティティ』〔新装版〕若森章孝ほか訳，大村書店）
Bauman, Zygmunt 2000 *Liquid Modernity*, Polity Press（＝ジークムント・バウマン 2001『リキッド・モダニティ——液状化する社会』森田典正訳，大月書店）
Bird, Isabella L. イザベラ・バード 1998『朝鮮紀行』時岡敬子訳，講談社学術文庫

は　行

ま　行

や　行

ら　行

た 行

な 行

さ　行

索　引

〔朝鮮名、中国名については、便宜的に日本語読みにして配列した
差別的な用語も含まれているが、当時の文脈を考察する必要性に鑑み、立項した〕

著者紹介

内藤千珠子（ないとう　ちずこ）

1973年生まれ。慶應義塾大学文学部卒業，東京大学大学院総合文化研究科博士号取得。日本学術振興会特別研究員を経て，現在，日本大学・工学院大学・早稲田大学などで非常勤講師。近代日本語文学，文芸批評。
共著書『文化のなかのテクスト――カルチュラル・リーディングへの招待』（双文社出版，2005年），論文「声の『戦争』――『虞美人草』における身体と性」（『現代思想』1998年9月），評論「不機嫌な小説論」（『早稲田文学』2002年9月―2005年5月）ほか。

帝国と暗殺
ジェンダーからみる近代日本のメディア編成

初版第1刷発行　2005年10月28日©

著　者　内藤千珠子

発行者　堀江　洪

発行所　株式会社　新曜社
〒101-0051 東京都千代田区神田神保町 2-10
電 話(03)3264-4973㈹・FAX(03)3239-2958
URL http://www.shin-yo-sha.co.jp/

印刷　星野精版印刷　Printed in Japan
製本　イマキ製本

ISBN4-7885-0968-7　C1090